近代中日關係研究 第一輯 7

鐵蹄底下的亡魂、陰謀、暗殺、軍刀合輯

東中志光、
森島守人等編
陳鵬仁譯著

LITERARY TIMES
蘭臺出版社

增訂版序

《鐵蹄底下的亡魂》，出版於大約十五年前，因原出版者黎明文化事業股份有限公司不再繼續發行，故徵得其同意，今改由近代中國出版社出版。

此次出版增訂本，主要由於張京育兄的鼓勵，他認爲這本書應該讓更多的中國人尤其是年輕人閱讀，記取歷史的敎訓。

在這個增訂本，我加了七篇曾經在國內報紙所發表有關的拙作，作爲附錄，以幫助讀者對這個問題的認識和瞭解。時至今日，還有一部分日本極右派分子不肯承認在中國有過屠殺的事實，而本書日本作者的證言便是他們人性的顯現和良心的呼喚。

從前看到中國婦女被日兵強暴後，把竹子插在其陰部上面的照片時，老實說我有點半信半疑，怎麼會這樣殘忍和下流。可是最近我在洞富雄、藤原彰、本田勝一等人著《南京大屠殺之研究》一書中，發現一個士兵名叫玉井清美者的日記，就有這樣的記載（該書二〇六頁）。

此書經由日本參議院議員續訓弘先生之安排，徵得第三文明社總編輯狩野良平先生之同意，出版中文版，特此致謝。本書增訂時，照片改由中國國民黨中央黨史委員會提供。

陳鵬仁

中華民國八十六年五月　於陽明書屋

譯者的話

《鐵蹄底下的亡魂》，是《中國大陸的日本兵》一書的選譯。該書於一九七八年十月，由東京第三文明社所發行，譯者於三年前，由此書選譯了十六篇，其中十三篇交由臺北《時事綜合周刊》連載；三篇親自交給《時報周刊》的簡志信，簡志信把這些譯文搞丟了。迨至最近，譯者纔重新翻譯，把其中的一篇寄給《中央日報》的胡有瑞小姐；兩篇面交《青年戰士報》的胡秀先生，同時加上前述的十三篇，請黎明出版單行本。

十幾年來，從我還在紐約的時候開始，我一直在介紹有關日本人與辛亥革命，亦即國父與日本的日文文獻，迄今出了五本有關這個主題的專書。三年前，我着手介紹有關九一八事變的日文史料，在這過程中，我發現了本書，覺得應該介紹此書給國人。

我介紹此書的目的是：第一，要告訴年輕一代的國人，日本兵在大陸殺害我同胞的事實；第二，我們一定要爭氣自強，如不能爭氣自強，將如此這般地被人家任意欺凌和宰割；第三，希望中日兩國之間，絕不能再有這種不幸的事體發生。

書中所用照片，部份取自日本每日新聞社所出版《一億人的昭和史》畫刊，部份係從日俘身上搜出的。此書之問世，適逢日人竄改歷史教科書之時，因此，此書將爲歷史作證，因爲這是「兇手的自白」，不是我們危言聳聽。

最後我要由衷感謝總經理田源先生、李牧先生、谷光宇先生幫我出版這本書，以及內人莉莉對我譯作的鼓勵。並希望國人因爲讀此書而更能精誠團結，發奮圖強！

陳鵬仁

中華民國七十一年雙十節　於東京

▶日軍第十軍軍司令官柳川平助中將率部進佔南京城。民眾開始遭到日軍的鐵蹄蹂躪。

◀日軍將南京城內的民眾集中在中山路，準備集體屠殺。

（上）遭到日軍逮捕的無辜民眾。

（左）日軍看管被捕的中國民眾。

◀日軍恣意殘殺中國民眾。

（右）日軍圍觀砍殺中國民眾的鏡頭。

（上）日軍恣意殘殺中國民眾。

（右）日軍圍觀砍殺中國民眾的鏡頭。

（下）日軍以活埋坑殺中國民眾。

◀日軍以刺刀殺害徒手的中國士兵。

嬉しや元旦の雜煮 南京で祝はう 進軍の

戰線の流行語 南京へあと何里

百人斬り大接戰 勇壯！向井、野田兩少尉

マイクに聞く 皇軍の大行進

百人斬り'超記錄' 向井106－105野田 兩少尉さらに延長戰

百人斬り競爭'の兩將校

(右)南京大屠殺的新聞報導——兩名以屠殺中國民眾進行比賽的日本軍官。

(下)三名日本軍人屠殺中國民眾後逝去刀上的血跡。

▶抗戰勝利，民眾向軍事法庭控訴日軍暴行。

▶軍事法庭聽取民眾的控訴。

▶出力埋葬遭日軍殘殺民眾屍骸的保長蔣明華向軍事法庭法官講述日軍暴行。

▶軍事法庭依據民眾控訴挖掘日軍屠殺中國民眾的罪證。

▶軍事法庭法醫檢視挖掘出的遺骸。

▶法醫清洗挖掘出的遺骸。

▶挖掘出的遺骸經清理後妥善的集中在一起。

▶法醫清洗挖掘出的遺骸。軍事法庭法醫檢視挖掘出的遺骸。

▶國防部審判戰犯軍事法庭審理南京大屠殺主犯谷壽夫。

▶軍事法庭陳列挖掘出的遺骸作為指認日軍罪行的證物。

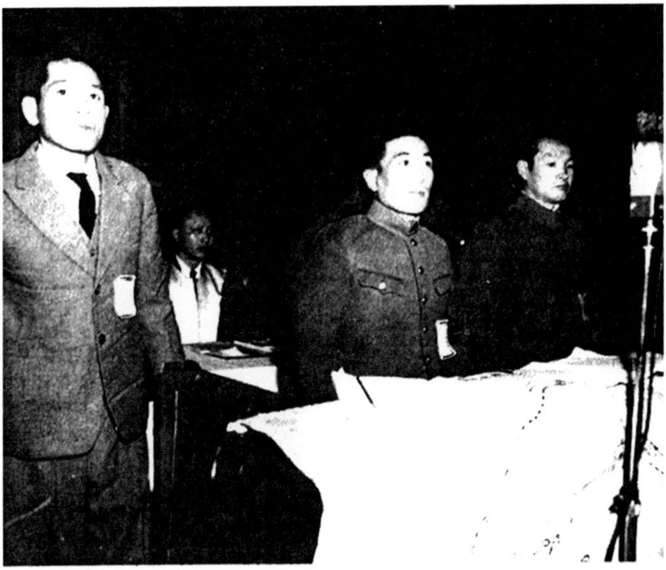

▶日軍在南京殺人比賽的三名戰犯：田中軍吉、向井敏明、野田毅接受審判。

▶南京大屠殺主犯谷壽夫被押赴法場進行槍決。

上卷目次

下卷目次

軍鞋底下

東中志光

中國的正規軍，在數目上遠比日本軍多得很多。但再殺，游擊隊還是從我們所預料不到的方向出來打我們。進軍再進軍，可是，絕不許我們鬆懈或緊張。我們日本軍在廣大的荒野中，感覺到那種日陷於不可捉摸的泥沼深淵中的恐懼和焦躁。因此，使我們變得更加殘酷。中國村莊的四圍，大多是城壁或溝渠，中央有一個廣場；而日軍衝進去的時候，村民便像蜘蛛一樣往廣場的三個方向逃跑。我們不分晝夜，對於這些村民，機械地予以殘殺。

這是「第一次從南作戰」，往桂林途中所發生的事情。迫近桂林的我們，獲得敵軍集結的情報；日軍判讀這個村莊也有游擊隊，因此抵達村莊後，就開始訊問。

日軍以年齡、體格來判斷，而把他們分成為可能是游擊隊的十五個人一組，和婦女、小孩、老年人將近三十人的一組，並令這兩組人對坐而問說：「這裏頭有沒親人？」日軍認為，如果是親人，便不會是游擊隊。但每個人都回答說：「沒有。」我們覺得這是不可思議的事，於是用鎗作勢，表示要鎗斃「可能是游擊隊」的十五個人，但所有婦女、小孩和老年人，竟沒有一個人稍動其聲色。

究竟他們在想什麼呢？是不是對日軍存有敵意而否定一切？以為發現有游擊人員全體會

被殺？還是覺得祇要能夠避開與游擊隊的關係，他（她）就沒事？或許在事實上，眞的沒有親人。日本和中國雖然是「鄰居」，但從這種沒表情的中國人的臉上，我們祇覺得無可捉摸的恐怖。

我們看他們什麼也不肯說，因此決定鎗斃全體的人。把他們帶到廣場，一直瞪著我們安好三部輕機鎗的他們，一點也沒有動搖的樣子。同樣地，我們也毫無動搖地準備屠殺。

然後，劃破長空的肅靜，三部輕機鎗開火了。村莊後頭有樹林，年輕的男人都拼命往樹林跑，但還沒跑到樹林前就倒下來了。裏頭有小孩，年輕的女性和老年人。我們在光天化日下，公然地殘殺了四十多名的村民。

我眼看著年輕的媽媽抱著嬰孩，蹲在那裏用她的身體保護著她的孩子。被帶到廣場以後，她就好像無意逃跑的樣子。但我已經感覺不出殘忍或可憐了。從很近的距離，輕機鎗的子彈貫穿了她和嬰孩的肉體。

四十幾個村民的屠殺，就在一瞬之間結束了，但在我的心裏，它卻一直繼續著。手握著一九三六年式輕機鎗的三個日本兵，在這期間始終沒什麼表情，但這並不意味著他們三個人是日軍中特別殘忍者。在殘殺的過程中，抱著胳膊旁觀著的我們，跟這三個人之間沒什麼兩樣，都是普通的日本兵。所不同的是，他們三個人奉命操作機鎗而已，如果我也奉命打機鎗的話，我也會毫無躊躇地去做，因爲「官長的命令，不管其內容是什麼，必須隨時隨地服從」。當兵（日本人稱爲出征）前夕，在我故鄉的和歌山，小學生、在鄉軍人、青年團、愛國婦女團和國防婦女團都歡送我，我因爲自己長成夠格的男子漢而高興。母親對我祇說一句話：「要留意身體。」父親則以我家族中，獨我去當兵爲榮。但當軍人是要學習機械地殺敵技術嗎？當然它也有與戰友友誼的樂趣，但事實上，如果沒有膽量與敵人拼命的話，在軍隊裏是混不下去的。老兵的粗暴行爲，充分說明了這一點。至於我們這些新兵，也非老是戰戰兢兢。由於刺殺實施訓練的結果，經過了一年左右以後，我們竟變成連老兵也不客氣地予以幹掉。我的刺殺訓練，始於當兵大約兩個月後，參加「基號作戰」之時。亦即從三水到梧州附近的「掃蕩」，我身兼搬運武器和彈藥的任務。在中途，我們的軍需物質受到偷襲，但擁有優良武器的日軍還是抓到幾十名俘虜。日軍決定將全體俘虜處以「刺殺刑」，因而把他們的手綁在後面，十名一組；一個上等兵命令我們新兵養成「膽量」，因此每一個俘虜分配兩個新兵，開始訓練刺殺。

我們新兵戴上鋼盔，腰繫手榴彈，全副武裝，俘虜則一個一個地綁在柱子上。俘虜與我們的距離大約五十公尺，老兵則抱胳膊觀看。隨即正前方搖著紅旗，這是匍匐前進的信號。第二次搖旗子是立膝前進，第三次是衝鋒。與衝鋒信號的同時，下達了「刺！」的命令，爲了忘記恐怖，我大喊「呀！」一聲刺上去，同時閉上眼睛。俘虜祇說一聲「格」。我睜開眼睛一看，俘虜竟死了。事後，我覺得做這種事並不很困難。

在殘殺「第一次從南作戰」時的村民之前，在太平場這個地方，我曾經拷訊過兩個男人。亦即進駐太平場的第三天，爲了找糧食，我們挨戶檢查時，在閣樓頂發現了五個男人。他們無疑地是游擊隊員。我們馬上把他們帶到本部指揮站。我們開始訊問：「幾歲？」「有沒有家人？」「爲什麼要當兵？」等等。

最後，對於「後方部隊有多少人？」這個質問，他們的答覆有三種。第一種是「不說話」，第二種是「不知道」，第三種是「說了會被殺頭」。指揮官說：「答說了會被殺頭的兩個人是游擊隊員。」而命令把這兩個人帶到院子裏去。

這兩個俘虜嚇得臉無生色。那些正在擔任警備村莊的其他日本兵也趕來廣場看熱鬧。我們在廣場中央先命令他們在地上打滾，然後解開綁其雙手的繩子，來綁他們的腳使其成八字形。這是爲了倒吊俘虜。同時準備水桶。把繩子掛於樹上後，由六、七個士兵用力拉，俘虜的身體便倒吊於天空。

翻譯拔起軍刀來，並將劍頭抵住俘虜的喉嚨說：「不說就殺。」這樣反覆了幾分鐘。俘虜的臉都變成黑色了。眼看什麼也不肯說，我們忍耐不住，遂把水管插入俘虜的鼻子，並把水桶的水灌進他們的鼻子裏。俘虜掙扎，拼命搖頭。由於倒吊，而又在窒息狀態，所以俘虜的臉都歪了。一個俘虜不堪虐待終於招說：「後方五里有一連三百人。」對於俘虜，我們大多這樣對付。

在廣東一帶，我參加過許多作戰。腹部中了流彈而九死一生的我，在一九四四年夏天開始的「湘桂作戰」中，抱定視死如歸的心。由於來自日本近海的航空母艦起飛的B—29，轟炸日本各地後，都是到中國湖南的長沙來補給燃料，因此，佔領長沙也就成爲日軍刻不容緩的重要作戰。我們由粵漢鐵路往長沙北進。這是華北軍和華南軍支援華中軍的大作戰。

日軍雖然是連戰連勝，但我們卻覺得這個戰爭好像在泥沼之中，不知何時才會結束。這次進軍，只不過又是殘殺村民，燒燬房屋，搶奪糧食、金錢和強姦女人的連續。我們的野蠻行動，在似無止境的戰鬪中，愈變本加厲。

在梧州附近的我們，當天下午四時左右，準備走進行將住宿的村莊時，突然遭遇到據於城牆上的村民的攻擊。對於這個村莊，牧野少尉的先發隊伍曾先去偵察敵情，並原定在那裏等著我們。惟敵軍頑強抵抗，所以天黑後，我們便決定不進那個村莊而宿於它的前面一個村莊。可是晚上點名的時候，牧野少尉以下三個人卻不在。軍官會議即時決議採取行動，因此我們隨時停止擦槍和照顧軍馬，開始尋找牧野等三個人。在日軍，就是少一個士兵，也得徹底去追找，這是它的規則。惟周圍很暗，雖然到處都找過了，但還是找不到牧野少尉，於是判斷他被前面的村莊俘虜。

要進攻村莊，祇有迫擊砲是不夠的，因此乘黑夜，從後方部隊借來三門山砲；等天亮後，我們便從城牆的周圍兩公里的地方開始砲轟。我們邊砲擊，邊進迫村莊。敵方由游擊隊員指揮，全村男人皆參加戰鬪。村民好像由游擊隊員施以軍事訓練過的樣子，但他們的獵鎗當然敵不過我們的武器。過中午後，我們就佔領了這個村莊。

村莊裏的女人和小孩都逃走了，我們把四十幾名全是男人的俘虜交給少數的士兵去管理，而專心去找牧野少尉。我們開夜車，查了閣樓、地下室、倉庫，同時怕被殺埋掉，所以凡是土色有異的地方和土堆，我們都挖了。對於俘虜，爲了要他說出，拳打腳踢，用盡一切虐待方法，但都沒效。

我們的作戰目的，佔領長沙機場事日急。因此不能再逗留於此地。翌晨，門口中校傳言說：「各小隊雖然找了牧野少尉，但還是沒找到。現在決定把他當做行方不明，大家以後要團體行動。」於是我們遂即時出發。四十幾名俘虜，則統統綁起來，丟在老百姓家裏。以後這些人究竟死了呢？還是被救了，趕路的我們不得而知。

失去牧野少尉的我們非常氣憤，爾後，我們雖然也找了，但還是沒著落。這個時候，我們目睹了一個日本人被無法形容的殘忍方法所殺的現場。這個日本人是到中國內地來做生意的，他的屁股裂開，內臟盡在外頭。兩條腿各綁著五公尺左右的繩子，四周有數不清的水牛的腳印，兩邊有好像綁過水牛的樁子，這個日本人，顯然地遭遇到中國人用水牛來拉的五馬分屍。由於剛失去牧野少尉，加以目見這殘酷的現場，所以我們大家都火了。從此以後，我們決定用五馬分屍這個最殘忍的方法來做報復的手段。到達下一個村莊後，我們便決定開始實驗這個殺人方法。這時，我們的眼睛，充滿著殘殺的光芒。

在這個村莊俘虜的男人當中，有一個背上藏著一支鎗。對於我們的訊問他不但撒謊，而且更公然說：「像日本這樣窮國家不久會戰敗。」對於我們，這是無上的侮辱，因此，大家贊成把他五馬分屍。

我們倣照那個日本人被殺的現場，中間隔了十五公尺，在其兩端釘了兩根樁子，就近牽來了正在吃草的兩條水牛，用繩子拴著。知道我們將如何處置他的俘虜，起初緊張得哭叫。等到給他一個耳光，把他的手綁到後面之後，他就不再鬧了。我們把他滾到兩根樁子的中央，用拴著水牛的繩子綁在他的兩條腿上。這時，俘虜朝天，沒有作聲。在日本兵圍看中，我們用棒子大打水牛的屁股，兩條水牛遂往相反的方向跑去，跑幾步之後，兩條繩子和俘虜的兩條腿遂變成直線，這瞬間，與「呱！」的叫聲之同時，響起骨頭裂開的聲音。無需說，他的身體分成兩個部份了。像青蛙被分屍一樣，他的腸散亂在我們面前，隨即四周變成血池。此時，我的感覺是：人的身體那麼簡單地會斷掉？對於要分屍下一個俘虜，士兵們有不同的意見。有的人說：「吃不下飯了。」有的則說：「既然被分屍，我們也要幹。」

總之，以後凡是抓到中國人，不管他（她）是誰，我們一律予以五馬分屍。惟其極端殘忍，正能滿足心虛的日本兵欲求不滿的心理。尤其纏足的女人，由於走動不便，因此成爲分屍的最好「材料」。我們甚至於抓過十幾個女人和小孩，用這種方法予以幹掉。

起初，因爲不懂得怎樣使用水牛，所以要「料理」一個中國人，往往得花費半個小時以上。有時候，用棒子再打，牛還是不動（牛是懂得他們在幹什麽的），所以燒稻草來趕牛跑。等到會用牛之後，便很容易達成目的了。

我們佔領長沙機場的任務，由於敵方的抵抗，遲遲不容易行軍；而經過無數次的戰鬪之後，迨至一九四五年，我們纔得插足長沙，佔領其機場。在這裏，日本投降，我被俘，一九四六年三月，我萬幸得以重歸自己的國土。

沒有格子的牢獄

匿名

我的青春告訴我：戰爭是有組織和有計劃的殺人、搶奪和放火行爲。

昭和十四年（一九三九年）五月五日，我入伍和歌山第六一聯隊。我所受的完全是「爲皇上」的教育。我以爲我將能「爲國家」效勞，興高采烈地離開祖國，抵達華南的黃埔港。從此地乘貨車，進駐名叫西村的地方。

我們在這裏接受現地教育。平常，訓練需要六個月，惟因戰爭激烈，因此三個月就結束，而被送到敵我相拼的戰場。

第一戰勃發於「討伐」花縣行軍的途中。我們正在松林裏打水處用飯盒燒飯時，突然響起了「達達達」的槍聲。這是敵人的奇襲。一個新兵翻了幾次身，爾後倒下去。子彈打中他的後頭頂，穿過喉嚨，而從嘴裏跑出來。他當場死亡。這時，從我頭上掉下幾枚松樹葉子……。

一顆子彈就把他打死了。頓時我發覺戰場的可怕；同時覺察戰爭就是人類的互相殘殺。「爲什麼要互相殘殺呢？」這個疑問，從那個時候一直到今天，仍然纏繞在我的腦海裏。

到達花縣後，我們進攻通稱「研鉢山」的敵方陣地。這時，我們獲得了五個俘虜。爲了

「培養戰鬪的膽量」，老兵命令我們幹掉這些俘虜。一個俘虜配上四、五個新兵，大家輪流用刺刀刺殺。鮮血四溢、喊叫之聲、可怕的相貌……悲慘至極。這是我第一次殺人，簡直是身處地獄。

大概因為我刺的不得要領，繩子忽然鬆了，滿身是血的俘虜，緊緊捉住刺刀。「我正在殺人！」欲哭的恐怖，充滿我的全身。我終於殺了俘虜。

「這就是戰爭」，但這種說法安慰不了我，慚愧之情，深植我心。

爾後，我經驗了行軍的痛苦和規模宏大的戰鬪。那是所謂「英德作戰」，是由華南到華中的行軍。背着武器彈藥，全副武裝行軍的痛苦是難以筆墨形容的。走路，幾乎跟死同樣的痛苦；而一個人留下來，也等於死。必須走……當然，不許丟棄武器。丟一張明信片，丟一枚刀片，我邊走邊丟。一張紙，你說有多重？但每丟一張明信片，我便覺得身輕不少，精神也即時恢復。

一九四一年十二月三十一日，我們到達了大關。這是第八聯隊由敵人奪得的陣地，現在則把它交給我們六一聯隊。在祖國，今天是不能忘記的除夕。上面發給我們印有菊花花紋的香煙抽（名義上是日皇「恩賜」的），也有一杯酒。翌日，我們要進攻大關的敵方主力部隊。酒和香煙，美味非常。……「唉，我的生命也祇到明天了」。

翌晨五時，得友軍的掩護射擊，我們開始衝鋒。敵方也同時開砲。隆隆地砲響，高漲的土煙，在好像數不清的雷打下一個地方的聲響中，我被風壓吹開，而一時氣絕。

人的呻吟聲，把我喚醒。我身邊留下十二、三個日本兵。很奇怪，我沒受傷。在周圍的死屍中，有直叫「給我水」的，有連呼父母兄弟姐妹的名字者，眞是人間地獄。

在這些傷兵當中，有一個名叫高山（假名）的是我的戰友。好像是什麼破片打中了他的股間，流着血，大概流血很多，他的軍服變成了紅色的。

我抱着他的肩膀，並問他什麼地方受了傷，但他祇是痛苦的呻吟。我把他背到沒有人住的中國人屋子。我想用三角巾來裹它，因此找他的傷口，結果我發現他的睪丸竟被打破了。高山微聲要求「給我水，給我水」。給重傷者喝水，傷者是會死的。所以我硬着心腸，沒有給他。

在另一方面，雖然是空房，但隨時有出現敵人的可能。我必須警戒敵人，因此我拉開了手榴彈的保險針和步槍的安全裝置。日快落西山了。我因爲戰友受傷，和必須警戒敵人的夜襲而苦惱萬分。

經過大約一個小時，黃昏薄暮時分，遙遠處響來類似人的聲音，起初不知道是誰，但隨即知道是友軍的衛生兵。高山被用擔架抬到後方，戰死者則就地燒掉。

我們搗毀農戶，以取木柴，把死屍放在木柴上面，同時拔許多稻草來點火，但稻草馬上就燒光，所以時或撒撒水。手脚很容易燒掉，但腹部則很難燃燒。這時來了出發的命令。遂滅火，用陣亡者的飯盒裝他們的骨灰，其餘的則把它埋掉。

「有一天我也會變成這個樣子。」

我的腦中，充滿了這種直覺。我們於農曆元月二日抵達英德。這裏散亂著敵人的死屍。我受命清理這些死屍。惟後方的補給有困難，所以經過幾天之後，我們遂奉命轉進，回到原來的龍口莊。

爾後不久，我被派爲輔助憲兵（原名爲補助憲兵），隸屬於廣東的中央憲兵隊。它的正式名稱是野戰輔助憲兵，跟憲兵一起出去的時候，纔有憲兵的資格。其主要任務是維持保全地區（駐地日軍的勢力範圍內）的治安。對於思想犯，尤其特別留意。憲兵抓思想犯，並予以拘禁和洗腦，其做法簡直是慘無人道。

把他們脫得精光，令其在底下燒着木炭的混泥土上面滾。大喊窮叫的「囚犯」滾到邊邊時，站在四圍的日本兵便把他踢回到中央去。「囚犯」此時的反應，已經不是人了。大多數的「囚犯」，到第三天就死去了。

對於女人，也一樣殘忍；亦即同樣把她脫得光光，像動物令其做八字形，用棍子打。但我無論如何還是打不下去。因此一個憲兵把我踢開，說「連這種事都不能做嗎？」接著便用棍子以渾身之力打女「囚犯」。憲兵對中國人的拷打，委實沒有把他（她）們當作人，甚至於沒有把他（她）們當作有生命的東西。他（她）們的抵抗，祇有死亡。

除此之外，我記得每年有四次左右，將各憲兵隊的思想犯和囚人集合起來，而殺掉其泰半。在白雲機場，曾經砍了許多「囚犯」的頭。砍頭之前，教誨師對他們宣告說：「你們背叛了日軍，這是你們自己招來的災禍。下次出生的時候，要做忠於日軍的『善良』的中國人。」這是何等無法無天的談吐!!給他們喝最後的一口水，抽一支香煙，點一個一個「囚犯」的名字以後，就開始砍頭。有的毫無恐懼地大罵「打倒日本鬼子！」；有的哭叫；有的發瘋，慘狀觸目。但日兵還是照樣砍下去。

當時的大陸，由於日軍大量囤積物資，因此物價飛漲。農民的糧食，特別是動物性蛋白質的價格漲得很厲害。平常要丟掉的豬腸，他們也留起來和蔬菜炒著吃。大概他們也吃青蛙和蛇，所以就是到插秧時期也聽不見青蛙的聲音。有一天，憲兵下士帶我們十來人，前往離開三、四里路的村莊去買豬。這個村莊祗有一戶，住有一對老夫婦。下士與老翁馬上開始交涉買賣，老翁慢慢地說：「豬一斤兩大洋。」下士怒說：「混蛋！我們要買很多的，算半價，算半價。半價以上，我們不買。」

老翁又很和氣地說：「兩大洋以下我們不能賣。」「算半價」，「兩大洋」，這兩個人反來覆去地你一句我一句，瞬間，下士用步槍由老翁的臉部往肩膀打下去。叫了一聲後，老翁倒下來了。下士好像踢石頭般地踢了老翁，並把老翁丟進院子的池塘裏去，又對老翁補了一槍。槍聲響的同時，血在池塘裏逐漸擴大。

聽到槍響的阿婆，拼命邊喊叫邊往這裏跑過來，但下士也把她打死，而同樣地把她丟進池塘裏去。

我們把猪抬上卡車，往駐在地出發。大概是剛才的光景深刻在腦海裏，大家都陷於沈思而不說話。下士似瞭解氣氛地說：「我們是來拼命的，照他們的價錢去買的話，有再多的錢也不夠花。殺掉對方也得搶來。」

我沒說話。但聽到下士的辯解，我非常氣憤。「爲什麼要殺老人呢？爲了達到目的，什麼都可以幹嗎？可以殺無抵抗的老人嗎？」

我在心裏一直這樣喊著。但這裏是戰場，我是一個軍人，唯有完成上面的命令纔是善；有思慮的人就是膽小鬼。我是一個「沒有格子的牢獄」裏的囚人。

殘酷的人性

日浦伊佐雄

聲嘶力竭的嬰孩哭聲，使我幾乎呼吸不過來。我憶起了一個場面。嬰孩的哭聲愈來愈大。我在家裏的孩子，現在不知怎麼樣？

爲了參加「常德作戰」，我們正在行軍。這個行軍，令人覺得好像將永遠繼續下去。我們究竟是爲活著而行軍，還是爲行軍而活著？……

我們看見了村落，幾個分隊闖進去了，我也插足其間。我們挨戶查，但什麼也沒找到。

「連一隻貓也沒有！」

「放火把它燒掉罷！」

我們七個人分成兩個組繼續找。什麼也沒有，而正想罷手時，另外一個組喊著：

「有有有！一個女人和小鬼！」

我們遂跑過去，穿過小門走進暗暗的房間，發現蓋著髒毛毯的母親和嬰孩。這個嬰孩，好像只出生幾天，一定是來不及逃而留下來的。看樣子，生活很苦。

我們圍著這兩個人，嬰孩在母親懷抱裏哭著。母親高聲喊著，但沒人聽懂她在講什麼。

我覺得她在求命。一個日本兵把刺刀貼於她的臉，另外一個日本兵把嬰孩搶過來扔在地上。

嬰孩發瘋似地哭。這個哭聲使我由士兵變成人家的父親。

「喂！」

我看見我叔叔從山麓走上來。那時我正在山上工作。走得很喘的叔叔一直瞪著我，這使我有一種預感。

「召集令來了。」叔叔說。

瞬間我的心臟跳得很厲害。我覺得爲國家效勞的時刻到了，可是又同時覺得很無奈。這是一九四一年四月八日的事情。

在這稍前，家人已由村公所職員獲得這項消息。我太太於四月五日生了長女，因此村公所職員低著聲音對我父親說：「請不要一下子告訴她，否則會影響她的健康。」並把召集令交給我父親。村公所職員繼而大聲往裏邊對我太太說：「恭喜安產。」但此時我太太卻已經知道召集令來了。

生產之初，我太太用溫毛巾擠著奶，並高興地說：「我可以用母奶來養這個小孩。」但自接到召集令以後，她竟擠不出奶來了。雖然她這樣想著：「這是不得已的，因爲不祇是我先生要去當兵……。」心裏這樣想，但身子卻不那樣反應。

我太太雖然知道召集令總有一天會來，但她所受的打擊還是很大的。本來應該好好休息的她，竟到每一家去爲我準備「千人針」（註一）。

迨至入伍前幾天，我天天偷閒過日子，而祇去向親戚或來訪的客人辭行。我辭行時慷慨的說道：「我將爲國家『出征』，我會好好地幹。」

在這期間，我曾經爲降生沒幾天的女兒洗過澡。我一想到非跟這樣小的女兒別離不可，眞是非常傷心。我祇有這樣安慰我自己：「一切都是爲了保護我女兒！」

我當兵以後，家裏還有父母、幼小的四個弟弟、太太和女兒。弟弟們年齡還小，不能工作，母親身體欠佳，能工作的祇有父親和太太。

一九四一年四月十四日，入伍這天早晨，父母、親戚和鄰居來跟我告別。我把太太替我做的「千人針」綁在肚子上，決心「爲祖國去犧牲！」家門至神社大約五百公尺，道路兩旁排滿了樂隊、國防婦人會、在鄉軍人會的人員。「萬歲！萬歲！」人海的歡聲，小國旗的旗海。軍歌震天價響。

到達神社之後，又是人海。這一天，由我故鄉將入伍的有四個人。我代表大家講話：「承蒙諸位在百忙之中來歡送，非常謝謝。我們將盡全力，爲祖國去奮鬥。對我們的遺族，請多多照顧。」

萬歲的聲音又四起。我看見了父母、弟弟們，但卻沒有太太的影子。由於女兒出生還不到三十五天，因此不能進神社來。這時我在心裏對我妻兒喊著：「祝福妳們健康，我一定會回來的！成美！（我女兒的名字）要乖乖地聽媽媽的話！成美，成美……。」

「日浦！你在想什麼，你要不要也來一下。」

這一喊，才使我清醒過來。嬰孩還在哭，女人為了忍耐被強姦而歪著臉。我忍不住了。為了早點離開此地，我遂說：「走罷！」

我一心一意想減少她的痛苦。另外一個人說：「好！走罷。把村落燒掉！」火燒起來了。嬰孩仍然在哭，但母親早已發呆了。我們本來就受有燒光村落的命令，只是由於我這一句話，卻提早了這一對母子的死亡。我們什麼也沒撈到；但在我們背後，無辜的母子卻在烽火裏燒著。

附記：日浦伊佐雄，現年六十五歲，曾任陸軍兵長，一九四一年四月入伍和歌山第二十四部隊，被派到湖北省方面，非戰鬥用的虐殺場面，使其想起在故鄉的妻兒而深覺痛苦。一九四六年六月回到日本。

譯註

註一：由一千個女人（實際上是很多人的意思）在一塊布上，用紅線，各縫一針，以祝上戰場者的「武運長久」。

受騙充當劊子手

俵本俊雄

自一九四一年的錢塘江南岸作戰以後，我們可常常看到敵人的宣傳文字，它們大多用白字大大地寫在村莊的牆壁上面：「日本的兵士諸君，不要做財閥、軍閥和暴發戶的犧牲品。我們將優待日本的俘虜。」（用片假名寫的日文）

這是他們宣傳文字的一種。另外還有：「各位日本官兵，你的妻兒在家鄉等著你……」等等。我們把這些宣傳文字付諸一笑，繼續進軍。

當時，對於戰爭目的和戰況的變化，身爲士兵的我們，實在毫無所悉。譬如戰爭快要結束前我們風聞美軍登陸琉球的時候，我們的中隊長便說：

「這跟尺蠖相同，是要退兩步進三步。皇軍即將開始眞正的進軍。」

中隊長的這種說法，雖然不能完全打消每個士兵的疑心暗鬼，但在團體裏頭卻能發揮相當大的效果。而且每個士兵「希望它是如此」這種一廂情願的想法，更擴大了中隊長「訓話」的效用。因此，上面對於我們的教育，都用這種精神訓話方法。

所以，大寫在村莊牆壁上的宣傳文字，一點也動搖不了我們的「鬪志」。我認爲，這是敵人的心戰，絕不能上它的當！

可是，經過錢塘江南岸作戰以後，我纔深深地感覺到以自己國土爲戰場的民衆他們的悲慘；從此以後，我下了一個決心：除非在戰鬪中，絕不殺中國人。

那是錢塘江南岸作戰那一年二月十日的事情。那一天特別冷，我們夜襲了一座不很高的山腰敵人陣地。我們馬上佔領了敵方陣地，但兩個小時以後，卻又遭遇到敵方的攻擊，而不得不撤退。

這時，我們爭先恐後地跳進眼前的一條河裏。沿著河，剛好築有大約四十公分高的土堤，而成爲自然的遮蔽物。敵彈在我們頭上一顆一顆地飛過去，幾乎什麼也看不見。因爲看不到我們的敵人，所以就亂打一場。

我全身戰慄。浮在水面的，祇有我們的臉。冷如刺骨的河水，卻不覺得冷。我們花了一天一夜，用力拖著失去感覺的手腳，沿河南下，終於發現一個村莊，準備藏身在這裏。

但是敵人早意料我們會到這裏來，因此，我們一逃到這個村莊，便被他們所包圍。我們都以爲，到這裏就安全了，但事實上卻相反，所以大家都非常失望。不得已，遂用鐵鍬挖洞，架好重機槍。由於子彈剩得不多，因此唯有等到敵人前進到最短距離時，以單發的打法來應戰。敵人還是打得很厲害，屋牆到處是洞。正當我們的子彈快打完的時候，援軍來了，眞是幸運。

對我來講，這是非常寶貴的經驗。加上以後好幾次的戰鬪，我有這感覺：攻擊的時候，我一點都不可怕，但守的時候就非常害怕了。這跟在國內時連一隻鷄都不敢殺的人，一旦上了戰場，就敢虐殺俘虜的現象是一脈相通的。

這個體驗，令一直不理解這次戰爭意義的我，聯想到以其國土爲戰場的中國人的苦悶。中國的士兵天天耽心著他們家族的安全，他們的家人也以同樣心情過著漫長的日子。「各位日本兵，你的妻兒在家鄉等著你……」這個宣傳句子，表達了中國人對日本兵的「憤怒」、「擾亂」、「哀求」等等極其複雜的心境。

一九四一年四月，我參加了中原大會戰。從蘇州往山西省方面出發，一天行軍大約四十公里。大陸的黃塵刮得很厲害，天空變成黃褐色。帶著防塵眼鏡和口罩，走在廣闊無際的大地上，我所能看到的是，跟我同樣變成有如機器祇跟著前面士兵走著的空間。我集中精神，只爲保持著這個距離而走著。

由於行軍非常痛苦，因此我寧願早日與敵人交鋒，拼個你死我活。前面一停，後面部隊便統統停下來，大家都站著打瞌睡。

「休息！」

這個休息大多是十來分鐘。點火抽烟，抽個兩、三口，香烟便掉在地上，睡得像個死人一樣。

我把召集令當做義務，對於行軍也採取一樣的態度。我雖然經驗過幾次戰鬪，但仍舊不能發現戰爭的意義，只是拖著疲倦不堪的身軀走著。

爲了過夜，我們進入大約三百戶的村落。很奇怪，到這種時候大家就不會覺得累，個個變成身經百戰的鬪士；而一配好房子，大家便爭先恐後的去找糧食，不必等候任何人的指示，自然而然地會隨時採取這種行動。開始時，我們並沒看到中國人的影子，但到最後卻帶回十幾個游擊份子。

他們究竟是不是游擊份子，還是正規軍或者是普通老百姓，實在無法肯定。我們把這些中國人集中在一起，並把他們包圍起來；沒有翻譯官，老兵比手劃腳地在說些什麼。他們以懷恨的眼神瞪著日本兵。

這個時候的空氣，逐漸趨向「處刑」。對於這種事，也不需要任何人的命令，在戰場，一個士兵隨便放火也沒人管。老兵叫游擊隊員利用窪地挖他們自己將要埋身於此的墓穴。挖好了大約一公尺半的墓穴以後，老兵便命令他們跳進去。

第一個人跳進去了。隨則五、六個日本兵同時開槍。這也不必命令。愛打的就打；對於日本兵，他們祇是在做例行工作而已。抽烟的抽烟，聊天的聊天，有的在笑……。唯有那些受害者的哀號聲響在耳畔。

一個日本兵把正在發抖和哀求的游擊份子踢進坑裏去繼而打了一槍，那個游擊份子的叫聲拖得很長很長。

把這十幾個游擊份子處決以後，我們又各回到被分配好的屋子。日本兵祇扣板機，沒弄髒手就處決了十幾個人。游擊份子似乎都令人覺得，他們是自動挖坑和自動跳進坑裏去的，因此我認爲他們實在很勇敢，非常難得。

第二天，我們又開始行軍，一望無際的大陸展現在眼前。從當兵那一天起到戰敗那一天止，我以痛苦欲絕的心情天天在行軍。但中國人的艱苦卻何止於我們的百倍，雖然無可挽回了，但經過戰爭而至戰後，我深切地領會到：無論如何不許侵略。

回到祖國，我所看到日本的種種，使我不敢相信我們耳目。我的祖國被美國所佔領，站在戰敗國的立場，這是無可奈何的。但最使我失望的還是我同胞輕易迎合時勢的態度。對於曾經被罵爲「鬼畜牲美英」的「鬼畜牲」，我祖國的領導者和一般國民都好比貓一般服服貼貼的，這個事實，不管怎樣我是不能瞭解的。

我雖然並不期望我同胞貞的「寧爲玉碎」，但我對我同胞戰後態度的氣憤和不安，使我憶起中國人那純潔的場面：自己挖坑，似乎自動跳進去的那個場面。

同時，我又不得不承認：「日本兵士諸君，不要做財閥、軍閥和爆發戶的犧牲品……」這句話雖然是中國人的宣傳文字，但卻也是無可否認的事實。要發動戰爭的人，都要把士兵的眼睛遮起來。

附記：俵本俊雄，現年六十五歲，曾任陸軍下士，一九三九年五月入伍和歌山六一聯隊。同年八月，進軍蘇州，屬於高橋部隊，參加過錢塘江南岸作戰和中原大會戰。戰敗時在九江附近，一九四六年二月回日本。

用殺人來塡補空虛

田中初一

我接到「紅紙」（入伍召集令）是一九四三年，我二十七歲的時候。我在堺三一部隊報到，隨即被派到中國大陸，編入六〇〇一部隊輜重部隊，其任務是管理糧食、衣服、武器、彈藥和軍馬。

在戰場與敵人之戰鬥和行軍的痛苦固然不必說，但給我印象最深的還是部份士兵倫理感、道德感極端的喪失現象。

這種現象，在「保全地區」內（日本駐軍的勢力範圍內），由於尚能維持治安，因此還不覺得怎樣，但是在「敵性地區」（日軍的勢力範圍以外），則非常明顯。兩者可謂有天壤之別。對於這些士兵的胡來，我因爲跟著馬一起搬運軍需品，走在步兵部隊的後面，所以看得很清楚。

從大阪港出發，經由下關和朝鮮，在中國的牡丹港上岸，經由六個月的訓練以後，又由牡丹港動身，路經南京、上海和臺灣，而抵達廣東的第一線。

在此以前，我從沒經過團體生活；對於馬，我更毫無所知。我是在挨捘中學好怎樣照顧馬的。

對於飼養軍馬，記得有七項「飼則」，爲了背這個「飼則」，我甚至於利用休息時間，跑到廁所去背。因爲如果測驗這些「飼則」而答不出來，馬上會被打得東倒西歪。

軍隊裏新兵的價值，簡直不如一匹馬。我在演習中發現了這個事實。由於一個新兵使馬負傷，因此所有的新兵被令排成兩排，互相打耳光。但是如果有人故意打對方打得小一點，這個人便將受到更厲害的制裁，所以每個人都得用全力打對方，毫無「客氣」的餘地。

這時，老兵所說的話，使我終生難忘。他說：

「千萬記住！祇要花一分五厘（紅紙的郵資）便可以找到你們的代替人，可是一匹馬却要二百五十元！」

打耳光的疼痛，使我同時領會了這句話的眞義。我相信，所有的新兵都跟我同感。但這却是無可奈何的事實。

不過弱者是經不起這種折磨的。有一個新兵，因爲天天被用有鐵釘的拖鞋和皮帶打得臉部青綠腫胖，因此，有一個晚上竟找不到這個新兵，以爲他開小差而緊張一陣子。於是大家分頭去找，結果發現他吊死在廁所裏。

抵達廣東以後，我們才覺得被解放。但這種解放感，却與憎恨敵人連結在一起。

有一次，我們經過山嶺時，有一個老人坐在石頭上。

等我們走過去以後，這個老頭便用狼烟開始做記號。

「你這個傢伙！」

「膽大包天！」

幾個兵卒喊叫著，跑回頭去打這個老頭，然後把他丟進山谷裏。這個事實告訴我們：中國人，不僅是軍人纔是敵人，農民也可能是敵人。

經過幾次類似的事件以後，我們纔開始憎恨和虐待一般中國人。所以，一到達村莊，我們便商量怎樣來「料理」留下來的農民。這時對於打人和殺人，我們已經不覺得怎麼樣了。

行軍的時候，我們令村莊的農民做苦力，為日軍搬運行李。我們命他們背幾乎背不完的行李，一走便走三、四天。他們走一天就顯得很累，而且打著赤足。他們的肩膀早已磨破，腳像石榴變成紅黑。

苦力們因為太累，所以睡得好像死人一般。有一個老兵走近苦力自言自語說：「知道了日本軍的辛苦沒有？我來把你放走吧。」瞬間，這個老兵竟用槍托重重地敲打了正在睡覺的苦力的前額。

「噢咻」，苦力的聲音猶如由體內往口發出。隨即從鼻子、嘴巴和耳朵流出像泡沫的血，接著便是幾次小小的痙攣，然後氣絕。

除此之外，我們也曾經把走不動的苦力丟進山谷裏，或砍過想逃跑的苦力的頭。他們大多知道他們的命運將是這種下場，因此在村莊找苦力時，孩子們雖然都哭叫要跟他們一道來，但他們却絕不許他們的孩子同行。

說實在話，我還有一些倫理感，但奇怪的很，在團體裏頭，我却一點也感覺不出溫情是什麼東西。在虐殺農民以後空虛的我，所想的是，用更「好玩」的方法（遊戲）來填補自己的空虛，這種心理促使我們想出普通人所意想不到的各種辦法來。

有一次，我們抵達一個村莊時，農民已經帶其所能帶的糧食上山去了。那是一座小山。

「圍攻山！」

誰也沒下命令，而是自然地走上這條路。於是大家圍上去。果然，他們都在這裏，年老的、年輕的，而且都不敢動。我們搶奪了他們的糧食。

有一個日本兵用軍鞋踢了在地上叩頭哀求留點糧食給他們的老太婆的臉。搶了糧食之後，一羣日本兵帶走了四個年輕的農民，男女各兩對。圍著這四個農民的日本兵，邊走邊商量著一件事。

到達村莊後，這羣日本兵把這四個農民帶到村莊的中央廣場來。我也跟到廣場去看看究竟。其他的士兵陸續地趕到，圍成一個很大的圓圈，大有看熱鬧的氣氛。

押著這四個農民的老兵，把他們拖到圓圈的中央來。日本的老兵，朝大家笑著。這時，我已經完全明白老兵笑裏的曖昧用意了。老兵要這四個年輕的農民在衆目環視之下表演性交。「快！快！」從四周響起掌聲。

村莊座落於幽靜的山隘。除日本兵和四個農民外，似乎沒有其他的「生物」。

「你們是狗東西！」

老兵們喊著「快！」同時鞭打著四個農民。四圍叫聲鼎沸，大喊「死了死了」（要殺你），有的日本兵更模仿著狗的姿勢給他們看。四個農民知道此勢不可却，終於「從命」。

不管內心怎樣空虛，在那種沒有明天的戰場上，士兵們常被一個無法解釋的道理牽著鼻子走。在官長面前，不可能有人道或倫理的想法。

附記：田中初一，現年六十四歲，曾任陸軍兵長（介於下士與上等兵之間的階級），入伍堺三一部隊，到中國大陸後被編入六〇〇一部隊的輜重部隊。參加過長江作戰，在緊張感與解放感之中，逐漸失去人性，更變成殘虐性與嗜虐趣味的俘虜。一九四六年五月回日本。

戰場上的賭戲

堀口勇治

在軍國主義籠罩的黑暗時代，我正沉醉在小林多喜二、片岡鐵兵等人的「普羅文學」中。大概由於這種原因，我總覺得這次戰爭是個侵略戰爭。

一九三八年九月，我一接到「紅紙」（召集令），便好像一隻綿羊被牽到屠宰場般地進入了軍隊。那年我二十三歲。同年九月，我們被編入和歌山六一聯隊，遂開始過着有如牛馬的生活。

爾後，我們便由大阪港往漢口出發。在漢口內地，曾經歷幾次戰鬪，我們連戰皆勝；而佔領了介於華北與華中之間大別山脈的一角。我們的部隊以補充兵和召集兵爲其主力，且自一九四〇年以後，一直擔任着這個陣地的警備。在附近的村莊，曾經逃亡深山裏的農民已經回來耕田，或做日軍的雜工。他們看來好像都很順從。

這裏是一片禿山，沒有電燈，沒有收音機，更沒有報紙，時或能聽到水牛的叫聲，而且沒有敵人的來襲，因此不覺得身處戰地。

但這不過是戰爭之間的一時眞空狀態而已，迨至我們轉戰到江西南昌時，情況就完全兩樣了。

有一天，我們接到敵人正在我們曾因兵員不足而放棄的柏山陣地建設陣地的情報。正巧，我們的中隊出動去支援被敵方包圍的友軍；長田少尉便成爲我們中隊的留守隊長。這時，長田代隊長遂下令給小松上士——奪取柏山陣地。

留守兵大多是病人和身體孱弱的人，我們從這些人裏頭挑選四十個人組成「奪取柏山敢死隊」。爲了準備夜戰，白天我們便用棉布把槍支和刀劍的金屬部份包起來，使這些武器就是相碰也不會發出聲音來；傳達信號則利用白布。等到日沒，我們遂集合於最靠近柏山的文昌宮小山上。

敵人竟窺知了我們的集結，一再地從柏山射擊過來；敵人大概造好了架槍設備，因此，雖然夜間，他們的槍竟也打得很準，小川上等兵被打死，而前田一等兵被擊中腹部拚命叫苦。我們的隊伍即時移到後面的窪地。前田一等兵的哀聲，令出擊前的我們更覺不安。

「我命令你，不許再出聲！」

小松上士大罵了前田一等兵。我覺得小松的這種做法不對而非常氣憤。小松是農家的子弟，志願做下士，經過幾年後即升上士。他管理衣服喜歡亂神氣，因而士兵都討厭他。

隨即，他又下了一道毫無道理的命令：「宮本下士，侵入柏山以偵察兵力裝備的狀況！」

這是等於叫他去死的命令。於是我們只好進駐介於敵我之間的窪地；宮本下士說：「這是命令，所以我一個人去。」就這樣他獨自離去。

這時，月亮由雲隙出現，周圍顯得很亮。平常，不大留意月光的我們，頓覺事情不妙。宮本下士雖低着身子走去，但沒多久，前方便傳來槍聲，他就這樣一去不還。

黑暗中爲了防止自己打自己人，我們都用白布綁着手腕；爲了避免離開隊伍，每個人都拉着前一個人的上衣衣襟，我們就這樣往柏山出發。

敵人以爲我們還在文昌宮，因此一直往那個方向打。我們抵達柏山時，敵人還是不知道。當我們切斷鐵絲網，通過松樹林後，竟然聽見敵人的講話聲音。我們遂躺下來上刺刀。小松上士手上的白布，往前大大地搖擺了。這是衝鋒的信號。

我們不管三七二十一地往前衝。我的腦袋變成眞空狀態。我的脚突然被鐵絲網卡住，因此網上綁着的空罐發出好大的聲音。敵人拼命地亂打過來。由於我們突然的入侵，敵人也慌張起來，而在黑暗中開始自己打自己。我們大家爭先恐後地往敵人的戰壕投擲手榴彈。光線閃亮的同時，響來很大的爆炸聲和震動，敵人隨後撤退。日方戰死八人，負傷十三人；敵方的戰死者超過五十個人以上。

天亮後，在陣地內，我們發現十個敵方的傷兵。小松上士命令說：

「給他們醫治也沒有用，乾脆就把他們殺掉！」

這雖然不是對某特定人的命令，可是對於祇負一點小傷的敵人，却沒有人忍心下手。

這些傷兵都沒有什麼表情。一個傷兵自言自語的說：「沒法子」。他們好像都決心赴死的樣子。
小松上士眼看我們曖昧不明的態度，極其生氣的說：
「不為戰友報仇嗎？」
說罷，拔起軍刀砍下。隨即碧血向朝日飛濺。大概砍得不對，因此傷兵的頭沒掉下來。
「唉呀！唉呀！」
被砍的傷兵，拼命地喊叫，並向小松搏去。小松把他踢開，同時用盡全身之力又砍兩刀。敵人甚是可憐，但邊罵「你這個畜生！」腳踏在現實大地上的我們，實際上都是身處於瘋狂的世界。殺完了三個傷兵後，小松累得竟坐在地上。
於是我們便把剩下的七個傷兵拉在一起，予以槍斃。從小松的行為來講，這時候祇有這樣做纔算是最自然的行為。雖然沒有人明講，但這是大家暗中的諒解。說實在話，此時此地，我們祇有這一條路可走。
把他們槍斃以後，我竟為了他們也各有其家人和親戚而流淚。我們把屍體埋於小河，摘來野花插在上面，並向其行禮。
小松在下一次的戰鬪中戰死，而我們始終沒找到他的屍體。爾後，我們仍然拖着疲憊不堪的身體，轉戰到日本投降那一天。我們吃盡難以筆墨形容的苦頭，但還是一無所得。
對於我來講，戰場給我印象最深的是戰友們的喜歡賭博。一個曾經業為裱糊匠的兵卒，以慰問袋（註一）便箋的原紙作成與眞的沒什麼兩樣的牌子，一套賣十元軍票，而在軍中便開始流行起來了。這是隨時可能身死的士兵們最好不過的玩意。

我有一個姓山西的一等兵戰友。在訓練、演習時，他是不折不扣的笨蛋，常丟衣服，笨得無可救藥；可是一開始賭博，他便如魚得水，精神豪爽，眼睛發亮，他打牌的手法，宛如魔術師玩把戲，高明得很。

有一次，我問他爲什麼這樣行。他說祇有作弊賭博纔能贏，接着把兩隻手小指彎曲的切斷部份給我看，同時警告膽小的我說：「絕不要單獨耍這種把戲。」

這個好朋友後來也戰死了。他的「遺產」有與我共有的八十五隻外國手錶，十五隻刀劍，和三千五百多元的軍票，我把這一切，都送給了他的遺族。

山西一等兵火葬時，我把他玩了很久的牌子也一起燒掉。我空虛的心，更令我覺得不知如何而戰。

最後我們以不到出征時一半的人數，有如玩得不能再玩的破牌，回到變成焦土的祖國。

附記：堀口勇治，現年六十二歲，曾任陸軍上等兵，一九三八年九月入伍，一年後被派到中國大陸，一九四三年三月回日本，然後以D百貨公司職員身份重赴大陸，在漢口時日本投降，一九四六年重回日本。

譯註

註一：所謂慰問袋是民間寫信、寄東西問候、鼓勵在戰場的軍人的包裹。

殘殺生靈的罪孽

坂田優

我二十歲的時候去當兵。我出生於農家，這時我繼承父業，專心於農耕的工作。接到徵召令時，我以「去個三年左右，增加幾顆『星』，令家鄉人瞧瞧」這種心情出發。

我抵達南昌的最前線，記得那是一九四〇年五月二十號的事情。那時我是步兵部隊的輕機鎗手。在首次的作戰中，我們失去了十八個戰友，這才使我體會到：在戰場，不是你死就是我死，此外別無他途。自此以後，包括附近的「討伐」，我經驗過大小一百多次的作戰。——哪裡是三年，根本是天天想回去又不能回去且忙於殺戮的日子。

「浙贛作戰」時，我已經當了三年兵。現在仍然記憶猶新。在沛然的大雨之中，我們正由華中的南昌，往華南方面進軍。據說，這是六十年來最大的雨。田地變成河川，我們沿著鐵路，在深達胸部的水中行軍。

當時，我們的任務是，進入友軍飛機轟炸後的敵方陣地，以刺死負傷的人和有敵意者。如此，我經歷了許許多多的戰鬥場面。我方預定的三年時間，早已過去了，因此，對於敵人無止境的抵抗，我愈增敵愾之心。

在浙贛作戰中的某一天，為了偵察村莊，排長以下我們三十人曾經出去偵察。到達目的地後，我們發現駐在那裏的敵軍大約一百名。這瞬間，我們大家非常緊張。

我們留下阿部（假名）一等兵站崗，準備回部隊去報告。我們還看到一架友軍的飛機在上空盤旋了一會，然後離開此地。這時，我們背後突然傳來了砲彈炸裂的聲音。我們躭心阿部的安全，所以馬上趕了回去。可是阿部卻已不在應該在的地方，於是大家拼命地找，結果在河邊找到他。

一看就知道他是被地雷炸倒的。我們趕緊跑過去看他。

「你怎麼樣了？」

「對不起……」

阿部一等兵還活著。他道歉他擅自離開站崗的位置。他兩隻手的肘關節和兩條腿都被地雷炸掉了，但他自己卻不知道這個事實，而祇是一再地道歉沒守規則。我們用附近民戶的門板，把他送回部隊去。此時他突然說：「報告上等兵，我好像沒腿，我覺得很輕。」

他在瀕死的重傷中，想把腳舉起來。但我只從剩下的大腿肉裏看見白骨頭動著。

「不，你還有腳。」

我即時這樣說，但他的身子有如不倒翁，卻在門板上滾來滾去，而且掉在地上好幾次。不得已，我只好扛著他。這時他已經不再說話了。不巧因爲下雨，血一直滴，甚至透進我的軍服，我的軍服全是血，加上身上的舊汗，臭氣實在薰人。

「要忍耐呀！」

「要到醫院了！」

我們拼命地安慰他和鼓勵他。跑了將近三個小時，我們總算趕到野戰醫院。

「帶這種人回來有什麼用？」

軍醫和少校這樣怒說。不過細看阿部的軍醫卻又喊說：

「哎！奇怪，這或許還有救！」

隨即決定開刀。阿部的排長、班長和扛他回來的我都在場。

由三個軍醫來開刀。沒有麻醉藥，而用鋸子把一隻胳膊鋸掉。因此，大約花了三十分鐘，由於太痛，他一再地喊叫。他的叫聲，響徹雲霄。我有點頭暈，身子晃得很厲害。

經過極端的恐怖之後，我的意識好比在夢中。「阿部一等兵不知道將會怎麼樣？」我一直這樣想著。

「不行了！」

軍醫突然這樣喊。本來軍醫準備再把另外一隻胳膊鋸掉的，但此時阿部一等兵已經斷氣了。我對阿部的耽心，隨著消失，但卻放聲大哭。

做事認眞的阿部一等兵，他生前種種，歷歷映在我眼前。很得意地談著他二十幾歲就充當體育老師之快樂神情，一直在我腦海浮現。這樣好的人，竟如此下場。我同仇敵愾之心，由之愈來愈強。

經過阿部之死後一段時間，同在「浙贛作戰」中，我又親眼看見有如父親的排長他的戰死。

那也是在排長以下我們三十人偵察村莊的時候。我們亂七八糟地放槍，這時，有人喊「排長被打倒了！」我即時趕過去，排長被打到胸膛。

「報告排長，請站起來！」

我這樣喊著，幾乎同時，有人叫「抓到敵人了！」

「把他帶到這裏來！」

我就把那個中國兵拉到排長面前說：

「報告排長，我們抓到了打排長的人。」

「好！坂田，用我的軍刀砍他的頭。」

「是！」

我接過排長的軍刀後，一下子就把這個中國兵的腦袋砍掉。由於砍得痛快，所以我覺得非常心滿意足。

「報告排長，我替您報仇了！」

沒想到這時候，排長卻已經死了。

我用軍刀砍中國兵的頭，這還是第一次。因爲所用軍刀非常鋒利，因此我的心情極其愉快，同時覺得很想再多砍幾個。這種興奮如果說是魔性，排長的軍刀的確具有魔性。

經過三年以後，在「衡陽作戰」之時，更發生了讓我的敵愾心火上加油的事情，那就是誓死與共的兩個戰友（日高屋和小山）的戰死。

我跟他倆認識於到中國大陸的船中。從此以後，我們三個人，無論到什麼地方都是在一起。我們的友情超越了軍中的階級。尤其是日高屋的身體特別好，而且善於劍術、射擊、柔道和摔角，我很喜歡他這種誠實而剛毅的氣質。在我們的部隊裏，我倆的「武名」無人不曉。有一次，因爲日高屋揍了三個憲兵，我們的部隊長因此去向人家道歉並把他領回來。這時部隊長的訓詞說得好，他說：「如果要打架，應該像日高屋那樣打！」

日高屋重義，爲大家所喜愛。他升得很快，那時他是下士，我是上等兵。我們無上的友情，使我決心要跟他做終身的朋友。

排長戰死的悲傷好不容易平息了，我另外一個好朋友小山，卻又中敵人子彈而死亡。我和日高屋，就是在作戰中也天天見面。可是，有一天，日高屋出去偵察時，卻因爲踩了敵人的地雷而被炸死。

第二天，我們在偵察目的地附近一百公尺左右的地方找到了他的屍體。日高屋的身體被地雷炸成兩斷，我爲他的死痛哭失聲。當天晚上，我把日高屋的遺體附諸荼毗（火葬）。同時，我也變成了殺人鬼。

在衡陽，經過大戰鬪之後，日軍擄獲了大約四萬人的俘虜。由此每個中隊分得七十名左右的俘虜，各中隊把這些俘虜當做苦力來使用，我也奉命管理三十名俘虜，而令他們搬運物資。

與部隊同行動的物資的搬運，必須在被指定的日期內運到一定的地點，可是苦力們卻常常裝病或想逃跑，因此行軍屢遭困難。所以，一有苦力說肚子痛而停下來，我們便打他，用鎗嚇他。因爲如果讓他留下來，日軍的作戰行動將爲中國軍所探悉。因此，無論如何我們得把俘虜帶走。由之我遂想出一個苦肉之計。

當行軍到達一個山頂時，點完苦力的名之後，我把他們集合起來，並選出一個人來，準備實行「殺一儆百」的戰術，因而令他站在岩壁。山谷底下大約有三百公尺，往下一看，則令人油然產生被呑沒的錯覺。此時，二十九個俘虜的眼睛，都集中在站立於岩壁上的我和這個俘虜，瞬間，我把這個俘虜往山谷踢下去。

「哎呀！」

掉下山谷的俘虜的叫聲，廻響於山谷。極其透明的回聲，使我不寒而慄。這是莫須有的恐怖。但我卻假裝鎭靜，透過翻譯對其他的苦力說：

「從明天起，你們要認眞行動。如果有裝病或撒謊者，將是那樣的下場！」

了。

我的這些話，是爲了威脅他們而說的，可是到了第二天早晨，二十九個俘虜卻全部跑光了。

我的敵愾心如此地升高，不把中國人當做人而拼命地殺他們，這是我七年四個月的野戰體驗。中國兵罵我們爲「東洋鬼！」他們說：「快點砍，我一定會再生人間。」我把這些付諸一笑，照殺不誤。

但時隔三十年後的今日，這些場面卻仍然歷歷如繪。迴響於山谷之間的苦力哀叫聲，大罵「東洋鬼！」而瞪著我的中國兵……。我希望這些都是一場惡夢，有時醒過來後發現這些確是一場惡夢，我雖鬆了一口氣，但我的苦悶卻並不因此而有所減少。我深悔我的罪孽，同時對中國兵不能不表示我由衷的弔意。

附記：坂田優，今年六十歲，曾任陸軍兵長，一九三九年十二月十日入伍和歌山六十一聯隊。因爲失去戰友及其所尊敬的排長而大殺中國兵。一九四六年二月八日回日本。

輸與贏

久保每吉

安全登陸福州以後的我們，都在輕視教育水準極低的中國人。宣撫班在從事促進「日中友好」的連環畫劇；衛生班則努力於治療受了傷的中國人。但是，有如裂開的石頭不可恢復其原狀一樣，中國人的恨卻在更深處燃燒著。被奪去兒子生命的母親，她的悲傷，與其對日軍的憎恨當然是成正比例的。同樣地，既不可能補償這種悲傷，自沒辦法消除他（她）們的憎恨。邊叫「東洋鬼！」邊把脖子伸出來甘受處刑的俘虜他們的怨恨，其遺族的悲嘆和忿恨，更是中國人抗戰到底的原動力。

不懂得這種道理的我們，卻在街上大搖大擺地唱著這樣的歌；不要哭，姑娘，沒地方住嗎？雙親呢？失散了？我們來戰場，不是為了欺負弱者的妳們（當然歌詞是日語）。我們一邊唱這樣的歌，一邊開老太婆的玩笑說：「姑娘面子眞好。」（妳很漂亮）生活在被佔領下的人民是非常悲慘的。這種悲慘，尤其在孩子們的表情上顯得更突出。

起初，孩子們很害怕我們，而從遠處瞪著我們。

「來，來！」

我們一看到小孩，便招手想給他們餅乾。但他們卻祇從屋子後面瞪著這邊不動，宛如懼怕的小貓。我們走過去想遞餅乾給他們，但他們卻好像蜘蛛即時逃開。然後又從遠處瞪著這裏。不消說，他們很想要餅乾。因此，我們遂把餅乾往他們的方向丟。隨即有一個少年跑過來撿，撿後又跑回原來的地方去。他們知道日本兵不會傷害他們以後，他們甚至於變成敢從日本兵手裏拿去餅乾。

雖是幼小的生命，爲了求生存，他們必盡一切的努力。在這一點，中國小孩的活力，實在值得大書而特書，他們把鐵釘綁在竹竿尖頭，用它來撿丟在路上的烟頭，然後把它重捲賣給日本兵。除此而外，他們還賣饅頭、鷄蛋等等。

「先生買買？」

對於邊這樣說，邊走近我們的中國小孩的一舉一動，我們常常驚愕不已。譬如給他一個大洋，他爲了鑑定是不是眞的（因爲有假的），便把大洋挾於姆指與食指之間，用嘴吹它一下，然後旋轉它，聽它轉的聲音，以鑑定其眞假。

可是，在日本兵裏頭，卻有不少始終不能理解他們境遇者。那些人對於扛著籠子來賣饅頭的孩子們，假裝要給錢，故意把大洋撒在地上，於是孩子遂把籠子放下，爭先恐後地想去搶大洋。這時，撒大洋的日本兵就趕緊撿回那些大洋，旁的日本兵則乘機把孩子們的籠子拿走。孩子們哭著拚命想要回來，可是日本兵卻故意不給。中國小孩，常常這樣受騙，實在可憐。

有一天，我們決定出去「討伐」福州附近。因而計畫從福州到安寧去找苦力。但到達安寧的時候，年輕人都跑光了，而祇剩下女人和小孩。不得已，祇有用小孩來做苦力。我們用槍威脅，強制徵用了拼命想跟母親逃亡的孩子們。

在戰場，意圖逃亡的苦力是可以槍斃的。孩子們背著十幾斤的糧食和十字鍬等，一天走四公里。休息時，一個小孩竟往樹叢的方向逃跑。這時只聽到槍聲響了，這個小孩就倒在樹叢前面。他大約跑了兩百公尺。

出發安寧一個星期左右以後，爲了準備戰鬥，我們決定放走孩子們，因此我叫替我背行李的孩子回去。可是這個小孩卻不肯走，並一直瞪著我。我一再地要他離開，這時他哭起來了。我也很難過，但又不能讓他參加戰鬥。束手無策，我用槍對準他的胸膛，威脅他說要打他，但他知道我祇是說說而已，所以用手擺開我的槍，同時抱住我。我把他推開，大罵他一頓。他哭得眼睛腫起來了。

經過一個星期的行軍，我和這個少年發生了一些感情。當然，沒有給他足夠一星期行軍的糧食，他怎能回去呢？而就是回到了家，他的父母兄弟是不是還在那裏都是問題。對於面臨饑餓的一個少年，要跟日本兵分手自己去謀生是件相當痛苦的事。背離自己故鄉，被日軍帶到此地，現在又像貓狗一般地被拋去，這是他的命運。

這個少年覺悟了似地，狠著心向後轉走了。一個日本兵說：「不要回頭向他搖手，如果這樣做，他就會回來。」但我還是不得不回頭去看他。可是，這個少年卻一直沒回頭。他究竟在想著什麼呢？

「除了促進中國的繁榮外，日軍絕無他意」。（土肥原賢二的話）——這只是不了解前線悲慘的政治發言，這只有陷庶民於塗炭的痛苦而已。

談到這裏，我想到了一個在中國爲自由和人類愛而奮鬥的歐洲醫生與愛特加・斯諾的對話。這個醫生說他曾經參加過匈牙利、奥地利、德國、西班牙的革命，但每次都是站在輸的一面。

因此，他向斯諾說：「請你用一句話很坦白地答覆我，這次我是不是站在贏的一邊？」斯諾稍想後答說：「在這個戰爭，中國雖然一切戰鬥都打了敗仗，但他卻站在贏的一邊。你要我用一句話答覆你，這就是它的答案。打敗仗的將是贏者，而獲得最後勝利的將是輸者。」

歐洲醫生與斯諾的戰爭分析，使我不可思議，因爲無論從那一個角度來看，日軍都沒有「戰敗」的任何跡象。因此，如果他倆的對話是客觀推論所得的結果，那麼日本官兵實在完全被埋沒於另外一個世界。（在今日，我們不得不承認這個事實）

不過，從現在回想起來，連身爲一個士兵的我，都可以隨時隨地發現日本「戰敗」的原因。尤其是，決定輸贏的最後本錢，如果是如雜草那樣強韌的人，那就更容易瞭解一切。戰場的最後本錢不祇是科學武器、經濟力、豐富的資源和戰術；而是縱令剩下一個人也要堅持抗戰到底的力量。事實上，再殺還是有層出不窮的游擊分子神出鬼沒的活動，令我們日本兵時時刻刻不得安寧。日軍的焦躁和中國人有耐性的戰鬥實在是一個非常強烈的對比。

佔領了福州的我們，一直爲游擊隊的出沒而緊張。他們把手槍和手榴彈藏在南瓜裏頭，而往日軍駐在地窮打。在街上併肩走著的老百姓，隨時都有變成游擊隊員的可能。就是在佔領區，日本兵個個都是神經質，而爲了瞞騙他們自己的神經質，他們便採取了傲慢不遜的態度。

一天，我去看游擊份子的人體解剖。他被打麻醉針，好像睡著。他的手腳，緊緊地被綁在床上。切開胸部，裁剪筋骨的聲音，響滿屋內。我和一個衛生兵爲了要看淸楚一點，往前上了一步。軍醫（隨習軍官）想要開始做解剖學的說明時，發現我們局外的兩個人在場，就把我們兩個人趕出去。同道的衛生兵說：「最後還是打針把他殺死。」日軍這種橫暴的行爲雖然不公開，但相信中國人還是知道的。

日本兵的神經質，不祇對於中國人，就是在我們部隊裏也時常爆發糾紛。有一次，我和齋藤上等兵在營房的走廊碰到喜歡亂打新兵的N少尉。我們本想互相讓路的，結果反而相碰了。這是家常便飯的事，可是N少尉卻大罵我倆，並要揍我們兩個人。

由於我倆對他平常沒好感，因此把握了這個機會。於是我跑到他的後面，把槍口貼在他的背部，爾後和齋藤把他帶到小河旁邊。我們把他揍得半死，同時用鞋子大踩他的臉。由於如果被發覺，我們一定會受到軍法審判，而被判死刑。因此我威脅他說：「現在我們如果把你跟石頭綁在一起丟進小河也絕不會有人知道！不過我們還是饒了你的命。但絕不許你講出去，如果說出去，我一定要拿手榴彈抱住你，與你同歸於盡！千萬記住：我隨時會知道你是不是講出去！」

自此以後一個星期，我倆時時刻刻帶著手榴彈走路。N少尉似乎告訴人家說他是跌倒受傷的；於此同時，這位仁兄竟然判若成兩人，不敢再隨便揍新兵了。把暴力的假面具拿掉之後，他的眞面目是個膽小鬼！

我們在「討伐」的過程中，一再地看到被燒掉房子的中國人非常悲傷地站在被燒燬的房子前面。佇立在那裏一直不動的他們，必定在想著：「房子雖被燒掉，但還有大地。」行使暴力後心感不安的日本兵，其所以如此就是因爲他們沒有可以立足生存的「大地」。

吞噬人性的戰爭

川端百雄

我以「南支派遣軍」野戰電信隊補充兵登陸廣東黃埔港，是一九三九年八月十四日的事。克服了兩年的屈辱（這是因為我自己的挫折而來的）之後，我以「日本帝國陸軍軍人」身份前往中國大陸，因此我覺得無限感慨。此時，如影隨形的屈辱感，早早就已消聲匿跡了。

兩年之前，以盧溝橋事件為契機而爆發了中日戰爭。開始時我很耽心我們是否能打勝仗，但「皇軍」卻所向無敵。不久便佔領上海和南京，勢如破竹。

日本各報競相報導勇猛果敢的「皇軍」的勝利，同時刊載日軍佔領南京的鏡頭。我為南京街頭日本兵的「雄姿」而興奮。我耽心戰爭的心情完全改觀，從而更勇氣百倍。「皇軍的確強！」——國內的同胞，在情緒上逐漸傾向於支持中日戰爭。

當時，我自覺我是一個普通的日本男子漢。因此也就以當軍人為唯一的目的。開戰那一年，十九歲的我雖然志願從軍，惟因體格小而沒合格。

這大大地傷害了我的自尊心，而使我非常難過。我覺得：大家都以冷眼看著我。以當時的國民感情來講，這是件最不名譽的事情。所以我天天過著悶悶不樂的日子。

「召集」——嚴格地來說，這並沒有挽回我的名譽。因為這是根據一九三九年七月所公佈，國民總動員法第四條的徵用令，以全國的青年爲對象的，雖然我不過是其中的一個而已。但這些都無所謂，重要的是，我能參加「聖戰」。

如果我的記憶沒有錯的話，我們的駐紮地叫做紫岡。城裏有百貨公司、餐館和專門放映日本電影的電影院。除了偶有游擊分子的恐怖行爲外，一般老百姓都很順從。

可是我們所信以爲眞的「聖戰」，其實實際情形是怎樣呢？以下我所要寫的，是在不知不覺之中變成加害者，同時又是被害者的一個兵士的故事。現在來談談我自己走上獨善行爲的經驗，雖然很痛苦，但只爲了要讓後來者知道：對於一個兵士這無論如何是骨肉相食的世界。

在駐紮地，每個月我們要定期地來一次市內的掃蕩。這是以檢舉潛伏中的便衣和安定民心爲目的的「宣撫工作」。每個月雖然要來一次，但如果有人投擲手榴彈於公共場所，我們便要即時掃蕩市內。

第一次掃蕩市內時，我和五、六個日本兵一起行動。對於檢舉便衣，我戰戰兢兢。當我們踏進一家餐館上好刺刀，用餐中的中國人便全部站起來，舉起雙手。我們一個一個地搜身。我目睹日本兵要搜女性的身體，我纔發覺多數參加掃蕩市內的士兵尤其是年輕的士兵，他們的興趣實在於女性。

由於是正式的巡邏，所以他們還不敢太大膽地行動，但一到晚間，調戲年輕女性，可以說是家常便飯的事。不管哀求，還是想逃跑者，祇要成爲調戲的目標，則幾乎不可能逃出日軍的魔掌。至於其具體行爲，由於因太離常軌，這裏不擬介紹；總之，幾乎半公然地進行著滿足其殘暴興趣的行爲。

在這樣的狀況之下，我實在無法瞭解戰爭的意義和異民族的境遇。但同樣地，我也逐漸恢復了粗暴的性格。當時我是二十一歲，對於什麼都會感到興趣的年齡。有一天，我們幾個士兵，把小偷疑犯帶到中隊長這裏來。中隊長說：「把他殺掉好了。」於是我們幾個人便把他拖到倉庫，用拳頭和槍把他打得半死。他像小孩大聲哭叫。聽了毫無抵抗的這個人的哭聲，我們的殘忍性則愈來愈濃厚。這時，若有人說：「好了吧！」我想我是會住手的。但就是沒人說；也不可能有人說。於是虐待祇有步步升高。

我們用電線把昏迷過去的「小偷」綁起來，並以手搖式的發電機對他灌了電流。「小偷」的身體忽然跳起來。由於這個衝擊，他醒過來了，他呆若木雞，不知道下一步將發生什麼。他滿臉恐怖，眨眨眼睛，生硬青白的臉，簡直像個死人。日本兵裏頭，有人笑著。

我們又啓動發電機對他灌電流。他發出難以形容的叫聲，但沒有昏過去。不過由於恐怖和痛苦，他遂大哭而特哭。我們對他的哭，毫不動容。又灌電流，以看他的反應。他已不哭了，呼吸也很勉強。有如禽獸在殺蟲一樣，我們對於半生半死的「小偷」突然不感興趣，因而把他留在倉庫了。

掃蕩市內的時候，我們常帶回來一些好像在給游擊份子提供情報的老百姓，而予以拷打和槍斃。對於美其名爲「宣撫工作」，實際上是虐待的我們，中國老百姓在表面上雖然順從，但在骨子裏還是恨我們入骨。

我到任後大約第四個月，發動了「翁英作戰」。從駐紮地的紫岡到英德，我們預定了十天左右的行程。由於是第一次的大作戰，因此渡部中隊大約兩百名的官兵都非常興奮。出發後的七天晚上，中隊的前方發生騷動。傳令兵來傳令說：「逮捕和槍斃了兩個中國兵，應警戒夜襲。」那天晚間，如此預料，敵人曾來夜襲，殺了幾個日本兵。

翌晨，照常行軍；中午前後，抓來了一個二十七、八歲的年輕人。逼供結果，他承認昨天晚上曾經夜襲日軍。

中隊長大聲命令說：「處砍頭刑！」我們把他的雙手綁在後面，並把他拖到後山去。新兵大約有四十人，全部被帶到山上去「參觀」。

在後山挖了一個洞，並令這個人坐在洞的邊緣。中隊長拔起軍刀，瞪著我們，大聲喊說：「新兵！一個人出來拿繩子。」我因爲好奇，自告奮勇地出來拿綁住這個人雙手的繩子。這是我初次看人家砍頭。我志願當兵沒合格的屈辱感，始終潛伏在我心裏，因此一遇到這種場面，我便要爭先恐後地去採取「最像軍人的行動」。

「你們要好好地看！」一邊喊邊揮上軍刀的中隊長，好像筋肉硬化了，一直不動。他全身用力，臉漸變紅，有點發抖。中隊長太興奮了。連拿著繩子的我的手，都會覺得中隊長的興奮。這時，一個中士上來報告說：「中隊長，這樣是殺不了人的！」

這個中士毫無躊躇地用力揮下軍刀。但這個人的頭並沒有掉下來。瞬間，好像從水管的破洞噴出來，碧血四濺。全身浴血的我呆立良久。這個中士用腳把他踢進洞時，我纔清醒過來。

我們在預定時間到達目的地英德。英德似乎沒什麼可看的，但我卻看到先到日軍部隊旁若無人的殘忍爪痕。

我們走到一個富翁家的門口時，眞是嚇了一跳。從正面看，好大的金庫被弄破，地面上是麻雀牌和好像文件的紙片，一個人死在這裏。他死得很慘，頭被打破，黃色腦子流出來蓋在他臉上。我正視他，幾乎吐出來。我覺得我第一次眞正看到死人，非常可怕。

在這個屍體旁邊，有一支斷掉的槍。一看就知道，這是來不及逃的中國老百姓，被日本兵幹掉的。

爾後，我又參加過幾次戰鬥，目睹過沒來得及逃而犧牲的幾個中國老百姓；更聽過同事說曾經強姦姙婦，爲隱藏證據，曾放火把屋子、人一起燒掉。但最令我難忘的還是在英德所看到的那個屍體。那個慘不忍睹的屍體，阻止了我善性的完全消失。以後，我常常作夢看到那具屍體，甚至於在戰後三十幾年的今日，我還是在苦悶中過日子。

附註：川端百雄，現年六十一歲，曾任陸軍上等兵。一九三七年志願從軍，但體檢沒有通過，一九三九年八月，被徵充當補充兵，屬「南支派遣軍野戰電信隊」，駐紮廣東，參加「翁英作戰」。一九四〇年被解除召集，翌年又被召集，到東北。一九四四年十一月回到大阪，解除召集。

報復的慘劇

保田利夫

日軍在長沙、衡陽、桂林屠殺中國人一事，在遠東軍事法庭曾經引起軒然大波。當時，祇是一個士兵的我，自無從知曉詳情，不過日後得悉「三光作戰」的實際內容以後，我纔明確地了解我們行動的歷史意義。所謂「三光作戰」，就是「殺光」、「燒光」和「搶光」的意思，日軍稱之爲「燼滅作戰」。這是將其重點放在對付游擊隊的作戰。

長沙作戰是華中規模最大的作戰。在這作戰中，日軍受到比預料中嚴重的打擊。當時，國民政府正規軍以全力接受日軍的挑戰。

日軍投下新部隊，佔領長沙後沒多久，遂被中國軍擊退，日軍又佔領，但又被打回，這樣反覆三次日軍纔終於完全佔領長沙。

爲了補救長沙作戰的打擊，日軍曾經前後召集了三次補充兵，我就是這時被徵召的。我被分發到椿二一八部隊，這個聯隊在長沙作戰所受打擊最大，幾乎全滅，而祇剩下一個中隊。

攻陷長沙的核心部隊，即時轉戰於衡陽和桂林。我們這個椿二一八部隊的訓練隊，也跟著核心部隊的後頭往衡陽前進。每天行軍大約十公里。磨破腳，擦擦紅藥水，老牛拖車般地繼續行軍。十天、二十天、一個月，行軍又行軍。跟不上者也逐漸增多。由於下雨而淋濕的軍服，就著體溫而乾了。偶而有機會燒火烤軍服，便會掉下不少虱子。虱子使我們睡不著覺，有人因爲極端疲勞而死亡。

更有不堪行軍之苦而用手榴彈自殺的人。五個、十個，就這樣戰友漸漸地減少，而我是能夠瞭解寧願選擇死路的戰友他們的心情。但絕不認輸的我，祇要有人還在走，我就有自信走下去。背著很重的行囊和彈藥武器，我終於走到底了。

從長沙由粵漢鐵路南下大約四十公里的地點，就是株州。我們抵達此地那一天，天氣特別冷。到達村莊是黃昏六點鐘左右，吃飯、警備、修整武器，總在十點左右就寢。通常，我們大多在中國人的空屋子裏，用稻草打地舖睡覺。

這段時間是和我戰友分分香烟、談故鄉、話家常、以飽嚐人間溫暖的時候。在拼命的行軍路上，跟任何人，隨時都會產生連父子也不及的感情，而在不盡的聊天中，不知不覺地進入夢鄉。

醒來，趕緊吃早飯，作中飯，其所需時間大約一個小時。然後點名，準備出發。這時，據說「三名士兵行蹤不明」。這是其他班上的士兵。指揮官即時命令說：「行軍停止，即刻搜索這三個人。」

留下一部份部隊之後，我們便四處去搜索。下午三點鐘左右，我們在谷底發現這三個人的死屍。

他們三個人的死屍，實在慘不忍睹。身體被鐵絲綁著，鼻子和耳朵都被割下來，而且被脫得光光的。看見這些屍體時，我們氣憤得發抖，全身充滿敵愾心。對於遺體我們用手使其閉眼，令其瞑目。

不過，他們之致死也不是完全沒有原因的。當時，日軍後方的物資援助已斷，於是我們遂以「現地徵發」的名目，搶奪中國人流血流汗所種得的糧食，以繼續行軍。由此，我們也可以看出侵略戰爭殘酷的另一面。

所以，這三個士兵，瞞著官長的耳目，擅自進入村莊偷取糧食，失敗才遭遇到殘殺的。對這件事非常憤怒的指揮官，馬上命令「燒光村莊」。指揮官的命令，火上加油地升高士兵的恨心。我們立刻包圍這個大約兩百戶的村莊，祇留一條路給村民逃，而從三方面放火。殺了三個士兵，是給日軍燒光村莊的最好藉口。這種現象，在各部隊作戰中，時或發生。我目睹中國人殘殺日本兵，雖一時怒髮衝天，但對於縱火燒殺一無所知的全體村民以報復這種做法，是不能苟同的。但我心裏的糾葛，卻令我一到村莊，就不得不參加堆稻草的工作。

開始放火。三個士兵死的代價是，兩百戶中國人的生命。稻草的火，隨時燒到房屋，而變成滿天的大火。從三個方向，大火包圍了村莊。中國人開始慌了，他們亂跑，叫喊聲彌漫於整個村莊。而在留下的一個方向。我們還安好重、輕機鎗，以等待中國人逃出來。而隨叫喊聲接近的同時，年輕的男女、老年人和小孩，成羣地往這個方向逃來了。

全身是火的大人、抱著嬰孩的母親、顚來顚去跑過來的老年人……我心裏的糾葛，這時完全消逝，而充滿了手握著輕機鎗的緊張。我們對準這些中國人，連打無情的子彈。由於輕、重機鎗的亂打，成羣的中國人，頓時變成屍體之山。嗜殺這些人，遠比折嬰兒的手臂還不費事。

從放火到嗜殺的幾個小時裏面在餘燼之中，還有燒焦的味道，滿地都是燒黑和被打穿腦袋的中國人的屍體。焦土的村莊，早已變成人間地獄了。

我眞的不能相信，因爲這些人都是無辜的。「爲什麼要做得這樣絕呢？」我在心裏，如此自我搏鬥著。「燒光村莊」，令我不能心安理得，但我仍然不能不去參加新的作戰。

「殺光」、「燒光」、「搶光」——我們所幹的燒光村莊，因爲是報復，所以不能說是一種作戰，但它還是由「三光作戰」的原則而來的。在中國大陸，公然幹類似這種突發性的殘殺行爲，就好像在吸中國人的血，如此在各地擴大下去的話——想到這裏，我實在沒有勇氣去承認它是一種「作戰」。這樣可怕而慘無人道的行爲，可能是史無前例的。

我被徵召，是這一年（一九四三年）的六月，剛剛結婚兩年，生了長子，家庭生活非常美滿。有一天，我照常下班回來，抱著小孩在吃晚飯。這時，有人送來一張紅紙說：「勞駕，這是召集令。」

我無言中把它接過來，坐在旁邊的內人也沒說話。緊張的氣氛，一時彌漫於空間。我倆的心裏，充滿一種該來的終於來了這種無從表達的重擔。

中國人與打重輕機鎗的日本兵，以及在那裏旁觀的日本兵，應該是沒什麼兩樣的。戰爭必須捨去一個一個人的共通感情而進行。基於這一點，戰爭本身實具有反人類的殘忍性質。我覺得，燒光村莊後的我們，也是塡滿個人與軍隊間的鴻溝，和同化個人於軍隊的一種教育過程。我們由於火燒村莊，行軍慢了一天，因此遂於當天晚上即刻出發。

大約半個月後，我們到達了目的地衡陽，但它已經爲日軍所攻陷。因而我們又往下一個目的地桂林趕路。這時大陸已是冬天了。我們在風雪之中行軍。軍鞋、軍服已破，我們差不多有半年沒洗過澡了，滿身泥汗和污垢，臭得不像話。黝黑的臉，鬍鬚又長，兩隻眼睛顯得特別大，大家的樣子都變得非常可怕。

到達市江（如果是我的記憶沒有錯的話），我們終於與敵軍交戰。老兵對我們這些新兵就參加戰鬥一事交代了以下的注意事項：

「攜帶『千人針』（註一）者，把它綁在腹部。」

「纏國旗手巾於頭上。」

「在空中咻咻的敵彈不可怕，可怕的是布斯布斯的敵彈聲音，這時要留意。」

「步鎗打一百發纔會打中一發。」

「盡量接近敵人，隱蔽射擊。」

聽老兵講這些注意事項時，我以爲我沒有命了。但既而一想，我反而感覺一身輕，更不覺得死是那麼可怕。

但在戰鬥開始的同時，我卻完全忘記了剛才老兵所交代的事項，而一心一意隱蔽打機鎗。忽然一看，在我旁邊射擊的戰友不見了。於是我遂邊看敵人的動靜，邊爬去找戰友。我找到他時，他身中五發敵人子彈而死了。我把戰友留下，大約前進一公里。拼命的幾個小時過去，戰鬥結束了。我方戰死二十人左右。

收拾負傷的日本兵之後，老兵集合了我們全體新兵。他對我們就今天的戰鬥發表幾點訓示。最後他說：「怎麼樣！戰鬥是不是很可怕？現在要來試試你們的膽量。」

我們以爲他要幹什麼，這時有人帶來在今天戰鬥中獲得的四個俘虜說：「用刺刀刺。」接著從新兵裏選了四個人。很不幸，我也被點到了。

屠殺俘虜，和火燒村莊令人有不同的感受。瞪著眼前的俘虜，我千眞萬確地感覺活生生的人，這種眞實感令我不能動。

四周日本兵圍著看。老兵「快刺」的怒聲來了。隨這一聲，四處又起鬨。我急了。我在腹部用力，閉眼刺去，同時感覺有些重量。俘虜的嘴中發出很特別的呻吟，然後就靜下來了。

刺殺俘虜以後，那無法形容的聲音，一直纏繞在我耳邊，當天晚上，我過了難以言喻的一夜。

我們到達桂林時，已是桃花開的季節。敵方的營房，建於四圍的岩山之中。據説，因爲長沙作戰的教訓，日軍動員了野重砲和椿、檜、鯨、鰈等五個大隊以攻擊桂林。我們也是爲了參加這項作戰而行軍來的，但我們到達時，桂林已經陷落了。

桂林雖落於日軍之手，但其四周卻都是敵軍的陣地。我們到離開桂林大約十公里的義寧路去構築陣地。從這裏用望遠鏡望敵軍陣地，敵軍的動靜可以看得一清二楚。這使我名符其實地身覺自己正在最前線而非常緊張。一個月左右以後，以日本本土的戰況惡化，我們放棄了桂林，而轉屬於獨立警備隊至威第一七七部隊。爾後，警備長沙、岳陽間的鐵路大約有一年。

一九四五年八月二十日，我們獲得日軍無條件投降的消息。部隊長説：「很慚愧，一切日軍都投降了。後天，我們將在長沙被解除武裝。」他又訓示説：「軍令雖失，但要交給敵方的武器，我們應該弄得很好，做得光明磊落。」

遵照這個指示，我們如儀接受了解除武裝。陷於「人民戰爭」之泥沼的我們，有如流浪者行軍於大陸，走得精疲力盡。所幸，在長沙時，我們和中國人處得還不錯，所以戰後，我們的交情又進了一步。我退役後，恢復了我自己。我很願意以餘生和中國人做永遠和平的努力。

譯註

註一：日人當兵時，其家人大多請一千個女人在一塊布上各縫一針，以保佑其平安，這塊布叫做千人針。

「懷疑」與「忠誠」之間

山本肇

我們的「新州分隊」，除核心兵力外，有時候會從外邊請來支援。我們把這些人叫做「候鳥」。他們是飄然地來，隨著命令飄然地去的「流浪人」。

有一次，來了一個似獨來獨往，瘦瘦高高的上士。他姓物外。在隊長室報到以後，進來營房，在我對面放下行李，向正在打麻將的我們看一眼，然後便開始整理他自己的「勢力範圍」。

我邊玩牌，時或看看他，他瘦得好像一根竹竿，沉沉的臉，輪廓很深，有些陰影。年齡比我們大，大概二十七、八歲左右，默默無言的他，給我一種虛無主義的幽鬼印象。我直覺：他不是普通的人。

幾天以後，我和宮城一等兵，做他的部下，一起到一〇五橋樑的托其卡出勤務。圓筒型的托其卡，由內部挖有幾個堞口，裏邊鋪著草蓆，可以用鋼盔當做枕頭，在那裏躺臥休息。碟子上的燈芯是唯一的照明，除在橋桁上動哨勤務者外，其餘的兩個人，待機的時間就在這裏打發。

宮城一等兵扛著槍正在動哨時，我走到外邊，挺胸在冷冰冰的空氣中，對於掛在薄墨色山頂上的雲和月吟詩說：

月白早春宵

邈矣兩千六百秋

日本國肇基神籌……

餘韻嫋嫋，響遍山河。

國內來信說，今年是皇紀兩千六百年（西曆一九四〇年），全國多地都舉行過盛大的慶典，因此我遂吟詠跟它有關的詩。我吟完詩後，進去托其卡。躺在那裏的物外上士，驀地起來坐定後說：「坐坐吧。」

我們在火焰搖曳下，面對面而坐。

「你眞的相信皇紀兩千六百年嗎？」

他以諷刺的微笑，輕輕地問著，好像是在反問我剛才吟的詩。

「是，因爲皇紀兩千六百年是歷史的事實。」

「歷史的事實？多了六百年的事實，眞是胡說。」

「怎麼會這樣。你是說學者的定論是謊言？」

「我絕不相信御用學者的學說；你是國粹主義者？」

「可以說是國家主義者，也可以說是皇室中心主義者。身爲日本國民，而不以能參加這個聖戰為光榮者就是非國民！」

「非國民！聖戰，哼！」

他故作噁心的樣子。

「我的祖先，好像也曾經有過這種獨善居上。」

「什麼是獨善？您到底是……?!」

我很激動。這時，我覺得就是犧牲我的生命也在所不惜。但他卻非常冷靜，並拿出皺巴巴的香烟來抽。

「戰爭這個東西，都各有其堂皇的招牌。明治維新時，有自稱為『天誅組』的激進派。他們扛著『尊王攘夷』的大旗，殺了沒有罪的五條的代官（註一），眞是不應該。其中有一個土佐（今日的四國）出身姓池內的年輕下士，就像你這種型的人。這個人好像是我的祖先。他雖然很純粹，但卻腦筋不清。」

我心裏覺得這個傢伙眞是敢說話，便說：「那麼，您是否要否定八紘一宇的大志？」

「對，我否定一切。戰爭是罪惡，所謂『金甌無缺』、『八紘一宇』，如我說過，都是皇國史觀的獨善。眞是滑天下之大稽。」

這是很可怕的思想。我從沒見過敢這樣大膽講話的人。聽了這些話，我二十五年的生涯，幾乎從根本都要崩潰了。因為我所受的教育是，如果說這種不恭敬話隨時隨地將遭神罰，腦袋掉地。

我穿著軍鞋端坐說：

「要向您說天皇陛下的是實在是……」卻把接下去「會有報應，嘴會歪」的這段話吞下去。

「哼，我一點也不相信所謂天皇，更討厭所謂『活神』。」

至此，我不敢再說下去了。對於這種人，我能說什麼呢？我在心裏想：瀧口中尉如果聽到這些話，不知道將有何種表情？

以前，由於營房裏頭廚房的牆壁燻黑了，因此大家拿出舊報紙來重新換貼，但在這些舊報紙裏有天皇的照片，看見天皇照片的瀧口中尉，遂用菜刀把它挖掉，同時又集合了所有的士兵。

他臉色蒼白，以悲愴的聲音喊說：「把天皇玉照貼在牆壁上，眞是該死——這是毫無辯解的餘地。對於大元帥陛下，就是剖腹自殺還是不能賠罪於萬一。這是大家精神不振的證據。」

隨即他用渾身之力，對部下各打兩個耳光，不知打到第幾個人的時候，好像碰到什麼，從他的拳頭掉下血來。但是，怒髮衝天的他仍然打到最後的一個。

「上士，這裏的軍紀非常嚴格，這種話給人家聽到了不得了，請你注意。」

我這樣忠告他，表示我對他的好意。

「是嗎？謝謝你。」

他持槍走了。勤務是每一個小時換班，輪兩次就半夜。又跟物外上士在一起。

「好冷。」

他從水壺喝了一口老酒後問：「要不要喝一杯？」我把他接過來喝一杯以後，強烈的酒精刺激，使我的五臟六腑甚感爽快。

他蒼白的臉，由之變成有些紅。他低聲地開始唱民謠。

過一會兒，他以很沉痛的神情喃喃自語說著：

「你知道不知道大阪城內一番地？」

「您有熟人在那裏嗎？」

「沒有！」

說罷，他又陷於沉思，突然他的眼光因燈光而閃亮，隨則他的兩頰流下眼淚來。起初我以爲他是喝酒就愛哭的人。由於上戰場兩年多，有時候沒有什麼特別原因卻會見景傷情流淚，因此我以爲物外上士的流淚也是屬於這一種的。

「把我的人完全改變過來的是大阪城內一番地，它的名字叫做陸軍刑務所（陸軍監獄）！」

「啊！您是犯什麼罪而進監獄的？」

「不敬罪！」（註二）

他很自然地，唐突地說。

「嗯！不敬罪！」

這是不祥的罪名，怎麼沒有被處死刑呢？不過從他剛說的話來判斷，這是很可能的。

「我從沒對任何人說過，但今天晚上我卻很想說給你聽聽，聽聽所謂『嘴巴是災禍之門，舌頭為災禍之根』的我這個笨蛋的話。」

他以嘶啞聲自嘲地笑。除宮城一等兵軍鞋走動的聲響和燈芯的吸油聲外，就什麼也聽不見。

「我是志願的陸軍少尉。被召集做出動部隊的要員，而將出發的前一天晚上，你也許知道，大家都非常興奮，而且沒什麼事，因此到了酒舖。在那裏，我遇到我的助手高橋准尉，所以我倆便到後面院子草皮上坐下。於是我的部下們遂也陸續到這邊來，大家成為圓形而坐，開始喝酒。

他這樣說著。這時，他在部下面前批評了戰爭。他說，發動戰爭能賺錢的是財閥，跟財閥勾結的是軍部，而軍部所用於做為幌子的就是天皇。如果用三段論法，便是如此。而最可憐的不外乎是第一線賣命的我們這些士兵和我們的家族。所謂愛祖國、忠君愛國，不過是一種藉口而已。跟我們一樣，中國人也愛其祖國，更有骨肉的恩情。沒有什麼恩怨的人們，因爲受到看不見的權力操縱，而要互相殘殺，天下還有比它更大的罪惡？這種無意義的戰爭，最好早日結束。

大家喝采聽著。「他們大多已經有太太和小孩的人。」他好像在回憶當時的情況，慢慢地說著。

「翌日便是所謂『征衣上途』，營庭全是出征部隊、留守部隊和來歡送的家族的旗子。」

此時，部隊副官趕來要物外上士即時到聯隊本部。他以爲有什麼事，但一去之後，卻看到部隊長坐在正面的椅子，兩邊各站有一個憲兵。部隊長一看見他便說：

「你的批評行爲是不名譽的事，眞是遺憾。我剛剛給憲兵隊的拘票蓋了圖章。這是不得已的。因爲時間不多，所以我要走了。我已經任命高橋准尉來代替你。希望你早日證明你是清白，早點歸隊。我等著你，物外上尉！」

喇叭聲響了，在萬歲的歡呼聲中，部隊開始前進。但是，「我卻被送上憲兵隊的車子，從行軍的旁邊走去，出了營門。」

我爲他的話所吸引，想像他當時的悔恨而流淚。但他的語句，卻一點也不激動，更沒有懷恨的跡象。

陷害他的是高橋准尉。「這個傢伙的口述書亦即告狀，後來推事讀給我抄。」

如此這般，他受到軍法裁判，徹底調查他的身世。「由於我從事過勞工運動，和那天晚上在酒舖院子所說的話被誇張，而被認爲是『具有危險思想』。」他受到不敬罪最輕的判決：剝奪位階勳等，降爲兵士，五個月徒刑。

「軍法官走過來把我的少尉肩章剝掉，同時把我送到大阪城內一番地。」

「爲什麼不上訴？」在不知不覺之中，我非常同情他。

「上訴也沒有用，書記官偷偷地告訴我說：『這是不敬罪裏頭最輕的判決，所以就這樣服刑吧。』可是，五個月的牢獄生活，卻苛酷非常，如果把這些統統說出來的話，可能會暈倒。單以刑具爲例，便有許多比中世紀黑暗裁判時所使用的還要厲害。我沒有發瘋，纔是怪呢！」

在這期間，他所接到的祇有他父親寫給他與他斷絕父子關係的信。它又寫著：他唯一的妹妹，因爲他的事件而被取消訂婚。「在我故鄉，我似被說成爲不忠不孝的樣本。我家人所受的苦難，恐怕比我所受的刑罪還要厲害。」他在單人房苦悶、忍耐恥辱、嗚咽、用頭碰壁、呻吟、喊叫。「流盡眼淚時，我發覺人究竟是無力的存在、生存者，都將被時代的濤浪吞下去並被沖走。不知是死心了，還是想開了，總之，暴風雨已從我胸頭逝去。至此，對我便無所謂社會主義和國家主義。」以後不久，他遂回到原隊，並被派到新編的部隊，而跟我們在一起。「我不會回到日本去的。」他堅決地這樣說。

聽完了他很長的受難故事的我，心裏覺得非常難過，由之對於國家和戰爭，我開始發生疑問。

「我想說的話也都說了，換班的時間也到了。」

他持槍站了起來。他好像把沉澱在他肚子裏的苦水吐出來一樣，突然生氣蓬勃，給我一個微笑。

瀧口中尉與物外上士之間，在思想上，宛如北極之於南極的懸殊；但卻有一個共同點。這似乎是由於吃同一鍋飯而形成的友情。

幾萬的戰友腳踏異邦鄉土正在煩惱、戰鬥、負傷、流血流淚這些都在命中共同生活著。

「從今天晚上開始，我也要出去潛伏。」

瀧口中尉突然這樣說。

「石松，給我準備！」

石松一等兵很輕鬆地答說：

「哎！眞的嗎？我想隊長還是不要去。」

「爲什麼？」

「您應該知道……」

石松開著玩笑說。

「隊長參加，大家便覺得不自由，所以最好還是不要參加。」

水田一等兵勉勉強強做了這樣的說明。

「哈哈……，我明白了。跟我一起勤務，你們就不能亂來，對不對？這當然我知道。你們已經都是歷戰的老兵，我不希望我一個人每天晚上在屋裏睡覺，最近，就這件事我覺得很痛苦！」

管理食品的宮城一等兵進來吩咐說，將配給羊羹，要我們派人去取；石松出去不久便回來說：

「我把羊羹發霉部份拿掉後，做了甜豆湯，隊長要不要嚐嚐看？」

「我不吃，分給大家好了！山本。」

他以沉靜的口吻對我說：

「我死了以後，這把軍刀送給你。雖然沒有署上名，但這是眞正兼定（註三）作的刀劍。」

我覺得他說的話不吉利。在不知不覺之中，已經天黑了。白天勤務的幾個組，等著來換班的時候了。

瀧口中尉作了一場這樣的訓話：

「從今天晚上開始，我也要服勤務。營房的留守，由沒服勤務的全體人員負責，你們更要提高警覺，知道不知道！」

我們一行，走在鐵路沿路上。以瀧口中尉爲中央，物外上士、鍔淵、毛利、我三個上等兵，和水田、石松、宮城三個一等兵，一共七個人。我們邊聊天，邊注意枕木，或進或後的前進。這時，沒有一個人覺察，背著一包毯子的石松一等兵，經由沿著鐵路的小路，趕過我們。

石松可能是，先走一步，在拐彎的地方，放下行李，以等待我們。

因此，當我們走近拐彎處五十公尺左右的時候，在薄暮洋槐花盛開如白雲的樹蔭下，看見似乎坐在石頭上的一個人影。

「停！有可疑的人影！」

瀧口中尉很小聲地說。物外馬上伏下來，同時拿下肩膀上的輕機槍，對準目標。

「誰？」

瀧口中尉的喊聲，衝破了肅靜。石松一定覺得很好笑。但我們是正經的。

「誰？誰？誰？」

連喊了三聲，但沒有回答。不多久，那個人影似乎動了一下。與我這樣感覺的同時，瀧口中尉開槍了。

「碰！碰！碰！……」

打完七顆子彈以後，這個人影倒下來了。

「敢打我……」

我們聽到了悲痛的叫聲，這個人說的是日本話。「糟糕了！」我們競相跑過去。石松發出了呻吟，躺在那裏。

「有沒有關係？打到什麼地方了？」

從他按著手的下腹部流出了血。把褲子解開一看，八連發手槍的第七發子彈貫穿了他肚臍下面。

「石松！沒關係，不會有生命危險的！」

我拼命地叫。他大喊說：「好痛好痛，把我殺死好了，拜託拜託。」

這時，瀧口中尉冷靜地下了一道命令：「毛利和水田回到營房去聯絡，並打電話給中隊隊部請派車子來。其餘的，全員警備四圍！」

我們太疏忽了。在這重要關頭，我們竟忘記了警備。

站在石松旁邊的瀧口中尉，等到大家離開現場以後，遂又加塡了手槍的子彈。因爲他手槍的子彈衹剩下一顆。他跪下來，凝視著石松的傷口，爾後在石松的耳邊，似乎說了他要跟石松同生死的話。

回去聯絡的毛利和水田，不久就回來了。同時，「看家」的士兵們，也陸續趕到。水田帶來了我的急救箱。

我蹲下來給石松打了樟腦液。瀧口中尉站在離開我們十幾公尺地方的火車線路上，仰視著天空的星星。

「石松，你認得我嗎？」

「是不是山本上等兵？請注意，隊長要死。」

「什麼？再說一遍。」

「上等兵，我有一事拜託。」

「你說罷。」

「我已經不行了。隊長說要跟我一起死。這是我最後的一次請求：我剛剛撒了尿，痛得不得了。上等兵，如果被人家說我睡著了而小便失禁的話，我覺得很丟臉，所以請您幫我處理。謝謝。」

我邊哭邊喊，同時繼續爲他打樟腦液。這時我覺得不大對，而回頭一看，竟看到瀧口中尉和物外上士面對面對峙著，其周圍有幾個影子，好像將要發生些什麼事的樣子。

「不要過來！不要過來！」

瀧口舉手拼命制止物外。我遂離開石松身邊，說「怎麼樣了？」而走過去。

「不要過來！過來我就開槍！」

「要開槍，就開罷！」

陷於異常心理狀態的我，想踏出一步時，大吃一驚，因為瀧口右手上的手槍，正對著他自己的太陽穴。我即時止步。他更凝視著或許會從背後去抓他的鍔淵和毛利，並沈靜地說：「大家要聽我的話，……。我錯打了石松，我要拜託你們。我認為武士道就是不怕死。我希望你們也能替我爭功，大家一起凱旋回祖國。」

「山本在不在？請你給我處理善後！」

他遂把軍刀丟給我。

彼此凝視了一陣子。

「卡加。」

這是解開手槍安全扣的聲音。物外的影子往瀧口中尉衝。與此同時，槍聲響了。瀧口中尉顛來顛去，而倒在我的懷抱裏。他自右頭骨打穿了他的頭。我令他躺下來，並壓住他的傷口（用三角巾），但他的血卻把我染得滿身是紅。有人開始嗚咽，一直忍住著的毛利哭了。大家的哭聲，打破了山隘的肅靜。

附記：山本肇，現年六十一歲，曾任陸軍上等兵，一九四一年到中國大陸，隸屬「中支派遣軍」，深受因批評戰爭而被關於陸軍刑務所之物外上士（假名）和絕對忠於天皇之瀧口中尉的影響。一九七七年五月去世。

譯註

註一：代官是江戶幕府時代的官員，統治幕府直轄地，掌管年貢的徵收和民政。

註二：日本舊刑法規定對天皇、太皇、太后、皇太后、皇后、皇太子、皇太孫，以及神宮、皇陵有不恭行為時將課以不敬罪。這個法律已於一九四七年廢止。

註三：兼定是日本室町時代（一三九二——一四七七）末期，美濃（今日的岐阜縣）的著名刀工，數代皆有襲用這個名字。

戰後的敵友生活

西本清

「天皇宣言了戰爭的結束，從此以後絕不許隨便行動！除另有命令，不許擅自離開現在的地方。」

一九四五年八月二十日那天，我們纔知道戰爭已經結束。太陽晃晃，熱得不得了。但戰爭的告終卻使我們有如在樹蔭底下擦汗那樣爽快。多少年了，現在我們纔眞正感覺到心安理得。

仙人塞，是我們川崎部隊第一中隊的陣地。它位於湖北當陽附近的小山。我們的任務是固守此地，因此我們準備全體要在這裏「成仁」。

敵方陣地在前方三百公尺，我們可以聽到敵方的號聲，更能夠看見敵軍的動態。而在戰爭結束前夕，我們跟大隊本部的聯絡完全斷了。這是由於被切斷電線所致。整個中隊遂陷於恐慌狀態。

「五天後敵軍將實行大攻擊。」

這個來路不明的情報，使我們的中隊更加緊張。我們遂採取戰鬥體制，在極端緊張中過日子。

這樣過了幾天，敵人不但沒有攻來，而且靜得令人不敢相信。

「有人看到提燈遊行！」

我們接到了這種非常意外的消息。但沒人知道它意味著什麼。這時日軍所雇用的一個中國密探帶來了一封信。我們全體集合於山頂的廣場。一百五十個隊員排好隊之後，中隊長莊重地打開那封信說：

「天皇宣言了戰爭的結束，……。」

戰爭已在五天前結束了。

附近的寺裏有中共的軍隊。他們在我們得知戰爭結束的第二天，來十多人。他們對我們說：

「把武器交給我們。我們絕不會讓你們吃虧的。跟我們一起和蔣介石軍打仗好不好？我們會厚待日本的官兵。」

中隊長徵求了大家的意見。「他們將怎樣對待我們，不無疑問。既然命令我們不得隨便離開，還是等下個命令罷」；「這樣下去或許不能回到祖國，要在這樣大的中國孤立，不如參加共軍。」大家的意見大致上可以分爲這兩種。但最後還是維持現狀。

過幾天以後，中隊長接到了岡村寧次陸軍上將的一封信，它說：「一定會讓我們全體回到祖國，因此不要逃亡。」

眼前的敵軍，已向漢口、武昌開始行動了。我們還是天天往還於部隊本部與仙人塞之間。一天走五里多，是爲了搬米。有一天，五十來名的中國士兵來接收我們的陣地。他們對械庫並不感興趣，而拼命撈衣服、針、線、剪刀、鞋油等日常用品。

我們從當陽往天門走了二十天，這是十月上旬的事情。我們決定停留於距天門五、六里的一個村莊。（註一）

「你們打輸了，出去！」

「這是我的家，不許隨便進來！」

「呀，香烟沒有了，你們偷抽的！」

我們抵達這個村落時，由於完全沒人，因此我們遂隨便進屋子裏坐著，可是不知道從那裏，竟來了好多人，並開始罵我們。於是吵聲四起。

說實在話，我們到達這個村莊的時候，一個人也沒有。可能是，他們看到日軍來，而躲起來看著。我把屋子裏的農具拿出來，舖很多稻草，然後用毯子作了簡單的床，而且把剩下的東西都吃光了。

不消說，他們也是餓肚皮的人。所以，話雖然不通，我們卻送他們襪子、蚊帳、毛巾、金鷄納霜等等，以爲補償。他們雖然還是有點不服氣，但因爲這樣，我們跟他們纔勉強開始過共同的生活。這是我們大約六個月的共同生活的開端。

我所住的是一對老夫婦的家。老先生害病很久，好像很懶得動的樣子。他的「功課」是早晨起來，要到溝渠去打水。我不忍目睹他的痛苦，因而有時候替他去打水。

「謝謝，謝謝。」

他老人家這樣說著的神情，與其說是在高興，不如說是非常惶恐，而一再地向我點頭。老太太的工作是，在屋子前面的地上，用長棒子趕麻雀。拍撻、拍撻，打著地面的光景，早已不是戰場了。

我自動自發地為老夫婦洗衣服、打水和燒飯。但這是有目的的。因為祇靠中國軍的配給是吃不飽的，我想藉拍老夫婦的馬屁，以換取一些糧食。結果我達到了我的目的：老夫婦日漸信賴我了。

有一天，我替老太太捶肩膀時，她開口慢慢地說：

「先生，我本來有兩個兒子，都很孝順……。」

「真的嗎？他們現在在什麼地方？是不是到城裏做工去了？」

「不是，到很遠的地方去了。」

「是嗎？很寂寞吧。是不是有時候回來看妳，譬如新年。」

「……」

老太太沒有回答。她的臉顯得很寂寞，一直閉著眼；她深深的皺紋引起我的同情。

「是被拉去當苦力的，先生用刀槍把他們帶走。或許已經死了。」

她的聲音在發抖。瞬間，我想起了我們曾經槍殺意圖逃亡的苦力的情景。

「你恨我們吧！」

「不，這是沒有辦法的，這是生不逢時，不是你們的責任。」

說畢，她就沒再說什麼。幫她捶完肩後過一陣子，她來叫我說：

「西本，要不要吃粟飯？」

我馬上過去。老太太走到拚命吃粟飯的我旁邊，並很認眞地說：

「先生，你回日本，日本什麼也沒有了，因爲美國丟了原子彈，母親、父親都死了，要不要在這裏跟我們生活？讓我給你找兩個姑娘。」

我答以模稜兩可的話，但在心裏卻認爲「怎麼可以這樣做！」以後，老太太又提了幾次，但知道我無意之後，也就不再提了。不知兩個兒子去向的這對老夫婦的表情，顯得非常落寞。

對於我們日本人所要求的是，上午九時和下午五時的兩次點名，其他的時間做什麼都可以。中國軍並沒有強制我們勞動。

在無所事事的當兒，部隊本部要我們「運動」，因此我們舉辦了「運動會」和「摔跤大會」。由於我相當長於摔跤，所以我就代表我們的中隊上場。

與此同時，我們也舉行了「遊藝會」。它舉行於師部，我們演出岡野金右衛門的「繪圖面取」而得獎。觀衆裏頭有許許多多的中國人，他們看我們表演，有的在笑，有的在哭。軍隊裏雖然沒有女性，但不知從那裏弄來了口紅和香粉，因而成爲非常熱鬧的遊藝會。士兵裏頭有藝能界出身者，遊藝會就變成他們的獨擅場。

而最使我們傷腦筋的是燃料的不足。起初，我們到旁的村落去買，惟消費量太大，因此他們逐漸不賣給日本人。於是我們開始砍樹，但砍多了，又引起村民的反感。

所以，我們去砍樹，他們便潑糞尿。有一次，我被潑糞尿，一時生氣，奪取柄杓，打了對方的頭。其傷口雖然不大，惟從眉毛之間流出血來，對方因此大喊大叫而演成大事。

我們拚命地逃。可是沒來得及逃的糸川准尉卻被抓到了，而且幾乎要被吊在樹上。於是我們趕回去。他們大聲威脅我們，但我們很快就把糸川准尉救出來了。然後我們馬上趕回我們的隊本部，因爲村民有幾百人。

回到部隊本部以後，他們便束手無策了。戰爭雖然已經結束，他們還是怕「皇軍」。中國軍的警備兵代表他們來理論，部隊長送他一隻軍刀和一雙長靴與其交涉。警備兵回去以後，准尉告訴我說：

「你們沒有什麼不對。被潑糞尿當然應該反抗。做爲日本軍人，這是勇敢的行爲。但爲了中國老百姓的面子，又不得不處罰你們。所以你們要忍耐。糸川禁足三天，西本關禁閉三天。」

部隊長可能與中國警備兵以這種條件妥協的。部隊長對禁閉房的衛兵說：「這兩個人是英雄，給他們加倍的香烟和飯。」

我被關禁閉期間，同事們不必說，連中隊長都來看我，非常熱鬧。

經過六個月左右以後，即於一九四六年三月間，爲了回國，我們準備從漢口出發。凌晨四時，村落的老少，全部出動，手提像提燈的火盆來歡送我們。六個月的共同生活，雖然有過種種的對立，但都是由於戰後生活的窮苦而來。

從漢口而南京、上海，於一九四六年六月，登陸鹿兒島。大概因爲櫻島（註二）的爆發，灣裏有輕油和木片浮沉於波浪之間，好像象徵著被戰爭沖走的我們——。

附記：西本清，現年五十七歲，曾任陸軍上士，一九四二年十二月，入伍奈良六七部隊，一星期後，被派到中國大陸。戰後，與中國農民過六個月左右的生活，一九四五年六月一日，回到鹿兒島。

譯註

註一：這是用片假名寫的一個地名，因無法查對，故姑說為一個村落。

註二：櫻島是鹿兒島的火山名。

魔鬼的惡作劇

武田正行

我從中國大陸回到日本的第二年（一九四八年），有一個人來看我。他的名字，我把它暫稱爲「梶原」。現在我準備根據事實來寫這人的「兩面性」，但我並不再責備他。因爲在戰場，任何人都不可能「唯我獨尊」。換句話說，戰場有許多「梶原」，不足爲怪，這是首先要說明的一點。

戰後我跟他見面所得到的第一個印象是，從他慌亂的容貌中似乎發散著不可摸索的鬼氣。他跟我閒聊戰友們的事片刻之後，說目前沒有固定的工作，生活非常困苦，要我借錢給他。我自己因爲經濟情況太差，因此無法幫他。聽「梶原」的話，他好像在探問戰友們的消息，到處借錢。我跟他見面，這是最後的一次。現在他是不是還在人間，沒人知道。

我跟他認識，是我入伍（一九四〇年十二月）一年半以後的事情；他以上等兵編入我們駐屯張家口的「北支派遣軍」嚮五三三六部隊第四中隊。他的性格很容易激動，但喜歡開玩笑，起初新兵對他還蠻尊敬。

我們對於戰友，不管是誰，都會很快地變成好朋友。談談太太、小孩的事，我們的聊天，自然聊到家鄉而聊個不完。有些戰友的話，我不知聽過多少次，但還是照樣聊，家鄉的事永遠是我們的主要話題。

這時，突然來了一個「梶原」上等兵。大家正在缺乏新鮮的話題，加以他是上等兵，一面諂媚他，一面又想知道他的爲人。可是他的拿手是說黃色笑話。由於大家在戰場的時間長，身心亟需「安慰」。因此，新兵對於他所說的話，都笑得不可開支。於是「梶原」上等兵遂開始胡扯。

不過這類話，就是聽得再多也無法判斷「梶原」的爲人。所以，對於他的朋友關係，當兵前的職業等等，都沒人知道。因此，根據我們跟他長時間的談話，大家自然而然地把他的過去當做「無業的遊民」，從而變成「遊民的上等兵」。

「梶原」上等兵之所以受到新兵的尊敬，另外還有一個原因。就是軍隊對新兵的訓練非常苛烈，但有時「梶原」卻會袒護新兵。

對於新兵，擦一雙皮鞋也得非常用心和謹愼。因爲，就寢前，用油擦好的皮鞋，要排得整整齊齊，萬一鞋上有一點點泥，這個新兵將被令用嘴叨著他的鞋子像狗一樣爬營房裏的每一個房間。每個房間都有幾個老兵，這些老兵對這個「差勁」的新兵都要加以制裁。因此，繞各房間一圈回來的新兵的臉，都變成好像另外一個人；所以，往往幾天不能吃飯。

「梶原」對這種新兵似乎寄以某種同情，所以遇到老兵制裁新兵的時候，常常出面「營救」。酒宴時，他唱「河內音頭」（日本民謠）唱得特別好，大家都覺得「梶原」很懂得人生的酸甜苦辣。

不久，我們接到出動命令，是以湖南省爲中心的大規模作戰，據說，從華北日軍動員了兩萬人。

我們連馬一起被裝進關得緊緊的貨車，因此完全不知道車往那裏去，而祇曉得經過北京和天津車站。坐火車坐了一個星期左右纔到達目的地。我們下車的地方是長江江畔。長江彼岸，因爲烟雨朦朧，水流急而亂滾。

我們費了九牛二虎之力纔渡了江。爾後看地圖行軍。但不知道具體作戰命令和沒有地圖的兵士，實在不清楚到底走在什麼地方和將要幹什麼。我們一直走，一路上所見到的都是成隊的行軍日本兵。

大家很疲倦，因此都低著頭走路。這時來了三個農夫。他們與「梶原」上等兵擦肩過去，瞬間，不知爲什麼，「梶原」上等兵忽然回過來，用鎬柄大打走在最後頭的五十來歲農夫。被打中腦袋的這個農夫，好像身上的骨頭全部被抽走一樣，顛來顛去，當場倒下。

我們抵達多是老人和小孩的村莊。由於日軍的突然入侵，他們都嚇得要死。我們決定在這裏拷問前次抓到的似乎是游擊份子的五個男人。

這五個人，泰然挺胸跟我們進了村莊，我們把留下來的村民統統帶到廣場，令他們看看拷問的可怕。不知從那裏找來的，「梶原」上等兵扛著一根好大的圓木。此外，還準備了梯子、水桶、繩子等等刑打的工具。翻譯對游擊份子說了些什麼。大概是問有關敵軍的所在地、作戰行動和戰力等等，但他們卻一句話也不說。軍官遂向「梶原」上等兵示意。

「梶原」上等兵用雙手舉起圓木，全力向最靠近他的游擊份子撲去。這個人輕輕地被掃走。「梶原」上等兵又打第二個，第三個，……亂打一場，被打到頭的人即時倒地，嘴上噴起泡沫。於是用水潑他們，使其清醒過來。

然後，「梶原」上等兵把這五個人綁在梯子上，令其躺在地上，從鼻子和嘴巴「雙管齊下」灌水。由於無可奈何，祇有把「水」喝下去，因此他們的肚子，很快地變成像妊婦。但他們卻還是守口如瓶。

我們從遠處看著「梶原」上等兵的「表演」。「梶原」上等兵好像很滿足地笑著。不知從何時起五、六個憲兵帶了五隻軍用狗在那裏站著。眼看游擊份子始終不肯開口的憲兵，遂「挺身而出」。憲兵向軍用狗發出信號，軍用狗即開始抓地面。由其動作，可以知道這些軍用狗的訓練如何地到家。

軍用狗皆以游擊份子的喉嚨為目標往前衝。他們很自然地用手保護喉嚨。於是軍用狗遂咬他們的胳膊，並拖著他的整個身體。游擊份子的叫聲，與獸類的叫聲沒有什麼兩樣。他們的肉被咬掉下來，臨終的慘叫聲不絕於耳。會場上肉片橫飛，滿地鮮血。但游擊份子仍然是一言不發。最後，他們被砍頭，結束了生命。

我們在戰場，受著牛馬不如的待遇。「不是要軍服和軍鞋來配身體，而是要身體來配軍服和軍鞋」，事事都是顚倒的，但大家卻都不覺得這是顚倒。在這個世界。「動作太慢！」「聲音太小！」「管理要跑步！」「敬禮不好！」「自大！」早上點完名後，年輕的士官便命令：「初年兵！在我面前排成一列！」我們以爲有什麼特別傳令，但不是。他要我們「叉開大腿咬緊牙根！」結果被他亂打一場。尤其是用營內鞋（軍鞋舊了，皮做拖鞋用，鞋底有鐵釘）被打的時候，臉破牙碎，認不出誰是誰。

不知道走了多少天，我們抵達了一個小村莊。有的人睡覺，有的人抽烟，大家都在溫暖的太陽光下休息。獨「梶原」上等兵一個人在村莊裏蹓躂，並走進高粱田，然後拖了一個抱著嬰孩的女人出來。六十個左右的日本兵在這個村莊休息，但都沒人關心有老百姓。

「梶原」上等兵要求抱她，但她堅決地拒絕。於是他便從她的手裏搶過嬰孩並威脅說要殺嬰孩，並往一個小屋子走去。我們抱著「這個傢伙又在……」這種心情看著這個場面。她跟著「梶原」上等兵後面趕去，邊走邊哭，哀求不要殺她的小孩。

不久，達到目的的「梶原」上等兵抱著嬰孩出來了。嬰孩拚命地哭。「梶原」上等兵好像在逗弄他（她），也好像在擺弄他（她）。嬰孩的母親，顚來顚去，跟在後面。

我們的視線又再度集中於「梶原」上等兵身上。由於村莊非常肅靜，因此嬰孩的哭聲更令人覺得可憐。「梶原」上等兵往懸崖走著，從小屋子出來的她，邊哭邊跟在後面。

走到懸崖絕壁的「梶原」上等兵，突然好像丟棄紙屑一般，把嬰孩往空中拋去。嬰孩的哭聲，即時消失。邊哭邊追的母親，拚命叫喊。不獨如此，「梶原」上等兵竟從背後對這母親踢了一腳，她的叫喊聲拖得很長而消失於谷底。這簡直是魔鬼的惡作劇！

這是我上戰場以來因爲氣憤而全身顫抖的第一次。爾後，「梶原」上等兵雖然仍舊與部下照樣接觸，但跟他幹了那惡作劇時無可奈何的表情一樣，我祇能消極地拒絕他。

從此以後，一到晚上，「梶原」上等兵便會突然發了瘋似地亂叫。他精神的鏡子，大概永遠照出那母子的臨終背影。好像是爲了驅逐這種痛苦他天天亂喊。因此，我們遂把他送到陸軍醫院，爾後不久，就被送回日本國土了。

回到日本後，來看我的「梶原」上等兵，由其五體發出的鬼氣，不外乎是因爲他自己所幹魔鬼的惡作劇而自我煩悶的結果。

附記：武田正行，現年五十八歲，曾任陸軍上士，一九四〇年十二月入伍，屬於「北支派遣軍」響第五三三六部隊，參加過「湖南作戰」，戰敗時在包頭，一九四七年五月回到日本。

烽火連天

盧溝橋事件

川端康夫

乘軍穿過北京的巨大城牆走幾個小時，經過永定河鐵橋，從車窗便可以看到映在曉月的美麗的大理石橋，而這就是盧溝橋。

我們赴任位於東交民巷之北京憲兵分隊的那天晚上，歡迎宴會後我正在爲故里一個朋友寫信的時候，突然來了「緊急召集」，時爲一九三七年七月八日上午一點鐘。三十幾個憲兵，即時在黑暗的廣大院子排著隊，赤藤分隊長（中校）什麼話也沒講，而祇說「你！」「你！」這樣他挑選了五個憲兵。我依命令，坐上了分隊長的車子。

我們所坐的車子，很快地穿過巨大的城牆。分隊長仍然默默無言。車子加速往漆黑的道路開著。車燈的光線愈伸愈遠。除分隊長外，沒人知道要往那裏去。上午四點鐘左右，車子到達了傾斜度不大的砂山斜面。往前方一看，有座清清楚楚的弓形白橋。我們所站立的地點是「一文字山」，那座橋就是「盧溝橋」。據說，剛才宋哲元麾下的第二十九軍，在盧溝橋北方大約一千公尺的龍王廟附近，向夜間演習中的日軍「不法射擊」，而這就是盧溝橋事件。以下是它的經緯。

隸屬於「北支派遣軍」的豐臺駐屯部隊，與宋哲元的冀察第二十九軍，在永定河對峙著。日方特務機關與中國地方當局，曾經就盧溝橋與永定河南岸宛平縣城附近的土地問題再三在折衝。在盧溝橋，中日兩軍的緊張空氣日趨告急，迨至七日晚間，均衡終於破裂。對於事件的開端，中日兩軍各作如下的主張。

日方：駐紮盧溝橋的中國軍，大概是發瘋，竟對正在夜間演習的日軍進行數十發的不法射擊。日軍遂停止演習，點名結果，發現不足一名兵卒。接到急報的豐臺部隊，即刻趕到現場，與中國軍開始交涉，此時，龍王廟附近的中國軍，再度有不法的射擊。至此，日軍官兵終於打破其沉默。

中方：日軍的夜間演習日益激烈，且富挑撥性。該夜，日軍以不足一個士兵為理由，要求搜索宛平縣城。中方以這是當然的權利而予以拒絕，於是日軍遂以迫擊砲開始攻擊。

我們集結於一文字山時，櫻井（德太郎）中校正前往宛平縣城去辦理交涉。櫻井一回來，則告知「交涉決裂」。我們靜觀著事態的演變。天快要亮的時候，雙方好像等著開始戰鬥的信號，而互開迫擊砲。我瞪著七、八名聯絡員要渡永定河，而從宛平縣城牆上被射擊的光景。

八號中午左右，日軍山砲部隊到達，並向宛平縣城的東邊城牆打了大約三百顆砲彈。從一文字山看去，城牆好像是座難以攻下的要塞，祇有掉下些砂土那種程度的損害。我因爲緊張而在不知不覺之中，把身體緊貼於砂地，以策安全。我目睹一個軍醫由於極端恐怖，脖子閃亮著躁汗，把臉貼於砂上，全身發抖的樣子，這時我纔能夠環顧其他。

在這前後，日軍佔領了龍王廟一帶永定河左側的堤防，並立於監視盧溝橋和長辛店之中國軍的態勢。

從北京駐屯軍派來了森田中校。他與宛平縣長王冷齋交涉結果，九日中午，中國當局接受了日軍的要求，說將撤退盧溝橋中國軍隊。

日軍對中國當局所要求者如下：

一、撤退盧溝橋和龍王廟的中國軍。

二、謝罪不法射擊及處分負責人。

三、保證將來亦將取締排日行爲，等等。

反此，中國方面表示這樣的見解：

一、解決問題時不得侵犯我領土和主權。

二、中央政府所建立之冀察政務委員會的現狀不許非法變更。

三、以宋將軍爲首的華北官吏，不因日本意思而解職。

四、冀察政務委員會第二十九軍，不對日軍讓步現在以上的地點。

盧溝橋位於聯絡北寧鐵路之短距離往復線的西端，也是聯絡京漢線的重要分歧點。因此佔據盧溝橋，就可以掌握開往北京之鐵路的南邊正門。

日軍的要求好像很當然地提出，但對中國當局來講，這是一步也不能再讓的存亡問題。當時日軍想法的基礎是：「縱令發生了盧溝橋事件，祇要國民政府和冀察當局的要人能早日從抗日的迷夢覺醒，則這種大事變自不會勃發。因爲日本政府、軍方和國民都企求著和平，堅持著不擴大方針。可是，中國方面卻錯誤估計日本的實力，徒令局勢惡化，終於在北寧線廊坊車站和北京廣安門附近，出其不意地攻擊日軍。以此時爲界，中國大陸遂失去和平，皇軍便進「正義之師」（引自一九三八年九月，陸軍恤兵部發行《支那事變戰跡的指南》）這種欺騙和冥頑的「正義感」。

但是，在盧溝橋事件以前，戰火不是已經不可避了嗎？我認爲，盧溝橋事件是該發生而發生的歷史上的污點。一旦點著的戰火，遂以那兩大鐵路爲中心，斷斷續續地燒起，逐漸擴大爲「北支事變」，從而成爲中日戰爭。

我們眼看進入小康狀態時，便集結於盧溝橋東邊的豐臺，以注視時局的變遷。

通州事件

那是盛夏炎熱的日子，在豐臺注視著盧溝橋事件之演變的我們，在半醒半睡的狀況中獲得了發生通州事件的消息，這是七月二十九日凌晨的事情。我們奉命：「發生事件，即時趕往通州」。這是空前的虐殺日人的事件。

三十名憲兵，分搭幾輛車，即刻趕到現地。與目睹慘狀的同時，憎恨之情，溢於五體。這個傢伙！屎蛋!!這是我來戰場第一次親眼看到的慘狀。到處都是慘不忍睹的日人屍體。

路上有丟掉的載貨車，車輪上被綁住其手足之男人的屍體，簡直目不忍睹。轟隆轟隆滾著的笨重車輪，曾拖著他的腦袋一起滾。石牆附近，有沾滿鮮血的幼兒屍體。從其情況來判斷，是抓著腳脖子像球一般往石牆投擲的結果。被挖出眼睛，砍掉鼻子和耳朵，無法形容的女性的慘殺屍體，參雜於被槍殺的屍體之中，使我們怒髮沖天。遍地是血。大半的人，都是從家裏被拉到城牆傍邊去被殺的。

通州有通運、朝天、迎薰、凝翠四個門，各門通到十字路。街頭鼓樓的殘影，說明了它過去的繁榮。通州與北京朝陽門間，有條寬度大約八公尺的道路，加以利用白河可以通往天津，所以通州有日人街。

事件發生於凌晨三時。日本居民三百八十名左右當中，據說倖免一死者祇有一百三十多人。這是殷汝耕的傭兵幹的。

我們雇用密探，當天，搜查離開通州的那些傭兵的下落。其親屬、親戚、朋友等等，我們一個不漏地徹底搜索。我回到北京憲兵分隊，邊聽密探的通報，並採取行動。調查嫌疑犯時，與滿鐵的翻譯，幾乎出於刑訊的態度。
「發生事件當天，你是不是以殷汝耕的傭兵在通州？」
「我不在通州。」
「我們有證人，你該招認！」
「我沒去通州。」
我們問的祇是這幾句話。其目的在於要他承認「在通州」。訊問的地點，可能在廚房，可以是辦公廳，任何場所都利用。由於通州事件的慘狀銘記五腑，因此我們怒髮沖天的追問。
「說不說！」
「我不知道。」
有三、四天都不招認的嫌疑者。於是我和翻譯，加上幾個憲兵，便把他帶到廚房來刑訊。我們令他躺在竹簾上，並綁得緊緊地，使其不得翻身，然後用水壺由嘴吧和鼻子灌水。因爲不能呼吸，所以他喝下很多水。我們停下一陣子，又問他，但他還是不招認。兩個小時，三個小時，繼續灌水，嫌疑者的肚子變成有如臨盆的妊婦。因爲痛苦，嫌疑者歪著臉，但目睹通州慘狀的我，不僅一點也不同情他，而且照樣給他灌水。
由於灌水而死亡者，大多是因水進入氣管而窒息死的。北京憲兵分隊的三十人在從事訊問，其中有的人，甚至於用尖青竹插進嫌疑者的趾甲裏頭。這一下，他便即時暈倒。我們每次都向北京的軍法會議報告調查結果，但其指示都是「現地處分」。因而我處死了十八名嫌疑者。單單北京憲兵分隊，就處死了相當數目的嫌疑者。此外，日本領事館也刑訊、處死了五十來名的嫌疑者。

處死刑者，都利用黃昏時刻，把他們的手綁在後頭，使其躺在卡車貨臺上，運到南苑機場去執行。卡車在街上行走時，爲使人們不會察覺，而把車身立起來。載著三、四個嫌犯者的卡車，穿過正陽門，經過北京車站、先農壇、天壇，而開到南苑機場。我們一再地往返了這條路。

自通州事件一個半月左右以後，「通州事件」纔如此這般地結束。襲擊通州之殷汝耕的傭兵，估計爲三百人。但如果加上在各地處死的嫌疑者，被殺的中國人不知道到底有多少？

處死北京市長謝新平

天壇係皇帝祭天之壇。周圍的廓壁大約三英里，廓內築有圍牆，設著齋宮、圜丘、皇乾殿和祈年殿等等。隔著正陽門大馬路，與先農壇相對，其規模之雄大，眞令人刮目相看。

「天壇有細菌的培養所。」

我們接到密探的這種通報，是正在調查通州事件的時候。我立刻帶同軍醫和幾個憲兵，趕赴天壇。隨密探的嚮導，到達現場時，草原上栓著七、八匹中國馬。這些馬的腳，幾乎在同一個地方，都擁有同樣的傷口。我們跟著密探走進草原裏的地下室。地下室通路兩邊造有架棚，排著些瓶子。軍醫一看，便斷定是在「培養細菌」。我們搜查地下室時，發現了一本帳簿。除細菌的配給過程和品目外，還寫著管理負責人是北京市長謝新平。

我們即刻前往市長公館，逮捕並拘留了謝新平。謝新平看來是個個子小小的好好先生，對我的查問也很穩和。

「天壇有細菌培養所，你知道嗎？」

「我知道。但其目的和用途，都說是爲了研究醫學，其詳細我並不清楚。我祇是借給他們名義。」

我沒有把他當做罪犯來訊問，而邊抽煙，時或跟他談談笑，這樣我們交往了一個多月。在這期間，謝新平的女兒，每天都替他送便當來。我深爲北京市長父女的爲人所感動，而很想救他一命。事實上，他不算是「罪犯」。我沒有隱瞞我對他的好感，而一氣呵成地寫好這一個月的經過，並向北京的軍法會議報告。可是，軍法會議卻指示我「處死」他。

我不得不轉告他這件事。「軍法會議要我處你死刑……。」他很溫靜地答說：「那就沒辦法。川端先生，能不能由你來親自執行？」

我答允了謝新平的要求。刑場是南苑機場：日期爲一九七三年陰曆八月十五日中秋節那一天。正要執行時，一直保持沉默的謝新平，說希望向西方合掌。以往，處死刑的時候，任何人都要把雙手綁在後頭的，但這時我「欣然同意」了謝新平的請求。不過，非殺已心心相印者不可，這是痛苦無比的。但我硬振作起來，拔出刀劍，是時明月亮亮地掛在天空。對我來講，這是第二十個人的死刑。瞬間，我斷然決心不再殺人。

翌日上午，謝新平的女兒照樣來辦公廳。她的臉色不好。「我父親在什麼地方？」她的聲音在發抖。她或許已經聞知她父親昨天晚上已被處死了。但似乎也爲了親自確認這個事實，她纔鼓起勇氣來到市長辦公廳。我不知道如何是好。

「爲旁的事情，被帶到天津的憲兵隊去了。妳暫時也不必再來這裏了……。」

我順口撒了謊，但她一點也不相信。她的臉色立刻變成蒼白。「請你告訴我事實。我和我母親，今天早晨都作了惡夢。很奇怪，我倆都作了父親悄悄地站在我們枕頭旁邊的夢。不管怎樣結果，我都不怕，請告訴我事實。如果死了，我們要拜拜他……。拜託拜託。」

她勉強說了這番話，然後瞪著我。接下去是一片沉默，可怕而寂寞的沉默。該不該講，我的內心正在搏鬥。時間一刻一刻地飛逝，她了然這個沉默意味著什麼，而開始垂頭喪氣。她抱著她帶來的便當，處身悲痛的深淵。她沒什麼話可說了，於是向後轉，無力氣地往門口走去。是在忍耐不流淚，還是在抑制憤怒，她小小的肩膀震動著。

我在她背影上看到無可救藥的悲劇，同時覺得我的體力逐漸地消逝。

天津有日本、英國、法國和義大利四個國家的租界。各國租界在勃發中日事變之後，仍然各擁有其文化圈，並且在其初期，更具有治外法權。在這些租界，造有維多利亞公園、法蘭西公園等頗具各國特色的公園。往來街上的人們，都穿著民族衣裳，很富於異國情調。

天津是華北最大的工商業都市，以日本租界爲中心。我奉派到天津隊本部特高課，記得是一九三九年的事情。那時，日本租界內日人所經營的工廠和商店，常常被抗日學生等放火和炸燬。我的任務就是搜集這些抗日份子的情報和逮捕他們。

特高課有八名憲兵，他們每天祇把密探的通報寫於特務日記，並呈給課長看；而如果抗日份子的行動開始正式化，便着手事前逮捕。惟他們都住在外國租界裏頭，所以逮捕前幾乎都跑光。位於日本租界之中心地點的百貨公司——中元公司（日人所經營）的一樓玩具部門被定時放火的時候也是一樣。玩具大多是賽璐珞製品，因此火勢轉瞬間把五層樓的中元公司燒得一乾二淨。正在旭街玩耍的我們，遂奉命緊急集合，採取行動。雖然知道是學生幹的，惟因他們也都棲身外國租界，所以很不容易逮捕。

欲插足外國租界逮捕人，則得向工部局寫明嫌疑者的姓名、所在地，提出申請；但接到工部局的「逮捕許可」趕往現場時，卻已見不到嫌疑者的踪影了。

根據我們的調查，這些學生似屬於藍衣社的系統。而對於這種有組織的行動，我們決定採取斷然的措施，這個措施就是封鎖天津的外國租界。因之，趕緊取得「北支派遣軍」的許可，請求工兵隊的出動，實施了外國租界的一律封鎖。於是，廣大的租界四周，便以具有高壓電流的有刺鐵絲網圍起來，完全予以封鎖。祇有一個出入口，任何人，除非經過此地，都無法生存。

沒有通行證的居留民、商人和學生，遂排成長龍。他們甚至於要排上四、五個小時纔能通過這個地方。因此，學生不得不死心上外國租界內的大學；商人苦於食物的腐爛。蓋有「通行許可證」之圖章的憲兵名片滿天飛，沒良心的憲兵更專搞這項生意。

封鎖後大約半個月，外國人更不能不放棄獨立自治區域。因爲封鎖完全奪取了他們的生活。爲逮捕抗日份子，日軍是不擇手段的。縱令它會傷害英、法諸國的感情……。

由此，抗日份子的檢舉，也就很容易了。對工部局，祇要給個通知，憲兵便可以自由行動。

換句話說，只告訴工部局「現在要去抓抗日份子，請一起走」就行，不必告知嫌疑者的姓名和要去的地方。其結果，逮捕人數大增，日本租界內的便衣活動隨之銳減。

如此這般，我離開了都市的職務，而前往似盡是山岳地帶的山西省。此時，一直宛如手足的密探之中，有志願與我同行動者。

蠢動的悲劇中人

「天不怕，地不怕，最怕飛機落咱咱（炸彈）。」

這是當時中國人的普遍感情。他們在白刃戰是非常勇敢的，神出鬼沒。這不僅是士兵，連怎樣被侮辱、虐待，也不會完全屈服的一般中國人也是一樣。這與就是敵國官兵，一旦建立了信賴關係，便絕不會出賣你這種強韌的精神力量不無關係。至少，在我身邊的中國人都是這個樣子。

可是，在山西省平遙，爲我手足工作的密探，卻不幹好事，專吸其同胞鮮血，而毫不在乎。在任何時代和狀況之下，都免不了有這種敗類的存在，但我卻實在無法容忍。正如變換不已的人生劇，把充滿欺瞞和傲慢的日本導往戰敗一樣，也陷作僞、不誠實、虛榮的人們於塗炭的苦惱之中。我覺得，這是非個人所能阻止的自然趨勢。

我是於一九四一年來到山西省平遙的。我經常使用三個到五個密探，在部隊出動「討伐」的前幾天，令其著中國衣服先去搜集情報，並送給後方的部隊。

當時，我的月薪是七十元，戰時津貼七十元，雇用密探的機密費五十元，一共一百九十元。其中七十元滙給在國內的家族。那時警員和小學教員的月薪是二十五元左右，所以我的待遇相當不錯。一個星期大致祇穿一次軍裝，沒有「討伐」的晚上，我們可以着便服出去玩。至於密探，祇因爲他能出入憲兵隊，連日本人也另眼相看。這些密探的主要目的，不是爲了錢，而是戰時下的善於處世。

在平遙的時候，我是上士分隊長。有一天外出叫車伕時，車伕邊跑邊對我說：「隊長，有空，請你能跟對面的老先生談談。」

所謂「老先生」，就是住在憲兵隊宿舍對面開藥房的老板；自從我替他兒子（十二歲左右）醫好凍傷以後，我們便很要好。因此，我一回來就去看「老先生」。

「隊長，你大概不曉得罷。」

「是什麼事？」

「關於隊長所雇用之密探的事情……。我想隊長不會是作那種事的人。」

可能是很難開口的事情，所以我聽不懂他的意思。於是我鼓勵「老先生」說：「你說什麼我都不會大驚小怪。說罷。我絕不會找你麻煩的……。」

「隊長，如果這樣我就說。隊長所雇用的密探非常亂來。他胡造情報，以整無辜……。」

「老先生」很詳細地說明了這個密探的爲非作歹。「老先生」說，這個密探以某中國人通便衣隊而要我們予以逮捕，反此他則乘我們正在刑訊該中國人時，前往那個人的老家說：「我可以救他，但要很多錢」，以騙取中國同胞的金錢。

的確，這個密探有時候來說「好像抓錯了人」，而請我們釋放這個中國人。由於我們的目的不在虐待，因此我們也就放他。可是這個密探卻變本加厲，以「我替你們關說纔得出來」，而硬要更多的錢。

「老先生」接著說：「當然，任何家庭，父親的生命最重要。因此傾家蕩產，也要設法。他是連最後一滴血也要吸盡的人。我們的朋友都在束手無策的狀態。因爲隊長是他的後臺……。」

我聽完了「老先生」這番話，眞是怒髮沖天，而決心處分這個密探。翌晨，我把這個密探喊出來屋外，親自砍了他的頭。得悉這個消息的「老先生」，喜氣洋洋地來向我報告大家的反應，但我的心情卻是非常複雜。

一九四二年七月，我以父親過世（一九四〇年十月）爲理由，回到日本。爾後，我歷任大阪憲兵隊本部附和高知憲兵隊附，戰敗時我是安藝分隊的隊長。戰後，據說在山口縣方面的K憲兵准尉，在以戰犯被護送到東京的途中跳火車自殺。

此時，住在大阪的我所得到的，都是不好的消息，因而過著悶悶不樂的生活。在這前後，勃發戰爭時爲蔣介石軍參謀附的根本（博）中將的使者來看我。他說，我所雇用的那幾個密探，戰後都被中國當局槍決了。

附記：川端康夫，現年六十九歲，曾任陸軍憲兵准尉。一九三三年憲兵上等兵（大阪），一九三七年六月，「北支派遣軍憲兵隊附」，隸屬北京憲兵分隊。曾參加盧溝橋、通州等歷史性事件。然後到山西省。一九四二年七月，以乃父過世而回日本。

野戰士兵

大前嘉

「在我內部，確有野獸的一面，從一九三九年到一九四五年的我的六年體驗證實了這一點。以一個野戰士兵，我參加了五項大作戰，而爲了自己的生存，在『戰爭』這個名字之下，我公然幹了一切。或許可以說『這是戰爭，不得已』，但這些事實，卻永遠爲我所不能忘懷」。

一九四〇年二月，我在江西省南昌受了兩個月的現地教育。所謂教育就是殺人教育。尤其是用中國俘虜來作「刺殺訓練」，眞嚇破了我的膽子。我感覺我有生以來初次殺人的興奮。

幾個中國俘虜用鏟子，掘著自己將要進去的墳墓。上等兵令他們坐在墳墓前面後，就點出幾個新兵。我也在裏頭。緊張的時間飛逝，我愈來愈興奮。血往頭部衝。

「刺！」

我不知道我在幹什麼。但不能往後退了。我握緊刺刀，直往俘虜突進。不不不，刺了俘虜的瞬間，令人害怕的觸覺，傳到了我的雙手。我把刺刀一拔，俘虜便往墳墓裏仰著倒進去了。（這太簡單了）配給俘虜，的確有效。從此以後，對於殺人，我就不覺得怎麼樣了。

到了二年兵，我擔任新兵的教育，還是用中國俘虜來訓練。（找些膽小鬼來試試他們的膽量）我們二年兵商量好了之後，便爲五個俘虜，挑出五個新兵。

（欣賞愈久愈好……）因之，刺殺訓練一個一個來。看著俘虜的新兵的臉，因爲害怕而在抽筋。握著刺刀的手也在發抖。「我們以前也有過那樣的時期，眞好玩」，心裏雖然這樣想著，但外表卻裝著「訓練」，一本正經。我以很兇狠的聲音，下了「刺！」的命令。新兵拼命往前衝去，但刺時卻閉上了眼睛。因此沒有刺到要害，俘虜於是倒進墳坑裏，從側腹流出血哼著。

「媽媽！」

這個中國俘虜，突然這樣喊叫。新兵的氣勢由之被削，而躊躇不前。一個二年兵大概也嚇了一跳，因而以跟平常不同的聲調自言自語：「這個傢伙，叫了他媽的名字。」

我以爲，這樣萎縮下去將予新兵以不良影響，因此大聲怒說：「在幹什麼！趕快刺！」新兵以悲愴的表情回頭看我。我瞪他一眼。因之他又重握刺刀，沒看俘虜的臉就刺去。刺刀刺穿其胸部，並穿到血淋淋的背後。我在心裏想：這還算馬馬虎虎，刺殺訓練作得再多，仍然覺得很有意思……。

但如果比起作戰中的行動，這還算是不錯的。在「浙贛作戰」，我們接到「燒光老百姓房子！」的命令。這種命令，在第一線，實即等於「沒有區別地屠殺！」的意思。我們侵入村莊時，大部份的老百姓都早已逃光，於是我們便搶剩下的家畜和物資，然後堆上稻草，放火燒光。等到我們要離開的時候，村莊就變成祇是紅磚立於餘燼之中。當然，老百姓回來也就無處可住了。而我們的目的就是要他們沒地方可住！

有時候，我們抓留下的老百姓來當苦力，令其扛揹日軍的物資。（苦力到處有，我們把苦力當作運貨馬車，用了就丟！）由於我們不愁補充，所以對待苦力也很殘忍。我們令苦力揹著幾乎馬匹要揹的物資，而給很少東西吃以行軍。他們雖然背地裏找剩飯吃，但其體力卻日趨衰弱，而在行軍途中倒下來。

「先生，我走不動了。」

一個苦力這樣說，我們便把他背上的貨物解下來，分配給其他的苦力。對於裝病或撒謊者，一律予以鎗斃。

就是在作戰中，雖然從沒接到過殺戮命令，但在第一線的任何場合，都有虐殺的事實。這不僅在戰鬪中，而且經常發展到俘虜、便衣和老百姓身上。我們的敵人不祇是士兵，因爲一切中國人，隨時都有變成「抗日份子」的危險性。

開始「衡陽作戰」經過大約三個月的時候，我們的小隊（排）三十六、七個人正在一個小村莊。晚上九點多，由於進軍又進軍，所以大家都覺得很掃興，不屑開口。跟以往一樣，村裏幾乎沒人影。

我們在村莊到處去物色，都是走不動的老人和病人。他們對於突然的入侵者，邊發抖邊平身低頭求命。（我們不需要你們這些傢伙）我們予以一瞥後，就在屋裏翻來翻去，找著糧食。

我和四個士兵，破門闖進下一棟屋子。屋內舊蚊帳裏有一張床，大概沒來得及逃，有五個人在床上，是一對夫婦和三個小孩。其丈夫嚇得不成人。

「先生，請饒命，先生，請饒命。」

他一再地這樣說。（這是難得的機會，怎麼能輕易地放過），我們撕破蚊帳，把女人從床上拖了下來，並予輪姦。我在心裏這樣說著：「我們為國家賣命，有這種好處也是應該的。」

在這期間，丈夫抱著兩個小孩飛跑了，留下太太和生下七、八個月的嬰兒。嬰兒拼命地哭。其哭聲跟普通的嬰兒完全不同。它是本能地直覺變異，感覺生命危險的人的聲音，嬰兒哭叫個不停。我們實在無法忍受嬰兒的這種哭聲。我頓時想起「抗日份子」這四個字，因之不寒而慄。由於忍受不了其哭叫聲音，一個士兵遂從屋子一隅拿來船型木桶，把嬰兒放諸裏頭，並把它丟在屋子後面的田地。當時雖是秋季，但半夜的氣溫已在零度以下。翌晨，小隊出發時，我看了看木桶裏邊，確認了不會再哭喊的嬰兒遺體。

戰爭結束，我回家鄉以後，常常想起這件事。晚上開始睡覺時，會聽到這個嬰兒的哭聲。恐怖壓緊我心頭，而每每使我跳起來。這時看到睡在身邊的妻子和幼兒，我纔有些放心。

「我怎麼會幹那種事！如果沒這回事……。眞是很想能好好睡一覺……。」我想來思去，愈想愈多，想得睡不著覺（那時，我們所受的教育是，中國人爲螻蟻，殺螻蟻沒什麼不對）。但至今，我還是受著良心的苛責，非常痛苦。

總之，經過四個月，我們纔進軍到衡陽要塞的城牆附近。征服衡陽，已在眼前，但在此地，我們卻遭遇到敵軍頑強的抵抗，而變成激烈的戰鬪。我們跟其他的中隊，由東、南、西三方面圍攻衡陽城；我們第三中隊則從南方進攻。敵軍人數衆多，決心死守其最後的城塞。我們把火車頭停在城牆前面的堤壩上，並穿著其車輪與車輪之間前進。敵人集中射擊著這一帶。堤壩這邊是廣大的田地，幾乎無處可隱身。我們利用田畦，匍匐前進。繼續跑上幾十公尺，便會被敵軍掃射。在我身邊跑著的日本兵，一個一個地被打死。頭上戴的鋼盔，簡直沒有什麼用處。一命中，子彈就貫穿鋼盔，而在頭頂旋轉。在衝鋒命令下，我的任務是突破堤壩的敵兵，攻陷衡陽。因此不管戰友怎樣，敵兵如何移動，我一心一意地前進。

我鋸齒形地前進二十公尺左右就伏下來，然後再前進。我常對自己說：「不可以跑得太長！」現在我一點也不怕了（我一定要佔前鋒）。在敵軍彈雨中，我重整呼吸，聽天由命，邊放鎗邊跑著。

我終於佔領了堤壩上面。我回頭一看，看到日本兵七零八落地倒在田地上。這是殊死的衝鋒。堤壩的那一邊，後退的中國兵在那裏擠來擠去。再過大約半個小時，我用奪自敵軍的九六式輕機關鎗，掃射中國兵。中國兵相繼倒下去。

中國軍終究升起了白旗。我們一舉衝進衡陽城（第三中隊是前鋒），我歡喜若狂。但我們第三中隊的官兵大約三百人，此時已減少到一半。

爾後十天左右，十幾個人一組，分頭去抓便衣隊和找彈藥庫。但在實際上，我們極盡了搶劫的能事。說的也是，一切還不是爲了這一天？我們在精神上獲得了完全的解放。

衡陽的每個中國人，都生活在恐怖之中。他們遇見日本兵，則唯恐傷害到我們的感情，而格外小心，這是顯而易見的。這種卑屈，反而逗起我們的惡作劇，從而助長了我們的野蠻行爲。

佔領第一天。我們闖入面向馬路的老百姓屋子。樓下什麼也沒有。但二樓好像有人在說話（也許是便衣隊），我們往二樓喊。

「下來，否則要放火！」

隨即下來了一個三十四、五歲的男人。他嚇得發抖。

「你是便衣吧。」

「不是。」

「你是便衣！」

「不是！」

的苦力身上，流出鮮血，在水面上擴散。這些鮮血畫著各種的花樣；我們興高采烈地猜著：這是什麼花樣，那是什麼花樣。眞是殘忍的「遊戲」。

（如果有人問：對於你，戰場是什麼？我將答說：我爲敵兵的死而高興，爲同胞的死而悲痛。同胞的遺體，就是花一個晚上，我也要把它荼毗。時間不夠的時候，就把他的手腕子割下來，放在雜囊裏頭，作戰中帶著走。中隊的上等兵十幾個人被俘並被殺時，我們曾經利用晚間偷偷到敵人陣地，用鏟子不聲不響地把遺體挖出，割下手腕子帶回來。我有爲了拯救同胞的生命，犧牲自己生命也在所不惜的氣慨。還沒燒手腕子之前，我能忍耐其腐爛和臭味，就是爲了他們的遺族。我永遠忘不了我送其遺骨到他們老家時，遺族們悲嘆的情形。這是不是戰爭所由出的矛盾。……）

附記：大前嘉，現年六十一歲，曾任陸軍兵長（介於上等兵與下士之間的階級）。一九三九年入伍和歌山二一八聯隊，翌年前往南昌，參加過「浙贛作戰」、「衡陽作戰」、「長沙作戰」等五個大作戰。戰敗時在安慶郊外，一九四六年二月，由上海回到九州佐世保港。

獸性的彼岸

服部彌一

我生來就是個膽小鬼。六個月的新兵教育，對我毫無用處，我的膽小愈來愈厲害，我日趨畏縮。（我實在太沒出息了！）我很怨嘆我自己。

登陸九江以後，我還是在日本國內演習時的心境。我們正在野地吃中飯。我們新兵，似置身郊遊之中。可是正想要拿飯盒吃飯的瞬間，與隨劇烈的鎗聲之同時，我的飯盒被打掉了。頓時，似被澆冷水般的戰慄，從我的脊梁一過。或許是防衛本能，也許是野性，它使我從沒感覺過的感性覺醒了。自此以後，我遂不敢抬頭走路。我經常注意四周，除非確認了自己安全，決不採取行動。我對於可疑的情勢，異常的味道，特別敏感，尤其操鎗動作，日有進步。

刺殺俘虜的訓練、戰鬪、抓便衣等等，在這些戰場上的經驗過程中，我學得了一個鐵則，為自己生存所不可或缺的鐵則——即「先殺敵人！」

從九江到南昌大約七十公里。我們走了一個星期。蜿蜒的路上，日本兵的屍體累累。這些屍體，大多被割掉鼻子、耳朵、睪丸，和被挖掉眼珠。「先殺敵人！」我已經不膽小了。

從南昌，我們進入「洞慶作戰」。我所屬的波戶小隊在唐山村抓到了一個便衣。我們沒收他的鎗，準備開始搜他身的瞬間，他拔出藏在他背上的手鎗，並向我射擊。幸而沒打中。（這是不行的！我的鐵則還是太寬大。就是看來很順從的敵人，一發現也該殺！）這個經驗給我最可寶貴的教訓。因此在下一個村莊，我就這樣做，在那裏，我即時殺了四個俘虜。可是砍第一個俘虜的頭時，我們竟動員了七個人。有的老兵，能夠一刀兩斷，但我們新兵是做不到的。我們再砍也砍不斷脖子的骨頭。壓住俘虜者，和拿著軍刀的我，卻滿身是血。俘虜的頭快要掉下坑裏的刹那，壓住他的日本兵一放手，俘虜竟突然站起來，走了兩三步後纔倒下去。如此這般砍了四個俘虜的頭顱以後，我的手僵硬得好像吃進了軍刀的刀柄，一時拉不開。

在洞慶作戰，我失去了我最要好的戰友。他是跟我誓言將共生死的我同鄉山添喜一。這時，他屬於擲彈筒班，我是輕機關鎗班，爲他作掩護射擊。我從後面明明看到山添的鋼盔被貫穿的當時情形。我怒吼說：「誰幹的！那個傢伙搞的！」子彈從山添的眉間穿過頭部，貫穿鋼盔。平常，士兵的鋼盔繩子是要綁得鬆鬆地。這樣，縱令中了敵人子彈，子彈很可能祇在頭與鋼盔之間旋轉，不會貫穿顱骨。但山添把鋼盔繩子綁得太緊了。我充滿怒氣，握緊著輕機關鎗正在大放，從這一時刻，遂開始由因爲命令的殺戮，而成爲根源於憎恨的虐殺。

不僅是士兵，一切中國人都是我憎恨的對象。以前我躊躇不敢虐殺民間人，現在都不在乎了。男人更不用說，男孩是未來的中國兵，女人生產士兵——我變成憎恨的俘虜，有如張著大嘴的野獸。

爾後我們佔領了名叫新唐輪的小村莊。那一天，一個日本兵出去探察敵情沒回來。於是我們遂全幅武裝，出動搜索，而在一個貯水池發現他把頭插進水裏死著。他的背後，有一支竹札槍，貫穿他的胸部直立著。由這竹札槍，我們斷定是村人幹的，因而由中隊計畫報復。

我們抱著殺光、燒光、搶光的計畫到達了那個村莊。可是男人都逃掉了，留下的都是女人和病人。搜索結果，一共有十三個人，我們把這些人，用繩子綁著手串在一起，拉到廣場。從三十公尺的地方，以五發點放，每人打五顆子彈，但我的子彈卻祇命中了三顆。村民重疊地倒下去。

那時，我們的精神都有些變態，如果不在殺人或戰鬪，則會覺得很不安。平安無事的日子，竟成爲我們心靈不安的材料，血腥的緊張時刻纔是正常。而且，虐殺的方法，愈來愈厲害，甚至於逐漸具有「遊戲」的因素。

那是洞慶作戰快要結束的時候。村莊四周有江南竹的竹林，我們邊打邊踢，把村民趕來這個竹林；男男、女女、小孩和老人。我們把每十個人綁在一根江南竹，在其底下埋了地雷。然後我們跑得遠遠地，用步鎗射擊它。「多剛」，似要吹跑大地的炸聲。隨即如雨般地從天空掉下來手、腳等等肉片。「跳得好高呀」，大家好像在「欣賞」焰火的樣子。

宛如在盛夏太陽下，河裏的水日漸減少一樣，在戰場的我們，日趨失去人性。爲了尋找樂趣，尋求殘酷的樂趣，我們絞盡了腦漿。我們對於鎗斃，早已不感興趣了。而且，我們更以「一發現敵人就該殺！」的戰場理論！來正當化這些行爲。

我所屬的波戶小隊之參加討伐八路軍，是一九四〇年「六月攻勢」的時候。一個師團，大約一萬人參加了這個作戰。攻勢雖然凶猛，但見不到一個敵人，所以師團遂解散，而回到南昌。沿途，師團由大隊而中隊，從中隊而小隊地分散，我們波戶小隊，對於有頭無尾的作戰，覺得有些「消化不良」。

途中，我們把躲在村莊的一個便衣帶到村莊後面的竹林。我們思考解除消化不良的遊戲，結果決定五股分屍這個便衣。他雖然是投降而來的，但他曾頑強地抵抗過日軍；總之我們決定要殺他。鎗斃和砍頭，我們已經看厭了。

大陸的江南竹非常高大而堅實，直徑二十公分左右的粗竹往天空長著。我們往江南竹跑去，想把它的尖端拉到地面上。另一批日本兵也跑到另外一根江南竹。腰上帶著繩子的日本兵，很快地就爬上去，並在竹子尖端綁上繩子下來了。六個大兵拉著這根繩子，如果稍微放鬆，竹子就要直立。我們全身流汗，從事於不是被強制的「勞動」。想到等一下的「樂趣」，我們一點也不覺得辛苦。要把這兩根江南竹拉下來綁在地上，我們竟整整花了一個小時。

便衣一直看著我們的準備工作。不知道在想什麼，他的臉色蒼白。「你瞧吧」，我們露出微笑，而把他的左右兩隻腳脖子分別綁在那兩根的竹子，綁得緊緊地。我們把繩子拉得很緊，一切都準備好了！我興奮得不由己。我跟另外一個士兵拔出軍刀，互相以眼睛作信號，「㕑!!」一聲，幾乎是同時。

兩根繩子同時斷了。被拉倒地上的兩根江南竹，有如活過來的兩條龍，往天空猛然回到它們原來的態勢。瞬間，顯現了人間地獄。

在地上大約十公尺附近，響了好像什麼破裂似的聲音。便衣的身體破碎了。江南竹仍然在往天上衝。右邊的竹子掛著一隻大腿，左邊的竹子懸著露出心臟和腸子的軀幹。其情景，實在無法形容。破碎了的肉片，因爲竹子的反動而搖幌著。從我們頭上，巴噠巴噠掉著烏黑黑的血。

我們不約而同地開始逃。沒有一個人敢回頭看。否，沒有一個人敢回頭。我邊跑，邊覺得將要被掐住脖子的恐怖。我們雖然已經慣於殺人，但爲「新鮮的恐怖感」而在激動。回到小隊，向小隊長報告之後心臟還在跳。

其次，我得寫寫爾後我經過馬鞍山作戰後所目睹的「俘虜生體解剖」事件。這是執刀的軍醫一再地叮嚀，「絕對不可以告訴任何人」的事件。（事實上，關於它的內容，到現在，我祇說過，而從沒寫過。今日，在形式上，戰爭雖然已經結束，但對我來講，戰爭並未結束。我覺得隱藏這個事件，毫無意義。我認爲，除非把我在戰場的所爲和所看到的事實全部說出來，我不可能有新的開始。當然，就是這樣做，我也不覺得我的戰爭就會結束。爲著新的開始，我將面對任何苦難和考驗。）

在戰場，原則上，俘虜是要交給憲兵的。惟因護送和辦手續費時，所以大致上都由我們自己來處刑。這時，我們也曾將幾個俘虜移交給憲兵隊，而祇留下頑強抵抗，再拷打也不屈服的一個俘虜。隨即來了一個軍醫。

「把他帶到樹叢裏。」

遵照這個軍醫的指示，兩個士兵把這個俘虜帶走了。在那裏，一個士兵將他推倒，並掐著他的脖子，另外一個士兵則壓住他的腳。好像是爲了教育（示範），十幾個衛生部員站在其周圍。軍醫從俘虜脖子背後的凹處直角地插進去注射針，開始灌空氣。隨注射器空氣的減少，俘虜抵抗也愈來愈弱，旋則進入暈迷狀態。軍醫從容地取出，環顧周圍的衛生部員，以頗爲緊張的表情對他們這樣說：「好好地瞧！」

然後，由左側鬢角上面，插進手術小刀開始割。從俘虜的頭滲出點血，但一下子就割了一圈。（好利的小刀呀！）軍醫繼而由切開處插入手指，往上一拉。頭皮有若剝橘子般地被剝掉，而出現了顱骨。軍醫用鐵槌和一種用器輕打了四個地方；爾後把顱骨拿掉，好像從頭上拿走蓋子一樣。他割掉腦以後，開始說明了。他邊割，邊加說明。俘虜的頭，立刻變成空空如也。

軍醫進而切開俘虜的胸部和側腹，其動作之敏捷，眞是妙不可言。他撈出內臟以說明；

衛生部員興趣很濃地看著。但對於生體解剖毫無興趣的我，卻愈來愈噁心。我心裏這樣說著：「我們不這樣殺人。我們都是一下子就把他（她）幹掉。這樣搞太那個了。」從此以後，三天我吃不下飯。

（用江南竹五股分屍俘虜、生體解剖……無止境的這種殘忍行爲，如果敵人在日本國內幹起來的話，我想到這裏不寒而慄。自己父母、兄弟、兒女……愈想愈可怕。「人們把人類的殘忍行爲叫做『有如野獸』，但我認爲這種說法對於野獸既不公平，而且是一種侮辱。因爲野獸決作不出人類所做的那樣殘忍事體。牠們不可能有那樣技巧而藝術的殘酷行爲。……從由母親胎內，用匕首拖出嬰兒，以至把嬰孩往天空一拋，在母親眼前用刺刀接殺。在母親面前表演，成爲快感的主要部份。」（採自托斯特也斯基《卡拉馬左夫的兄弟》）這是無可否認的事實。我們在戰場所作的虐殺行爲，實跟這種精神狀態頗相類似。連蟲都不敢殺的我，在此地不得不承認：在我自己裏邊的獸性彼岸，潛在著以殺人爲遊戲自樂的魔鬼。所謂戰場，乃意味著在這大地上予這個魔鬼以生存權。）

附記：服部彌一，現年六十二歲，曾任陸軍上等兵。一九三九年二月，入伍和歌山步兵第六一聯隊。翌年登陸華中九江。爾後轉到南昌，參加「馬鞍山作戰」和「洞慶作戰」。作戰中，下半身受迫砲擊傷，住進華南的野戰醫院，一九四一年回到日本。

《附錄》

南京大屠殺的眞相

藤原彰

一、南京大屠殺

日軍攻擊南京

民國二十六年（一九三七）七月七日的盧溝橋事件，終於擴大爲中日兩國間的全面戰爭。於戰火波及上海的八月十五日，日本政府公佈「膺懲暴戾支那」之事實上的戰爭宣言，並令松井石根上將的上海巡遣軍登陸上海。惟遇到中國軍英勇的抵抗，日軍非常苦戰，因而於十一月，令柳川平助中將的第十軍和中島今朝吾中將的第十六師團，分別登陸杭州灣和長江的白茆江，威脅中國軍的背後，於是上海的中國軍遂開始退却。日軍追擊敗退的中國軍，於十二月十三日，佔領南京。攻擊南京時，日軍屠殺戰俘，對老百姓有過搶奪、暴行、強姦等殘酷行爲，世上把它稱之爲南京大屠殺(atrocity)事件（日語叫做南京大虐殺事件）。

當時南京是中國的首都，有許多外國使領館，和各國的新聞記者。但其大部分都隨日軍的迫近而避難，尤其是於佔領前的十二月十二日，大多搭乘美國軍艦巴轟號離開了南京。惟巴轟號於當天下午，在南京上游二十八英浬的江面，被日本海軍軍機炸沈，其生存者則分乘幾條船避難於上海。因此，當日軍佔領南京時，外國記者只剩下五個人：《紐約時報》的竇奠安、《芝加哥日報》的斯迪爾、路透社的史密斯、美聯社的麥克達尼爾，和巴拉蒙電影公司的攝影記者孟肯。但他們也都於十二月十五日，乘運巴轟號生存者的船到上海，所以爾後留在南京的只有傳教士、教師等少數的外國人而已。當這些記者離開南京時，日軍曾經極力阻撓其帶出照片、發出消息等，以防止南京大屠殺的消息走漏出去。但由起初就在南京的外國記者，和從南京回國的外國人的作證，以及其他各種管道，這個事件早已報導於全世界了。此時，世界各國尤其是美國輿論所關心的問題集中於巴轟號，但從十二月十七日以後，便逐漸轉移到南京大屠殺事件上面去。

殘酷事件的報導

《芝加哥日報》的斯迪爾於十二月十五日（遲發），從南京發出的報導「日軍在南京的屠殺和搶奪」、《紐約時報》駐上海特派員阿邊特於十二月十九日發的「俘虜、老百姓和婦女、孩子的殺害」的報導，《紐約時報》的竇奠安從十二月十八日以後，由漢口發出去的詳細報導等等，從一九三八年一月至二月，許許多多有關日軍的屠殺行爲的報導則出現於世界的報刊。同時，上海、香港等地的中文報紙，也都大事報導日軍的殘暴行爲。

而把日軍的殘暴行爲有系統地訴諸於世界輿論的，便是英國《曼徹斯特導報》駐華特派員田伯烈（亦作丁白萊）編著的《什麼是戰爭——日軍在中國的暴虐》(*What War Means the Japanese Terror in China*)一書。該書亦於同年發行於紐約，更於同年七月，以《外人目睹中之日軍暴行》的書名在中國出版。在日本，洞富雄編的《日中戰爭史資料9——南京事件II》（河出書房新社，一九七三年），把該書全文收入，並附以詳細的解說。田伯烈的這本書不僅敍述南京事件，也包括中日戰爭初期日軍在各城市的暴行，這些都是外國人的作證。其目的不是要作反日宣傳，而是要讓人們知道戰爭的殘忍。

當時的同盟通信社上海支局長，同時是田伯烈的好朋友松本重治，在他的回憶錄《上海時代（下）》（中央公論社，一九七五年）中就有這樣的一段，一九三八年四月，田伯烈往訪松本於上海，說他將出版《日軍在中國的殘暴行爲》一書，「此舉雖然很對不住好的日本人，但希望它能令全世界認識戰爭改變人這個可悲和可憎的事實。尤其對於日高先生（日本大使館參事官）和松本先生，爲著創設上海難民區得到你們兩位的協助，可是我卻編著了事實上反日的專書。對於你們兩位的好意，我好像還之以惡意，所以覺得有些不安」。對此松本答說：「田伯烈先生，我也是個日本人。南京的暴行、屠殺，實在可恥。尊著一時具有反日的宣傳效果，事非得已。我們日本人要對中國人和人類深致歉意，並以你的書爲反省的借鏡。謝謝你這樣客氣先告訴我，使我反而感覺慚愧。」我認為，此書是人類良心對戰爭的控訴。

只有日本人不知道

為外國人所普遍知道的南京事件，當時的日本人卻完全不知道。無需說，這是由於嚴格的統制言論所導致的結果。對於國內的新聞報導，中日戰爭開始以後，陸海軍省便予以非常嚴格的限制和取締。根據一九三七年九月九日，陸軍省主管審查報導之〈新聞揭載事項許否判定要綱〉的規定，凡是「不利於我軍的報導、照片，有關逮捕審問中國兵和中國人的報導、照片中，可能予以虐待的感覺者，一律不許刊載」。（《現代史資料41大眾媒體統制2》，密斯茲書房，一九七五年）。

日本當局不但取締國內出版品，而且嚴格取締外來的出版品。前坂俊之的〈被審查的南京大虐殺〉（《現代之眼》，一九八二年十二月號），乃是根據最近所翻印內務省警保局的《出版警察報》所做的研究，根據這本書的統計，因為「涉及毀損皇軍威信」而被查禁者，一九三八年一月有二十五件，二月有一百零九件，三月有四十八件。被查禁的內容包括：「誣指我軍對無辜人民有殘忍行為者」，「歪曲我軍行使違反國際公法之戰鬥手段者」，「曲說我軍將士行動且極予侮辱者」；其中「對無辜人民的殘忍行為」就是南京大屠殺，一月共有九件，二月共有五十四件，三月共有二十九件，幾乎佔被查禁之出版品的一半。它介紹的僅是被查禁報導的一部分，然僅此內容就已夠令人驚心了。

外務省東亞局長的回憶錄

一般國民雖然不知道南京事件的眞相，但政府、軍當局和報館方面的人卻都知道。當時爲外務省東亞局長的石射猪太郎，戰後根據他的日記寫成的回憶錄《外交官的一生》（讀賣新聞社，一九五〇年）中，對南京大屠殺有這樣的記載：

> 南京於十二月十三日陷落。根據跟隨日軍後面回到南京的領事福井（淳）所拍的電報，以及繼而寄達的上海總領事的書面報告來看，實在令人慨嘆不已；這些都是進入南京的日軍對中國人的掠奪、強姦、放火和虐殺的情報。由於憲兵人數不多，無法取締。據說，福井領事想制止而幾乎喪命。

他在一九三八年一月六日的日記中曾寫著：

> 上海來信，它詳報日軍在南京的暴行、掠奪、強姦，慘不忍睹。嗚呼！這就是皇軍？這是日本國民民心的頹廢，是很大的社會問題。

石射在三省事務局長會議（陸、海軍省軍務局長和外務省東亞局長會議）席上，常常警告陸軍，廣田（弘毅）外相也向陸相「要求振刷軍紀」。石射把這個事件叫做南京大屠殺。他說：

> 而這就是「聖戰」和「皇軍」的眞面目！從那個時候我就把它叫做南京大屠殺，因

爲這樣說遠比用暴虐兩字來得更恰當。

日本報紙對自己同胞的畜牲行爲雖然保持了沈默，但壞事立時傳遍千里，轟動海外，日軍即刻受到各方應有的指控。日本國民不但不知道這個民族史上的千古污點，而且還在歌頌赫赫的戰果呢！

事件與軍中央

否定南京大屠殺的人或許會說，當時的軍方上層並沒有承認屠殺的事實。但連外務省都知道，可知軍方上層一定有殘暴行爲的報告。登陸杭州灣後的十一月十七日，爲統一指揮松井上將的上海派遣軍和柳川中將的第十軍，編成華中方面軍，由松井兼方面軍司令官。但於大本營命令攻擊南京的十二月一日，朝香宮鳩彥中將被任命爲上海派遣軍司令官，松井專任方面軍司令官。松井於佔領南京後的十二月十八日慰靈祭之後，召集軍司令官和師團長，申斥說「你們煞費苦心光輝了皇威，惟因一部分士兵的暴行，皇威一舉掃地。」（松本重治，《上海時代（下）》。）巢鴨戰犯拘留所的教誨師東京大學教授花山信勝寫道：「松井說：『南京事件實在很慚愧』，『作爲軍總司令官，我又哭又生氣』。」（花山信勝，《和平的發現》，朝日新聞社，一九四九年。）

不特松井方面軍司令官得悉事件後憤怒異常，軍中央也知道這個事實。當時爲參謀本部作戰課高級課員的河邊虎四郎，在他的回憶錄《從市谷台到市谷台》（時事通信社，一九六二年）中說：「就這個事件曾以參謀總長閑院宮載仁親王的名義，對松井司令官發出警告，而其底稿是本人起草的。」這個警告，似乎指一九三八年一月四日，參謀總長載仁親王給華中方面軍司令官之「有關維持振作軍紀風紀的要求」而言，它說：「在軍紀風紀方面，可惡的事態之發生，近來漸多，欲不信而又不能不懷疑」，「故再次切望振作軍紀和風紀，希見諒本人之眞意」（《續現代史資料6——軍事警察》，密斯茲書房，一九八二年）。

參加攻擊南京的第十軍，爾後前往攻打杭州，十二月二十日，該軍參謀長對其所屬師團參謀長和直轄部隊長以通牒告戒說：「對於嚴禁掠奪、強姦、放火等，曾屢次訓示，但徵諸此次攻擊南京的實績，單單強姦一項便發生一百多件，不應再蹈，特予注意。」（《關於第十軍作戰指導參考資料其三》，防衛研修所戰史部藏）由此可見，方面軍上層也知道日軍暴行的事實。

至於陸軍上層在當時也知道日軍在南京的暴行，我們可以從一九三八年八月，奉命攻擊武漢之第十一軍司令官岡村寧次中將的回憶錄獲得證據。它說：「登陸上海一、二天之內，聽取宮崎參謀、華中派遣軍特務部長原田少將、杭州特務機關長荻原中將等的報告，所得結論如下：一、攻擊南京時，對幾萬老百姓的掠奪、強姦等是事實。二、第一線部隊假藉給養名義，有殺死戰俘之弊」（《岡村寧次大將資料（上）》，原書房，一九七〇年）。岡村後來出任華北方面軍司令官，其後再任中國派遣軍總司令官，在其回憶錄中，便曾多次嘆息日軍強姦之惡行和軍紀風紀的頹廢。

此外還有許多例證，皆可證實軍中央一定知道南京事件的梗概。惟爲隱匿這個事件不讓日本國民知道，日本政府採取了很週全的措施，對於有關事件的言論，予以很嚴格的取締。

司法省一九三八年度思想特別研究員西谷徹檢查官的報告「關於中國事變的造言飛語」中，有個附錄叫做「造言飛語事件一覽」，它刊登著因違反陸軍刑法，由區法院判決的很多例子。譬如：因說「我們在南京時，有五、六個中國女生替我們燒飯，燒完飯後要離開時，我們把這些女生全部殺掉。又在南京，有個八歲左右的男孩走投無路正在哭泣時，我的部下把他抱起來，因爲小孩反抗，故其他士兵便把小孩刺死……」而被判監禁三個月；因說「在戰地，日本的士兵三、四個人一組，到中國老百姓家掠奪猪、鷄，或強姦中國女性，把戰俘五、六個人排成一列，用刺刀予以刺殺」而被判監禁四個月；因說「日軍很亂來，最近聽由大陸回來的士兵道，據說日本士兵沒有殺過人，因此想殺殺看，而大殺中國士兵和農民等等」而被判監禁八個月。把殘暴行爲的見聞說給人家聽便是有罪，所以事件的眞相，完全被隱匿著。對於南京事件日軍的暴行，眞的「不知道」的只是國民。

東京審判的震撼

這個欺瞞國人，掩飾罪行的狀況，因日本的戰敗而改變。尤其是一九四六年八月遠東國際軍事法庭審理南京大屠殺時，每天將審判的情形刊登於報紙，至此，許多日本人才知道有這個事件和它的眞相。出庭作證者有事件發生當時在南京的美國籍牧師，又是南京國際紅卍字委員會委員長的馬琪、金陵大學附屬鼓樓醫院醫師威爾遜、金陵大學歷史學教授，同時爲南京安全區國際委員的貝茲等人，就日軍的殘忍行爲作證；由屠殺中死裏逃生的中國人，亦舉出活生生的事實作見證。結果爲被告之一的華中方面軍司令官松井石根上將，被判了死刑。有關這項裁判南京事件的記錄，收入於洞富雄編《中日戰爭史資料8——南京事件I》（河出書房新社，一九七三年）。

一九四八年十一月，遠東國際軍事法庭的判決說：

南京被佔領之後，在最初的二、三天內，至少有一萬二千名中國非戰鬥員——包括男女小孩，皆毫無差別地被殺害。在被佔領的頭一個月，南京市內大約發生了二萬件的強姦事件。同時日軍假藉要掃蕩打扮成老百姓模樣之中國兵的名義，集體地殺害了年紀相當於兵役年齡的中國男性二萬人；以及屠殺了三萬人以上的戰俘。從南京逃離的市民中，有五萬七千人以上被日軍窮追和收容，他們因爲飢餓而遭到刑訊，而大多死亡，其餘的，大多被用機關槍和刺刀殺死。

認爲當時的犧牲者大約有十二萬人。但該判決文的後段又說：

根據後來的估計，日軍佔領後最初的六個星期，在南京及其四周被殺害的老百姓和戰俘，總數實達二十萬以上。這個估計並非誇張，埋葬隊及其他團體所埋葬的屍體之達十五萬五千具，這個事實便是證據。

判決書所說二十萬人以上被殺害，這個數目雖然不是完全有史料的根據，但遠東國際軍事法庭承認日軍在南京確曾有過大屠殺的事實，認為這是日本的戰爭犯罪，此判決結果曾予當時一部分日本人很大的震撼。

有關該事件書籍的出版

在遠東國際軍事法庭的判決前後所出版的田中隆吉少將著《被審判的歷史（敗戰秘話）》（新風社，一九四八年）一書，有這樣的敍述：事件當時任上海派遣軍參謀（兼華中方面軍參謀）的長勇中校，於一九三八年四月對田中誇說，他「獨斷地以軍司令官名義，用無線電對所屬各部隊下令」，要他們把大約三十萬的中國軍戰俘「殺光」。起初，田中以為這是長勇的大言壯語，但後來知道了殘暴行為的全貌，因為要實行這個大屠殺，唯有賴軍隊統制的集體行為始能做得到，至此田中才相信長勇講的是事實。殺死了三十萬戰俘這個數字，雖過於誇張，然這本書於戰後發行非常普及，也是告訴人們日軍曾有過大屠殺的材料。

爾後在日本所出版的有關中日戰爭史的書籍，僅透過遠東國際軍事法庭的判決書提到南京事件而已，幾乎沒有人把它視為學問的研究對象。就這一點來說，以南京事件為歷史研究的對象，並有很大成就的便是洞富雄的一連串著述。洞氏自一九六〇年代就積極地開始研究南京事件，且出版過《近代戰史之謎》（人物往來社，一九六七年）」、《南京事件》（新人物往來社，一九七二年）、《「幻影」化工作批判、南京大虐殺》（現代史出版會，一九七五年）、《決定版・南京大虐殺》（現代史出版會，一九八二年）等著作，和《日中戰爭史資料8・9——南京事件I・II》（河出書房新社，一九七三年）的資料集。這些著作是他以其所搜集有關南京事件之國內外的資料和文獻爲主而做的實證研究，也是唯一從歷史學家的立場所獲得的研究成果。

對大屠殺的爭論

可是，迨至一九七〇年代，肯定或者不肯定南京大屠殺的問題，便帶有政治上的意味。這跟日本與中共「建交」前，批評與反駁戰前日本軍國主義的論爭有很大的關係。一九七一年，朝日新聞社的本多勝一記者訪問中國大陸，調查戰爭中日軍的戰爭犯罪，將其報導題名爲〈中國之旅〉，連載於《朝日新聞》，並出版單行本（本多勝一，《中國之旅》，朝日新聞，一九七二年）。這是九一八事變以後，有關日軍殘暴行爲的紀錄，其中南京事件部分，係以證人口述史實爲主而寫成的，其內容十分逼眞，帶給讀者很大的震撼。

由於本多的文章連載於發行量達百萬份的《朝日新聞》上，所以讀者衆多，造成的影響很大。連載完了之後，《諸君》雜誌遂有很激烈的反駁言論出現。它站在否定南京大屠殺的立場，推出與日本的戰爭責任與戰爭犯罪等問題有關聯的政治論調。而鈴木明著《「南京大屠殺」的幻影》（文藝春秋社，一九七三年）就是一個例子。鈴木的書，是直接採訪與事件有關的人員所寫成的，書中有好多新的陳述，認爲人們所說的有些是「幻影」，但他並不完全否定日軍有過屠殺的事實。然因其很刺目的書名，以及在當時反擊日本軍國主義批判聲中，它遂扮演否定大屠殺的有力武器。

經過大約十年後，於一九八三年又發生了教科書問題，再次對南京大屠殺的評價引起爭辯。此時日本社會開始右傾，在對於侵略戰爭的批判和反省逐漸風化的情況下，大屠殺否定論，遠比十年前囂張。尤其是教科書的審定，對於南京事件的陳述加以嚴格的限制，使得此一問題具有更濃厚的政治色彩。更有人以事件完全是虛構，教科書有「南京大虐殺」的敍述，這些都是「基於虛僞的風聞」，而控告政府，要求刪除這種記載，並對精神上的痛苦給予金錢上的賠償。反此，青木書店於一九八四年，翻譯「中國人民政治協商會議江蘇省南京市委員會文史資料研究委員會」所編內部發行的《侵華日軍南京大屠殺史料專輯》，以《證言・南京大虐殺》的書名出版。又，收於此書的南京大學歷史系編著《日本帝國主義在南京的大屠殺》（內部發行，一九七九年）一書認爲，在南京被日軍殘殺者爲四十萬人。

從說大屠殺是「幻影」、是「虛構」，到根本沒有這回事；被殺者是二十萬人、三十萬人，還是四十萬人？議論非常紛歧。加害者方面之欲儘量說少，如果可能，想否定事實，乃是人之常情。但實際上發生的歷史事實只有一個。我們不要感情用事，不要打政治官腔，而應該實事求是地做求證的工作才好。

二、集體屠殺戰俘

何謂大屠殺

對於南京大屠殺事件的見解之所以如此紛歧，其原因之一，可能在於屠殺的定義。大屠殺的英文是massacre，即毫無差別地殺死很多人的意思。歷史上著名的「聖・巴索羅眯的屠殺」，乃是一五七二年八月以後，法國國王查理九世對巴黎新教徒的屠殺，其犧牲者據說有三、四千人；二次大戰中的「卡金森林的大屠殺」，爲德、俄兩國論爭責任之波蘭軍官被屠殺事件，該事件犧牲者爲四千五百人。

中國把這個事件叫做南京大屠殺事件，也稱爲南京atrocity，是包括更廣義的暴行。但單就殺死而言，計算人數時要不要把軍人和老百姓分開，分開與否其人數便會有很大的差別；且南京屠殺事件，是只限於南京市內，還是包括其市外，以及其期間的長短，計算時若標準不同，一定會有距離。

中國方面計算大屠殺的死者人數時，所根據的是紅卍字會和崇善堂所埋屍體的紀錄，這些屍體，應該包括了戰死的軍人，亦即戰死者與被屠殺者的區別並不清楚。然若從這個戰爭是日本帝國主義非法的侵略戰爭這種觀點來解釋的話，把因戰鬥而犧牲者也算做被屠殺者，應該也不是完全沒有道理的。

撰寫實證的歷史書《日中戰爭史》（河出書房新社，一九六一年）的秦郁彥認爲，「被殺害的老百姓，可能在一萬二千至四萬二千（人）」。〈松井上將哭了嗎？〉（《諸君》，一九八四年十月號）一文中，更把屠殺的內容分成㈠對軍人（a殘兵的殺害，b投降兵的殺害，c戰俘的處刑，d便衣兵的處刑），㈡對老百姓（a掠奪，b放火，c強姦及強姦殺害，d殺害），第㈡項的c、d與第㈠項的d，被屠殺的對象是被誤認爲是便衣兵的老百姓。

秦氏所做的分類中有關老百姓的被殺害，當然是屬於屠殺，而其他投降兵和戰俘的被殺害，也是屠殺。殺害放棄武器及沒有抵抗意思的人，此不僅違反國際公法，更是人道上的問題。再者，把逃入難民區穿便服的兵役適齡者挑出來當做便衣兵來處刑（數目之多後文會提到），這些人，並非不適用陸戰法規的游擊隊，而是怕死逃往難民區的不抵抗士兵，不經法定手續，就把他們毫無差別地予以處刑，自是屠殺。而最大的問題是，日軍在南京曾經有組織、有計畫地處刑了許多投降兵、戰俘和便衣兵這件事。

殺害戰俘

在日本努力於欲在國際社會上被肯定爲現代國家的明治、大正時期，日軍曾努力於遵守國際公法，對戰俘也根據戰時法規給予待遇。根據記載我們可知：日俄戰爭時的俄國戰俘、第一次世界大戰時的德國戰俘，在日本國內的收容所都得到應有的待遇，使他們對日本有好感。但在中日戰爭日本的表現就不是這個樣子，他們徹底地殘殺不抵抗的戰俘，這不僅是違反國際公法，而且是超越國際公法之上的倫理上和道德上的問題。

陸軍步兵學校曾出版，附上香月淸司校長之序的《對支那軍戰鬥法之研究》（一九三三年一月）的秘密小册子，把教官冰見上校的研究，發給步兵學校的學生以及召集校官對於「對支戰鬥法教育」做參考的。其中對於「戰俘的處置」這個項目，這樣寫著：

戰俘不必像對其他列國人那樣後送監禁，以待戰局；除特別情形者外，得在現地或者移至他地予以釋放。中國人的户籍法不但不完全，而且兵員大多是流浪者，人們很難確認其存在與否，因此縱令把他們殺掉或釋放於其他地方，在社會上不會發生什麼問題。

國際公法不適用於中國

關於日方對待戰俘的方式，說中國兵跟俄國兵和德國兵不同，中國兵被殺掉沒關係的論調，很明顯地表達了藐視中國的態度。事實上，自九一八事變以來，日軍在中國的行動，其無視國際公法自不在話下，實遠離了人的尊嚴和對人命的尊重，在在藐視中國。而且，中日戰爭起初叫做「北支事變」，繼而稱爲「支那事變」，不宣而戰地擴大戰線，但卻又不把它當做戰爭。由於不是戰爭，所以不適用交戰法規，因此「決定不把抓到的中國人當做俘虜」（遠東國際軍事法庭對於武藤章的訊問紀錄，見洞富雄《決定版，南京大虐殺》。）

這裏所謂不適用交戰法規的決定，似乎是指一九三七年八月五日陸支密第一九八號陸軍次官給支那駐屯軍參謀長的通牒，爾後逐次發給各部隊的文件而言（防衛研修所戰史室《戰史叢書，支那事變陸軍作戰2》，一九七六年）。這個通牒說：「在目前的情勢，帝國並不對中國從事全面戰爭，因此並不適用『有關陸戰法規慣例條約及其他有關交戰法規之諸條約』的具體事項以行動」，對於害敵手段的選用，要儘量尊重規定，但更要避免「令人感覺日本先於中國決心從事中日全面戰爭的言行（譬如戰利品、俘虜等名稱的使用）」。這些文字表面上看來可能會令人誤解不要接受戰俘也說不定。不過，不把它當做國際公法上的戰俘，並不就等於可以把他們殺掉，但實際上，於戰爭一開始，日軍就大殺戰俘。亦即從上海的戰鬥，便有日軍非法殺害戰俘的史料。例如根據當時出動上海的第三師團步兵第三十四聯隊的戰鬥詳報，在大場鎮附近戰鬥的「捕獲表」，就有「俘虜」准軍官以下一百二十二名，「大部分俘虜送到師團，一部分在戰場上予以處分」的記載。

又根據第十三師團步兵第一百十六聯隊，劉家行西方地區的戰鬥詳報，在十月下旬的「捕獲表」有「俘虜准軍官士官士兵二十九名」，並說「俘虜全部，因戰鬥中，故予以槍殺」（〈步兵第一百十六聯隊〈自昭和十二年十月二十一日至昭和十二年十一月一日在劉家行西方地區的戰鬥詳報〉〉）。我們從正式的報告中，可以知道日軍在現地殺掉戰俘的情形。

中島師團長的日記

我們更可以從史料，窺悉軍和師團曾經命令或指示殺害戰俘，並有組織地殘殺戰俘。

第十六師團從華北轉進，登陸於白茆江，爾後沿長江前進，由東方和南方迫近南京，在下關遮斷退路，佔領後擔任南京市內的警備，最近公開了這個師團的師團長中島今朝吾中將的陣中日記〈南京攻略戰（中島第十六師團長日記）〉（增刊《歷史與人物》，中央公論社，一九八四年十二月）。其一九三七年十二月十三日，有令人觸目驚心的記載：

一、如此這般，敗退的敵人，大部份出於第十六師團作戰地區內的森林村落地帶，同時也有從鎮江要塞逃出來的，到處有俘虜，實在不勝應付。

一、本來是不抓俘虜的方針，故一個一個地把他殺掉，但一千五千一萬的人羣，則欲解除其武裝也不可能，惟他們已經完全失去戰意，絡繹不絕地跟來，故並不危險，但如果騷擾，則很難因應，因而以卡車增派部隊，以資監視和誘導。十三日黃昏，需卡車的大活動，唯戰勝不久，很不容易馬上實行，此種處置從未料到，故參謀部大忙而特忙。

一、要埋葬這七、八千人，需要有很大的壕，但又找不到，因此準備把他們分成一百人二百人，將其帶到適當地點，然後予以處理。

師團長當日的日記說，「本來是不抓俘虜的方針」，表示這是軍的方針，這與前述上海派遣軍參謀長勇所說的話是一致的。根據師團長的日記，第十六師團在十二月十三日那一天，便「處理」了二萬四、五千的戰俘。

佐佐木旅團長的日記

中島師團長所屬步兵第三十旅團長佐佐木到一少將是陸軍數一數二的中國通，更以《一個軍人的自傳》（勁草書房，增補新版，一九六八年）的著作馳名。進攻南京時，佐佐木指揮步兵第三十八聯隊和步兵第三十三聯隊第一大隊等，而爲佐佐木支隊，迫近南京城的北邊，向下關以截斷退路。該書「南京攻略」（「進攻南京」）時的日記，十二月十三日那一天這樣寫著：

這一天，遺棄於我支隊作戰地區內的敵屍達一萬數千，此外，如果加上裝甲車在江上所擊滅者以及各部隊的俘虜，單我支隊，就解決了二萬以上的敵人。

下午二時左右，大致完成掃蕩，使背後安全，整頓部隊前進至和平門。

爾後，俘虜陸續來降，達數千人。激憤的士兵，不聽長官的制止，一個一個地殺。回顧許多戰友的流血和十天的辛酸，不要說士兵，連我也想說「統統幹掉」。

在佐佐木旅團長所屬步兵第三十三聯隊的〈南京附近戰鬥詳報〉，「自昭和十二年十二月十日至昭和十二年十二月十四日第三十三聯隊捕獲表」說，「俘虜軍官十四，准軍官士官、兵三千零八十二」，「俘虜予以處決」。因同時在「敵的遺棄屍體（概數）」這個項目又說，「十二月十日二百二十，十一日三百七十，十二日七百四十，十三日五千五百，以上四日共計六千八百三十」，「備考，十二月十三日的部份，予以處決，包括殘兵」。

十二月十四日，佐佐木旅團擔任南京城內外的掃蕩。根據該旅團步兵第三十八聯隊〈昭和十二年十二月十四日南京城內戰鬥詳報第十二號〉的記載，十二月十四日凌晨四時五十分，以「步兵第三十旅團命令」，命令「旅團於本十四日將徹底掃蕩南京北部城內外」，「各部隊有師團指示，不得受理俘虜」。這個戰鬥詳報的附表說：「俘虜（軍官七十，士官、兵七千一百三十」，備考「俘虜七千二百名是第十中隊受命守備堯化門附近時，十四日上午八時三十分左右，數千名舉著白旗前來，下午一時解除其武裝，護送至南京者」。雖然有各隊不得受理俘虜的命令，惟第十中隊以七千二百名的大量俘虜，遂把他們送到南京。

處分俘虜

處分俘虜的命令，我們在旁的地方也可以看得到。在第三師團〈第六十八聯隊第三大隊陣中日誌〉說，在十二月十六日的聯隊會報，以「藤田部隊（第三師團）會報追加」，「以後俘虜兵，調查之後在各隊予以嚴重處分」。這表示俘虜的處分是師團的命令。

對於軍、師團等上級命令「不要接受俘虜」，「槍斃俘虜」的命令或者指示，第一線部隊是怎樣做法呢?畝本正己的〈證言「南京戰史」(5)〉（《偕行》，一九八四年八月號）有如下的敘述。

> 第十六師團步兵第三十八聯隊副官兒玉義雄的回憶。
>
> 當聯隊的第一線接近南京城一、二公里，彼此正在混戰時，師團副官以電話說是師團命令而道：「不得接受支那兵的投降，並予以處置。」我以為這絕不可以，而受到很大的震驚。

師團長中島今朝吾中將是位很豪爽的將軍，人品好，但唯這個命令我實在無法接受。

我曾對參謀長及其他參謀建議過幾次，但未能獲得其同意，所以我也有責任。

部隊非常吃驚而爲難，惟因是命令，不得已遂對各大隊下達，但以後各大隊卻都沒有任何報告。由於正在火拚，其情況自可想像得到。

又，獨立攻城重砲兵第二大隊第一中隊觀測班長澤田正久，亦就前述第三十八聯隊戰鬥詳報的俘虜七千二百人，在同一刊物作證說：

俘虜數目一萬左右（因爲在戰場，沒有正確地算，記得有大約八千以上），遂報告軍司令部，司令部命令「應立刻予以槍決」，我拒絕，改而命令「把他們帶到中山門來」。我說這也不可能，因此又命令「將增援步兵四個中隊，你也一起到中山門來」，於是我也跟他們同行。（中省略）

我於快畢業陸士（陸軍士官學校簡稱，它是軍官學校——譯者）的一九三七年六月，在市谷大禮堂聽過飯沼守學生隊長的紀念演講「關於俘虜的處置」，他教我們應該好好對待俘虜。這個學生隊長現在是上海派遣軍的參謀長。畢業後僅僅五個月的今日卻說「應立即予以槍決」，這是誰決定和下達的命令？當時我心痛的情形，當時自不必說，現在還是一樣。

山田支隊殺害俘虜

大量殺掉俘虜，並不限於第十六師團。十月初，增派到上海戰線的特設師團——第十三師團（師團長是荻州立兵中將），在參加戰鬥之前，於十月九日，曾以師團司令部名義，發出「關於戰鬥的教示」，對於俘虜的處置方針，有如下的指示（「第十三師團戰鬥詳報別紙及附圖」第一號）。

> 有許多俘虜時，不要予以槍決，解除其武裝之後，將其集中於一地監視，並應報告師團司令。又俘虜中如有軍官，不要槍斃，解除其武裝後應送到師團長司令部。這些人在軍，不僅是收集情報，亦可利用於宣傳，故此時要使各部隊徹底明瞭。但少數俘虜，經過訊問之後，則適當地處置。

換句話說，多數俘虜和軍官，必須報告司令部，少數俘虜在各隊，可以適當地處理。而這個師團之會津若松的步兵第六十五聯隊，在南京竟抓到很多的俘虜。

進攻南京時，第十三師團主力渡過長江，截斷津浦鐵路，其中一部份的山田支隊（步兵第一百三旅團長山田梅二少將所指揮之步兵第六十五聯隊的基幹部隊），沿長江南岸，前進第十六師團北邊，在南京北方的烏龍山和幕府山附近截斷退路。這個山田支隊於十四日拂曉，在幕府山附近，「獲得一萬四千俘虜」（《戰史叢書．支那事變陸軍作戰1》）。當時的《朝日新聞》報導它說，抓到一萬四千七百七十七名俘虜（洞富雄《決定版．南京大虐殺》）。

對於山田支隊抓到一萬四千多俘虜，「戰史叢書」並未舉出出處資料。而說，釋放其中的非戰鬥員，收容八千人，當夜逃亡大半，十七日夜準備釋放於對岸而移動到江岸時發生恐慌，襲擊警戒點，因而槍殺一千人，其餘的逃亡。但洞富雄根據從軍於第六十五聯隊的作家秦賢助的日記等等，主張這些俘虜是於十七日或者十八日被屠殺。洞富雄所批判鈴木明的《「南京大虐殺」的幻影》，曾經介紹過山田支隊長的備忘錄，其中就這批俘虜有這樣的記述：「十三日，上午四時半出發，前往幕府山。抵達砲台附近時，有許多投降兵，很難應付。」「十四日，爲處理俘虜事遣派本間少尉到師團，師團竟命令『處理掉！』各隊沒糧食很窮困。俘虜中的軍官，據說幕府山有糧食，遂將其送去。要養俘虜實在很難。」「十八日，爲俘虜事操心，視察江岸。」「十九日，爲俘虜事延期出發，上午，總動員予以處理。」

支隊長山田少將與支隊主力的步兵第六十五聯隊長兩角業作上校，似乎並不希望殺害俘虜。惟因師團命令「處理掉！」加以糧食不足、監視困難等等，可能監禁幾天之後，就把這些俘虜槍決於長江江岸。

很大的戰爭犯罪

跟這件事有關連的是，根據沒死的唐廣普的說法，有一大批被關於幕府山麓的草營房，既不給吃也不給喝而衰弱的俘虜，被帶到長江獅子山附近沼澤地去屠殺。而且，有一位曾經參加過此項屠殺的日本兵，後來很勇敢地站出來作證。亦即一九八四年八月四日的《每日新聞》，刊出步兵第六十五聯隊的上士栗原利一，在當時所畫現場的素描和紀錄。他說，十二月十七日或者十八日晚上，一萬三千五百名俘虜，雙手被綁在後面，且綁成一串，被帶到離開收容所四公里的長江江岸，全部槍決，因而對於《戰史叢書》所說俘虜鬧起來才自衛開槍反駁說「雙手被綁在後面，連動都不能動的俘虜，怎麼可能集體暴動？屠殺是事實。我們應該把它說出來」。同年八月十五日的《每日新聞》，也刊登前上等兵兒玉房弘的作證：「作爲機關槍隊的一個隊員，我也參加了屠殺。」以證明栗原的證言。

不止是第十六師團和山田支隊，雖然有規模之差別，在其他地方也有許多殺害俘虜的例子。又對於放棄武器，沒有戰意的投降兵就地也殺得很多。軍中央既然通告不適用國際公法，不使用「俘虜」的名稱，方面軍和軍之指示不要接受俘虜的方針，參謀敢用軍司令官名義命令槍斃俘虜，因此第一線部隊之就地殺害投降兵，以及對於束手無策的俘虜，集中予以殺掉都是很可能的。但俘虜之有組織的大量殺戮，不管有任何理由，還是屠殺。這是對人的尊重的冒瀆，是很大的戰爭犯罪。

三、對老百姓的殘暴行爲

殘殺老百姓

遠比殺害俘虜更非法的是，殘殺非戰鬥員的老百姓。而許許多多老百姓之被犧牲，便是被人們稱其爲南京大屠殺的原因。

當然，日軍並沒有公認殺害普通老百姓。據說，松井方面軍司令官於十二月十五日，對其所指揮兩軍進攻南京的命令，親自加上「尤其對於喪失抗戰意志者和一般官兵，要採取寬容慈悲的態度，並予以宣撫愛護」（田中正明〈「南京大屠殺」・松井石根的陣中日誌〉，《諸君》，一九八三年九月號）。但實際情況並不符合這個方面軍司令官的意圖。對於俘虜，上面我們已經說過，對於老百姓，軍的態度也有很多問題。

第十軍在登陸杭州灣前的十月二十一日，曾指示軍司令官柳川平助中將的訓示於其麾下的官兵，同時通告〈軍參謀長的注意事項〉（昭和十二年支受大日記〈密〉第十一號）。其中在「對支那老百姓的注意」，要求出於斷然的處置如下，對於一般老百姓的保護卻隻字沒提。

在華北尤其是上海方面的戰場，一般支那老百姓，即使是老人、女人或者小孩，很多幹敵人的間諜，或告知敵人以日軍的位置，或誘敵襲擊日軍，或加害於日軍的單獨兵等等，不能粗心膽大的實例，故需要特別注意。尤以後方部隊爲然。如果發現這些行爲，不得寬恕，應採取斷然處置。

此外，參謀長注意事項又補充說：「應徹底利用現地物質」，「鑒於上海戰的例子，在房屋天花板上藏著很多糧食，在現地物質的利用上要注意」。當然，軍司令官和參謀長並沒有同意他們毫無差別地殺害或者掠奪老百姓，但給予他們這樣特別的注意，而很可能予第一線部隊的行動以某些影響。松本重治的《上海時代（下）》有這樣一段話，說是隨從柳川兵團的同盟記者講的，它說：「柳川兵團的進攻之所以如此迅速，是因為在官兵之間有『可以任意掠奪、強姦』的暗默的諒解。」

許多證言

自登陸杭州以至到南京的第十軍，在其中途自稱「徵發」（徵用）而掠奪糧食，抓老百姓來驅使，以及強姦婦女等等，本多勝一的〈到南京之路〉（《朝日雜誌》〈*Asahi Journal*〉，一九八四年四月十三日至十月五日）有很詳細的介紹。

與此同時，上海派遣軍在上海激戰，損失很大，所以對中國軍民的敵愾心很強，因此而有更厲害的越軌行爲。曾根一夫的《私記．南京大虐殺》正、續（彩流社，一九八四年），有驚人的體驗殘暴行爲的紀錄。曾根是第三師團步兵第三十四聯隊的分隊長，參加九月一日以後吳淞上游以來的上海戰，成爲進攻南京的第二線兵團，也列席過進南京城的儀式。這部體驗記錄告訴我們：經過上海的激戰，得悉不能早日回國的士兵們，逐漸自暴自棄，開始砍俘虜的頭，把俘虜當做刺刺刀的練習品，而慣於殺人；假藉徵用名義，掠奪糧食，在這過程中凡遇到婦女則予以強姦，因怕強姦被發覺，故姦污後便把她殺掉；爲報復其士兵去掠奪而被殺，把整個村莊放火燒掉，不分男女老幼，全部殺光等等。他更說，這種殘暴行爲不僅在南京，從上海到南京的廣泛地區皆有。

在包括南京的中國戰場，前幾年曾經出版過參加非法殺害中國老百姓者的坦白書。譬如小俣行男的《侵掠》正、續（德間書房，一九八二年）、《侵略——一個從軍士兵的證言》改版（日中出版，一九八二年）、中國歸還者聯絡會編《新編‧三光》（光文社，一九八二年）等等。

至於殘暴行爲的犧牲者的正確數目，則很難計算。恐怕其概算也很不容易。曾根對於三十萬人被殺事說：「我不知道日軍所殺的確實人數，但我並不覺得中國方面所說的數字是誇大。也許比這個數目還要多。『南京虐殺事件』不只是南京地區，從出發上海附近，以至掃蕩南京，很廣泛地發生過。」三十萬人這個數字，沒有具體的根據。也許是二十萬人，或許是十萬人。但從上海到進攻南京的整個局面，到處有過集體屠殺，許許多多的證言和記錄證實了這一點。

「皇軍的崩潰」

對於一般老百姓，特別是婦女老幼的殘暴行爲，軍並沒有組織的從事，上級幹部曾告戒其非法，也有取締的憲兵。但越軌行爲太多，憲兵實在束手無策。分配於第十軍的憲兵軍官上砂勝七的回憶錄《憲兵三十一年》（東京生活社，一九五五年）說：「因爲對於幾個師團二十萬大軍，只分配不到一百名憲兵」，所以「只能做到逮捕太過分的現行犯而已」。而〈

第十軍法務部陣中日誌〉和〈中支那方面軍軍法會議陣中日誌〉（前述《續現代史資料6軍事警察》）則刊有因強姦、殺傷罪而在軍事法庭被處罰的例子。一九三八年二月十八日，第十軍所調查被告事件一覽表載，以強姦、殺人等罪名處決者一百零二人，未決者十六人，但這必定只是其中的一部分例子而已。而且，有的部隊長還責備憲兵「取締得太嚴格」呢！

根據同樣爲憲兵的大谷敬二郎著《皇軍的崩潰》（圖書出版社，一九七五年）的說法，中島第十六師團長對於一九三八年一月初訪問南京的阿南惟幾陸軍省人事局長大言壯語說：「支那人，殺多少也沒關係」，故「在這個司令官底下，殺人、掠奪、強姦，可能像佔領的特權那樣橫行」。由於軍紀風紀的頹廢，佔領軍意識，對於中國人的敵愾心，而未充分取締的指揮官，應負其責任。

掃蕩城內與挑出殘兵

我認爲，在南京城內殺害老百姓，大多因十二月十三日佔領後掃蕩城內，以及自十二月下旬到一月上旬之挑出「殘兵」而發生。十二月十二日夜防衛南京的中國軍敗退，惟因完全爲日軍所包圍，故欲從把江門逃到長江對岸的則在下關被佐佐木支隊，擬沿長江上游撤退者則在江東門附近被第十六師團，準備往下游去的則在幕府山附近被山田支隊捉拿或殲滅。在市內來不及逃脫的，則丟棄武器，脫掉軍服潛伏於市內或逃往難民區。這些便被日軍挑出殺掉，此時許多老百姓因而遭殃。

掃蕩城內，第十六師團擔任中山路以北，第九師團負責其以南。第九師團步兵第六旅團因此發〈關於進入城內的旅團命令〉，後來刊登於〈證言．「南京戰史」(7)〉（《偕行》，一九八四年十月號）。其中在〈南京城內的掃蕩要領〉說：「逃跑的敵人，大部分很可能化裝便衣，因此可疑者應該統統予以逮捕，並監禁於適當位置。」在〈關於實施掃蕩的注意事項〉則說：「青壯年一律認爲是殘兵或者便衣兵，應該全部予以逮捕和監禁。」

這個「殘兵」和「便衣兵」的數目究竟有多少，暫且不談，但卻有許多「把他殺掉」、「看到把他殺掉」的證言。十二月十七日，舉行松井方面軍司令官和朝香宮上海派遣軍司令官也參加的入城儀式，所以掃蕩作戰更是徹底。

否定屠殺的人主張說，能夠獲得國際公法上俘虜待遇的，只限於著正式軍裝的軍人，便衣兵是游擊隊，所以「處分」他們也不算是屠殺。但被認爲是「便衣兵」的大部分，卻都被截斷退路，畏死而潛伏的人。不分別是否老百姓，也不採取法定措施，只以其有士兵的嫌疑就予以處刑，無論如何絕對說不過去。

十二月二十一日，華中方面軍移至新配置，南京及其周圍地區則由第十六師團擔任警備。步兵第三十旅團長佐佐木少將出任南京城內的警備司令官，佯稱「肅清工作」，指揮搜出便衣兵。日軍認爲最少有六千便衣兵潛入難民區，因此自一九三八年一月上旬開始其挑出和處分。根據作證，其挑出標準爲，天庭有帶過軍帽痕跡者，穿短褲有曬黑部分者等等都是當兵的，所以便把這些人帶到下關長江江岸碼頭去槍斃。但縱令曾經是軍人，也不能成為被處刑的理由，何況一定有老百姓被誤認和誤殺。根據佐佐木的私記，其數目為兩千，加上城外的殘兵，「在下關處分者達數千」。

有許多日方和從當時現場生還的中國人作證說，他們看到用鐵絲或麻繩綁住的俘虜和便衣兵，一批一批地在下關的煤炭港、魚雷營、中山碼頭等地被處刑。我們不能因為其證言與日軍的戰鬥詳報有出入或矛盾，而就否定集體屠殺的事實。

犧牲者的數目

在南京及其四周，究竟有多少人犧牲，在今日要確定它，實在非常困難。如果把被害者方面所說的數目單純的加算，當然會愈來愈多，反之，加害者方面必定要說出這個矛盾那個矛盾，以減少其數字。因此，我們還是根據遠東國際軍事法庭所採用的紅卍字會和崇善堂所埋葬的紀錄來計算比較可靠。

紅卍字會南京分會的救援隊所埋葬的屍體，迨至一九三八年三月，城內一千七百九十三，城外三萬六千九百八十五，一共三萬八千七百七十八，四月以後，城外四千三百四十五，共計四萬一千一百三十三具。洞富雄以刊於一九三八年四月十六日《大阪朝日新聞》「北支版」之林田特派員的報導，與紅卍字會、自治委員會和日本山妙法寺的僧侶共同在城內埋葬一千七百九十三，城外三萬三百十一，以及還準備處理城外者大致符合，而認為紅卍字會的紀錄是可信的（《決定版‧南京大屠殺》）。

在另一方面，南京市崇善堂掩埋隊的報告說，迄至四月八日，在城內埋葬七千五百四十九，四月九日至五月一日，城外十萬四千七百十八，共計十一萬二千二百六十七具。紅卍字會與崇善堂似把城內分成東西去從事埋葬，而崇善堂在城內的紀錄有詳細的收容場所和埋葬地點，但自四月九日以後城外的十萬多這個數目太大，該項報告說掩埋隊人員爲四十九人，四十九人在三個星期之內，是否能夠埋葬那麼多人，實不無疑問。否定屠殺者以崇善堂是葬儀社，而主張其報告爲胡說，但崇善堂是前淸時代就存在（成立於一七九七年），民國二十三年當時擁有三十三所不動產和大約六千元債券等的慈善團體，不是普通商人，其所說城外的數目或許有誇張之處，但我們卻不能因此而就否定其報告。

而且，埋葬屍體的不止是這兩個團體。南京市長高冠吾在城東地區埋過三千多具，日軍和附近的居民也應該埋葬過才對，被丟進長江的屍體也很多，還有被沈下沼澤和溝渠的。隨將來在現地的發掘，以及日方當時的生存者的見證，相信更能接近其眞相。而如前面所述，關於進攻南京時中國人死者的數字，因其期間與範圍之認定而有很大的差距。總之在目前，我認爲，檢討各種紀錄結果，以爲「在南京城內外死的中國軍民，不下二十萬人」之洞富雄的推斷最爲可靠。

譯註：本文還有一章專談爲什麼發生大屠殺，但譯者把它省略。本文譯自藤原彰著《南

京大虐殺》的小册子，於一九八五年，由岩波書店出版。作者藤原氏是陸軍士官學校畢業，以步兵小隊長身分，參加華北、華中、華南作戰，前後達四年。戰後畢業於東京大學，現任一橋大學教授，專門研究現代史，特別是政治史和軍事史。

另外，有關南京大屠殺的資料，尚可參閱陳鵬仁譯《石射猪太郎回憶錄》（水牛出版社，民國七十六年）及《鐵蹄底下的亡魂》（黎明文化事業公司出版，民國七十一年）兩書。

（原載《歷史教學》雜誌第一、二期）

永野信口雌黃　亦難扭曲史實

陳鵬仁

新任日本法務大臣的永野茂門，於五月四日，對日本《每日新聞》表示：「我想南京大屠殺是捏造的」、「太平洋戰爭不是侵略戰爭」等等，這是無知的說法，尤其身為司法首長的他，更不可以說這種不公道和不公正的話。

永野茂門現年七十二歲，當選參議院議員兩次，從前的陸軍士官（軍官）學校第五十五期畢業，日本投降時是陸軍大尉，戰後進陸上自衛隊，最後以陸上幕僚長（相當於陸軍總司令）退休。

關於南京大屠殺，二次大戰後設於東京的遠東國際軍事法庭判決說，其犧牲者為大約十二萬人，但繼而又說：根據日後的估計，從日軍開始佔領最初的六星期，在南京及其四周被殺害的一般人和俘虜總數，不下二十萬人。這個估計數字，一點也不誇張，這從埋葬隊以及其他團體所埋葬的屍體達十五萬五千可以獲得證明。

遠東國際軍事法庭的判決書對被殺人數說：包括男女小孩的非戰鬥員一萬二千人，被當作便衣處決者二萬人，俘虜三萬人以上，共計六萬二千人，此外逃難於南京近郊的市民五萬七千人，不是餓死就是被屠殺。

曾任早稻田大學教授，對南京大屠殺很有研究且出過好幾本有關南京大屠殺之專書的洞富雄也認爲，從上海大會戰到日軍攻進南京以後不久，被殺死的中國人應該不下二十萬人。而同樣日本陸軍士官學校畢業，曾經以小隊長身分在華從軍近四年，曾任一橋大學教授的藤原彰，使用許多相當可靠的資料，寫過一本《南京大屠殺的眞相》小冊子，也同意洞富雄教授的看法。我曾經將藤原教授的這本小冊子譯成中文在《歷史教學》雙月刊的第一、二期發表過。

洞富雄直接把南京大屠殺稱爲南京大虐殺事件，他出版過《南京事件》（東京新人物往來社，一九七二年）、《批判虛幻化南京大虐殺》（現代史出版會，一九七五年）、《日中戰爭史資料》之八・九「南京事件」Ⅰ、Ⅱ（河出書房新社，一九七三年）和《決定版南京大虐殺》（現代史出版會，一九八二年）。洞富雄教授的專著，對此事件的研究，在日文中最具權威。

除前述的藤原彰教授外，還有許多日本人，包括學者、外交官、新聞記者等，曾經提到南京大屠殺，連昭和天皇的胞弟三笠宮（曾以若杉姓，以大尉參謀從軍於華南，我曾與他餐敍過）也大罵：「搶奪、強姦，什麼是皇軍？欺侮中國老百姓，還敢叫做聖戰？日本軍人在中國大陸的這種作法，對得起陛下嗎？」（拙著《國父在日本》，商務印書館，一五三頁）。

而對於南京大屠殺，最有權威的記載，首應推當時在中國的英國《曼徹斯達保護者報》記者丁伯利的報導。一九三八年三月，丁伯利曾根據資料將其報導出版《外人眼中的日軍暴行》一書。丁伯利當時的日軍暴行報導，是人類正義、公理和良心的呼聲。

對於這樣活生生、人神皆怒的事實，日本法務大臣竟敢說是「捏造的」，其實他才是捏造事實，歪曲事實。曾爲細川內閣之聯合執政黨的社會黨書記長久保旦，決定在國會追究永野法務大臣的責任。永野六日在日本國內以及國際交相指責之下，雖仍拒絕辭職以爲自己的失言負責，但至七日，此一風波已使羽田內閣也感到莫大困擾，永野才不得不表明要引咎辭職。

關於日本軍人在中國大陸屠殺中國人的情形，請各位讀者能參閱拙譯《鐵蹄底下的亡魂》一書，此書可以告訴您在抗戰期間，日兵殺害、強姦、搶奪的行徑。此書由黎明文化事業公司出版。

（原載民國八十三年五月八日《中央日報》）

日本皇室的良心—三笠宮崇仁

陳鵬仁

最近在日本發現了大正天皇的第四皇子，昭和天皇的末弟三笠宮崇仁於一九四六年六月八日的樞密院會議，就皇室、新憲法、日本將來的走向以及國際局勢等發表意見的記錄。此項會議昭和天皇也在座，而三笠宮的發言內容是極機密，一直未公開。

如所周知，日本新憲法係受盟軍最高統帥麥克阿瑟的指示而制定的。它的基本原則是要使日本永遠不能具有軍力，再度侵略其他國家，危害人類。所以其憲法第九條規定，日本永遠放棄以武力作為解決國際紛爭的手段，不得擁有陸海軍等戰力，日本沒有交戰權。今日日本雖然有相當大的軍隊，但不稱為軍隊，而叫做自衛隊，其理由在此。

對於放棄戰爭，三笠宮以自九一八事變以後，日本言行不一的侵略行動，使全世界的人陷於極端不安，日本在世界失去信賴而孤立，他希望日本人要衷心愛好和平，絕不可以再有侵略行為，因此他贊成新憲法規定放棄戰爭。

事實上，在二次大戰期間，三笠宮以若杉姓，大尉參謀的身分在中國大陸從軍過。在第一線，他對日軍在大陸的所作所為非常不滿，因此於一九四三年春天，命令總司令部的尉級軍官以三十字以內說明中日事變為什麼至今未能獲得解決的根本原因。

數日後，數百名尉級軍官集合總司令部大禮堂，若杉參謀站在講台上，背向黑板，左右兩邊由總司令官、參謀長、將官、佐官陪著坐，若杉參謀對每個人的解答一一講評，並認爲祇有一個人答得令他滿意。

這個人是澤井中尉，他的答案是：「中日事變未能解決的根本原因，在於日本人不能徹底作到道地的日本人。」若杉參謀令澤井讀其答案，然後大聲怒說：「對！事變未能解決之根本原因，在於日本人未有眞正的日本行動。搶奪、強姦，什麼是皇軍？欺侮中國老百姓，還敢叫做聖戰？日本軍人在大陸的這種作法，對得起陛下（昭和天皇）嗎？」

總司令官以下，將官佐（校）官都低著頭，滿堂一片肅靜。若杉參謀繼續說：「我日本軍最重要的不是武器彈藥，也不是訓練而是這個。」他向後轉，在黑板上寫了「反省、自肅」四大字。「自反、自愼、自問自己的一舉一動是否合乎聖旨？」他的一言一句，抨擊日軍的驕傲，和在大陸日本人的墮落。說畢，在全體人員起立中，若杉參謀憤然而去。

我在東京工作的時候，有幸和三笠宮用餐，暢談過，他就是這樣一位人本主義氣息非常濃厚的人。

當時三笠宮對於日本將來的走向，主張日本應該在美蘇之間，堅持走非武裝中立的道路；對皇室，因天皇在新憲法上被定位爲「國家的象徵」，所以他認爲應以皇室龐大的財產來辦理社會事業，以維國民對皇室的親和力。

由於日本新憲法的內容，係根據麥帥所指示的基本理念和原則而制定，因此三笠宮擔心這部新的國家基本大法，將被認爲是麥克阿瑟憲法，或是由極少數日本人所制定的憲法，但又不便反對，故基於自己良心，在表決時三笠宮棄權。

三笠宮崇仁現年七十八歲，是一位很有良知，造詣極深的歷史學家，《古代東方史與我》是他的名著。將來當另找機會來介紹。

（原載民國八十三年八月三日《民衆日報》）

櫻井新狂言的背後

陳鵬仁

八月十二日，日本內閣環境廳長官（相當於我國的環保署署長）櫻井新（六十一歲，新瀉縣第三選區選出，當選衆議員員五屆，自民黨）對記者表示：「上一次的大戰，不是日本要從事侵略所發動的戰爭」，因此不應該只責備日本。櫻井同時又說：因這個戰爭，許多殖民地獲得「獨立」，並予這些獨立國家以「民族活力」。他的意思是說，從結果來看日本「解放」了這些民族。

由於櫻井的這番話，不但違反首相村山富市在國會所發表的政策演說：日本政府反省在二次大戰期間曾予鄰近國家和國民以無可忍受的痛苦和損失，日本決心走和平國家之道路的宗旨，而且無異是對首相理念的挑戰。因此首相村山決定更換他。結果這件事以櫻井「自動辭職」的方式落幕。

本來，於八月十四日下午，在櫻井的選區長岡市，要舉行二千五百人的慶祝櫻井就任國務大臣環境廳長官的大會，因爲主人翁櫻井「闖了口禍」而臨時取消，這不能不說是一種歷史的諷刺。

其實，在自民黨內部，還有不少具有與櫻井同樣看法的議員。不只國會議員，日本國民之中，更有許許多多的「櫻井新」。這是對歷史事實的認識問題。羽田內閣時的法務大臣永野茂門之說「我想南京大屠殺是捏造的」，以及櫻井的此次意見，顯示一部分日本人對二次大戰欠缺正確的認識。永野和櫻井雖然馬上撤回他們的意見，並承認他們的錯誤，但最低限度他們說了他們的「眞心話」，這是很值得警惕的。

在過去四位現任閣員因對二次大戰性質的意見被認爲有問題而不得不離開其職位者當中，櫻井新是最年輕的一位（其他三位當時都已經七十多歲了）。這說明日本的歷史教育使許多日本人不承認或不覺得日本在二大戰期間的所作所爲是侵略。而日本大部分教科書至今仍將對中國的侵略寫成「進出」中國是一個很大的原因。

一個人對於自己國家政策走向的看法和評價，受其教科書的影響最大。從小學、初高中的教科書，日本的青少年多學到二次大戰不是日本的侵略戰爭。所以除非學校畢業以後，多看這些教科書以外剖析過去日本軍國主義者之所作所爲的專書或文章，一般日本人是不會承認或感覺日本在二次大戰侵略了其他國家，特別是中國和韓國。

因此，在與日本人的接觸中，你隨時隨地有碰到具有與櫻井新同樣或類似觀念人士的可能。而除教科書之外，民族意識和民族感情可能也是一種重要的因素。這些因素形成了他們的信念，所以在日常的談話，他們會無意中說出他們的眞心話。

此次首相村山富市決定撤換櫻井新，除基於自己信念外，因自八月二十三日起，村山將訪問東南亞四個國家，深怕櫻井的此番話在這些國家產生不良的反應和影響，加以八月十五日是日本投降四十九周年，村山需重新表明對維護和平的決心，故才這樣迅速作斷然的決定。

而自民黨之所以同意村山的撤換決定，一來認爲維護聯合政府比什麼都重要，二來是因爲自民黨總裁、現任副首相兼外相的河野洋平，在羽田內閣的法相永野茂門說南京大屠殺可能是揑造的時候，在國會大事抨擊羽田內閣，因此不得不同意村山的決定。

總之，在二次大戰結束將近半個世紀的今日，還有不少日本人不承認或不感覺日本在上次戰爭中有過侵略行爲，這是個大問題。這個問題恐怕還要經過很長的時間才能修正過來，而日本教科書有關此部分的修改乃是矯正日本人錯誤觀念的起點。

（原載民國八十三年八月十五日《中央日報》）

不承認歷史　對不起世人

陳鵬仁

日本首相村山富市於日本投降五十週年的記者招待會上，向有關國家和人民正式爲日本的侵略行爲道歉。村山表示：（日本）由於其錯誤的國策，因其殖民地統治和侵略，爲亞洲國家帶來很大的損害和痛苦，而由衷深覺歉疚和反省，並希望爲明天的世界和平盡力。

村山首相面對歷史事實，承認日本過去的過錯，這是政治良心和道德勇氣的表現，值得肯定。但大部分的日本政治家，還是不肯承認二次大戰是一場侵略戰爭，尤其主張中日戰爭是自衛和解放亞洲的戰爭，世上的強詞奪理，莫此爲甚。

八月十五日的《朝日新聞》，有一則極其駭人聽聞，但卻是千眞萬確的報導。專研中國教育史的鰺澤彰夫，在東京的舊書店購買到由現代書館復刻的一本極機密的書。

該書是一九四一年二月，由在大同的日本陸軍醫院軍醫少佐爲班長的研究班，曾在中國和內蒙古的雪原，以八個中國人的「死刑犯」實行生體實驗的詳細報告。

這本書叫做《駐蒙軍冬季衛生研究成績》，有大約四百頁，還附有生體解剖情形的五十張左右照片。這個實驗，係進行於當時日本傀儡政權下，內蒙古蘇尼特旗西方盆地的一個帳篷內。

這八個中國人可能都是游擊隊，皆有姓名，其中六個人，經過實驗後被槍殺，一個人是生體解剖。對「生體」的千變萬化，甚至有這樣的記載：「下降到零下二十七度，是最適宜於作凍傷實驗的良好條件，各員專心於研究，中途喝了熱甜酒，大家元氣百倍。」

過去，對於日軍七三一部隊等的生體實驗，都是有關人士的口述或回憶，像這樣具體的記錄，是首次發現和公開，因而給全世界的人很大的衝擊，也證明了日軍之慘無人道的行為是鐵的事實。

値此抗戰勝利五十週年的日子，發現此種活生生的以中國人爲「實驗品」來作生體實驗的記載，竟還有那麼多的日本人不肯承認侵略中國這個事實，實在太沒良心了。

（原載民國八十四年八月十六日《中央日報》）

日本七三一細菌戰部隊違反人性慘無人道世所不容

陳鵬仁

今年是抗戰勝利五十週年，我想乘此機會來簡介轟動世界的所謂七三一細菌戰部隊，以供國人參考。

七三一部隊這個名稱與石井四郎這個人的名字幾乎是同一名詞。石井於一八九二年六月二十五日，出生於日本千葉縣山武郡千代田村加茂。京都帝國大學醫學部畢業後即擔任陸軍軍醫，曾遊學歐美，專研細菌問題。

一九三二年八月，石井四郎率領增田知貞少佐、四個囑託、五個雇員和二十七個傭人，前往東北（滿洲），目的是要尋找建設新的實驗用地。

他們在哈爾濱東南七十公里，離開拉賓鐵路五常車站不遠名叫背陰河的小村莊，以二十萬日圓將綠林的住屋改造成實驗場，並於一九三三年秋天啓用。實驗場以很高的土牆圍起來，四周有電流的鐵絲網，由獨立守備隊分隊保衛。

其部隊名叫做關東軍防疫班，但以石井的化名東鄉肇（肇是片假名的漢譯）大佐的姓氏稱爲東鄉部隊，其軍官也都使用化名。實驗場後來遷移到哈爾濱南郊的平房，通稱加茂部隊（加茂是石井的家鄉地名），其預算與研究，皆直屬於參謀本部。

一九三六年八月，依陸甲第七號軍令，石井部隊正式編成關東軍防疫部。一九四〇年七月十日，依甲第一四號軍令，改編爲關東軍防疫給水部，同時予以滿洲第七三一部隊秘密番號。一九四五年三月，七三一部隊改稱二五二〇二部隊，但大家都叫它爲七三一部隊。

平房的實驗場位於哈爾濱南方二十四公里，一九三八年六月，此地被指定爲特別軍事地區，一般人既禁足，飛機亦不許飛其上空。農民全部被趕走，建設工程完成於一九四〇年。其規模爲六公里四方，圍以土壘，用地一共七十七萬坪。

除關東軍防疫給水部外，在中國大陸，日軍還設有四個此種機構：㈠北支軍防疫給水部（北京）；㈡中支那防疫給水部（南京）；㈢南支那防疫給水部（廣州）；㈣南方軍防疫給水部（新加坡），皆受關東軍總司令官之指揮。

關東軍防疫給水部的人數，一九四〇年七月爲三千二百四十人，一九四五年一月是三千五百五十九人，其中一百三十三人是軍官，一千一百五十二人爲士兵，二千二百七十四人是軍屬（文職人員）。

石井部隊的陣容爲：

部隊長石井中將（一九三六年至四二年，一九四五年三月至日本投降。一九四二年至四五年的隊長爲北野政次少將）

總務部　部長爲中留中佐（中途由太田大佐接任）

第一部　研究細菌　部長　菊地少將

第二部　研究實際作戰　部長由太田大佐兼任
第三部　製造濾水器　部長江口中佐
第四部　製造細菌　部長川島少將
教育部　教育隊員　部長園田大佐（後來由西中佐接充）
資材部　實驗用資材　部長大谷少將
珍療部　附屬醫院　部長永山大佐
第一部、第二部、第四部各設有以下各班：
第一部
笠原班　研究病毒
田中班　研究昆蟲
吉村班　研究凍傷
高橋班　研究百斯篤
秋貞班　研究赤痢
太田班　研究脾脫疽
湊班　研究霍亂
岡本班　研究病理

石川班　研究病理
內海班　研究血清
田部班　研究傷寒
二木班　研究結核
草味班　研究藥理
野口班　研究李格家(rickettsiz)跳蚤
第二部
八木澤班　研究植物
第四部
柄澤班　製造細菌
直屬隊長
特別班　負責「木頭」即生體實驗人

而根據各種資料，七三一部隊所「實驗」過的生體（活人），不下於三千人，但據曾經在生體解剖班服務過四年的胡桃澤正邦的說法，可能七、八百人左右。（秦郁彥《追昭和史之謎》，三七三頁）這些人大多數是中國人，還有朝鮮人和俄國人，更有女性和小孩。

二次大戰後，俄國曾在伯力(khabarovsk)舉行過細菌部隊隊員的審判，並向東京的盟軍總部要求引渡石井四郎，但盟軍沒有答應。盟軍（美軍）很狡猾，以不將其列爲戰犯爲條件，要石井供出七三一部隊的一切內容。石井後來告訴他女兒，他對盟軍只說出百分之八十，保留了百分之二十的秘密。因而石井終於未被列爲戰犯。

石井部隊在中國大陸曾經從事過三次細菌作戰，其內容如下：㈠一九四〇年七至十二月，浙東作戰，携往霍亂、傷寒、百斯篤細菌一百二十五公斤；㈡一九四一年十一月，常德作戰，帶往百斯篤細菌；㈢一九四二年七至八月，帶了百斯篤、霍亂、傷寒、炭疽等一百三十公斤細菌。但都效果不大。

石井四郎於一九五九年十月九日，因喉頭癌去世，得年五十五歲。七三一細菌部隊之反人性，慘無人道的行徑，爲世人所不容，其被稱爲「惡魔部隊」（魔鬼部隊），完全正確。

（原載民國八十四年九月二十一日《臺灣日報》）

日軍七三一部隊記錄集將問世

陳鵬仁

根據九月十九日《朝日新聞》晚報的報導，曾經爲日本關東軍七三一部隊隊員的和田三郎（七十歲）等人，以手記和資料，編寫蘇聯軍入侵東北時，七三一部隊的撤退和消滅證據的記錄集，最近將問世。

和田於一九四五年三月，進七三一部隊牡丹江支部，擔任培養百斯篤、赤痢、腸傷寒等細菌的工作。他自己患過赤痢住過院。八月九日，蘇軍對日宣戰後，被扣留押往西伯利亞，隱藏其爲七三一部隊隊員身分，得於一九四六年十二月回到日本。

眼看七三一部隊的負責人趕緊回國，感覺有問題的和田，遂於一九五〇年代開始搜集資料，準備留下歷史的眞相。和田根據三十一名隊員的證言，得悉該部隊曾帶走兩千公噸的有關資料回國；在哈爾濱郊外燒掉跳蚤、百斯篤生菌；將數百顆細菌炸彈丟進日本海。

在編輯此書的過程中，和田發現了陸軍大臣命令關東軍以及中國各地與七三一部隊有關的部隊儘速回國的機密電報。

而最令人心酸的是，面對蘇軍的進攻，七三一部隊曾經將實驗台上四百多具中國人等的遺體，由一百名左右日兵，將其擺在鐵板上，潑上汽油予以燒燬這件事。這是現住神戶的溝淵俊美（七十二歲）的作證。

（原載民國八十四年九月二十三日《中央日報》）

掩飾日本罪行不值一辯

陳鵬仁

日本保守政治團體「青年自由黨」在美國《紐約時報》上刊登廣告，否認有關二次大戰期間日本軍隊南京大屠殺的罪行。我認爲爭辯有無南京大屠殺是毫無意義的事，他們的目的主要應是爲了掩飾日本二次大戰侵華的罪行。

對於南京大屠殺事實眞相，可以分兩部分來分析。第一是有沒有南京大屠殺？就我過去的研究，一般認爲是有南京大屠殺這一歷史事實。不管是專門研究的學者，或者是當年日本外交官、新聞記者以及曾在華居住過的民衆的回憶來看，說有的還是占多數。而這次日本青年自由黨所刊廣告有關南京大屠殺的內容，主要可能是依據上智大學渡部昇一教授所提出的論點，以發生當時大家都沒有提這一回事以及當時美國生活雜誌報導中國的圖片中沒有南京大屠殺的照片，就推論沒有這一回事。

不過，事實上日本人大多數還是承認有這一回事，但由於這不是什麼光彩的事，所以日本人雖然承認有這回事，但是卻也不願意多提，認爲這是一件可恥的事。

其次要談的是到底南京大屠殺的受害人數及範圍爲何？其中估計數最少的是日本千葉大學教授秦郁彥所估計，認爲當時僅死了一萬四千人到四萬二千人而已。但是根據藤原彰教授所著《南京大屠殺的眞相》一書，分析所有有關南京大屠殺的人數後，認爲日本原早稻田大學教授富洞雄所著《決定版南京大虐殺》一書所估計的二十萬人的數字最準確。因爲一般所謂的南京大屠殺，是指十一日開始從上海向南京進攻一直到十三日進入南京這段時間內所屠殺中國人的數字或者說所發生的事件。

總之，南京大屠殺到底死亡數字是多少，今天也只能依當時日本指揮官所寫的回憶錄及當時卍十字會所處理的屍體數字來估算，大概也應該是在十五萬到二十萬之間。對於日本該團體所提出的南京大屠殺說明，也只是爲了掩飾日本的侵略罪行，不值一辯。

（原載民國八十四年十二月七日《聯合報》）

陳鵬仁先生著書及譯書

三民主義概說（日文）	東京中華民國駐日本大使館	一九六五年
富士山頭雜感集	臺北帕米爾書店	一九六六年
小泉信三評論集	臺北幼獅文化事業公司	一九六六年
決定日本的一百年	臺北學術出版社	一九七〇年
扶桑論集（日文）	東京日本教圖株式會社	一九七〇年
千金流浪記	香港旅行雜誌社	一九七二年
現代政治學	臺北鑽石出版社	一九七二年
紐約·東京·臺北	臺北鑽石出版社	一九七二年
亞當斯密與經濟學（二版）	臺灣商務印書館	一九七二年
孫中山先生與日本友人（二版）	臺北水牛出版社	一九七三年
戰後日本思想界的逆流	臺北正中書局	一九七四年
英國的國會（三版）	臺北幼獅文化事業公司	一九七四年
我對馬克斯主義的批評	臺北國防部總政戰部	一九七四年

中國の悲劇	東京世界情勢研究會	一九七六年
戰後日本的思想與政治	臺北幼獅文化事業公司	一九七六年
宮崎滔天論孫中山與黃興（三版）	臺北正中書局	一九七七年
紐約・東京・臺北（上、下）（二版）	臺北正中書局	一九七七年
美國總統選舉與政治（二版）	臺北水牛出版社	一九七七年
世界近代史（五版）	臺北水牛出版社	一九七七年
宮崎滔天與中國革命	高雄三信出版社	一九七七年
戰後日本的政治與政黨	高雄大臺書苑出版社	一九七八年
論中國革命與先烈（二版）	臺北黎明文化事業公司	一九七八年
日本華僑問題分析	臺北天馬出版社	一九七九年
千金流浪記（增訂版）	臺北大林出版社	一九七九年
三民主義とは何か（三版）	東京自由新聞社	一九八〇年
私のアメリカと日本	東京世界情勢研究會	一九八一年
鐵蹄底下的亡魂	臺北黎明文化事業公司	一九八一年
宮崎滔天書信與年譜	臺灣商務印書館	一九八二年
我殺死了張作霖	臺北聚珍書屋出版社	一九八二年

日本的作家與作品（上）	臺北黎明文化事業公司	一九八三年
我殺死了張作霖（翻印）	臺北吉林文史出版社	一九八六年
日本侵華內幕（二版）	臺北黎明文化事業公司	一九八六年
近代日本外交與中國（二版）	臺北水牛出版社	一九八六年
近百年來中日關係（中日文對照）（二版）	臺北水牛出版社	一九八七年
私のアメリカと日本（二版）	臺北水牛出版社	一九八七年
張作霖與日本（二版）	臺北水牛出版社	一九八七年
芥川獎與芥川龍之介	臺北水牛出版社	一九八七年
日本的作家與作品（下）	臺北黎明文化事業公司	一九八七年
石射猪太郎回憶錄	臺北水牛出版社	一九八七年
日本的作家與作品（中日文對照）	臺北水牛出版社	一九八七年
冷眼看中國大陸	臺北水牛出版社	一九八八年
三十三年之夢	臺北水牛出版社	一九八八年
國父在日本	臺灣商務印書館	一九八八年
中華民國的遠景	臺北中央日報社	一九八八年
中日外交史（北伐時代）	臺北水牛出版社	一九八八年

日本華僑概論	臺北水牛出版社	一九八八年
蔣經國先生傳(八版)	臺北中央日報社	一九九〇年
仍然應該說「NO」的日本(二版)	臺北水牛出版社	一九九〇年
日人筆下的九一八事變	臺北水牛出版社	一九九一年
中日關係史(一九二一—一九二六年)	臺北水牛出版社	一九九一年
經濟大國日本的優點與缺點	經濟部國貿局	一九九一年
日本之商社	經濟部國貿局	一九九一年
日本式經營	經濟部國貿局	一九九一年
世界經濟入門	經濟部國貿局	一九九一年
日本經濟之基本知識	經濟部國貿局	一九九一年
一九八九年度日本通商白皮書(合譯)	經濟部國貿局	一九九一年
市場開放與關聯產業之抉擇	經濟部國貿局	一九九一年
改進生產管理的一一九個事例	中國生產力中心	一九九一年
企業維新	中國生產力中心	一九九一年
昭和天皇回憶錄	臺灣新生報社	一九九一年
中國與日本	臺灣商務印書館	一九九一年

父親的道歉信（二版）	臺北水牛出版社	一九九二年
戰後日本的思想與政治（二版）	臺北水牛出版社	一九九三年
日本的國會	臺北幼獅文化事業公司	一九九三年
日本政軍外交人員職名錄	臺北國史館	一九九四年
張學良與日本	臺北聯經出版社	一九九四年
中國國民黨略史（日文）	臺北近代中國出版社	一九九四年
中國國民黨在日本	臺北近代中國出版社	一九九四年
世紀中日之戰——甲午戰爭	臺北開今出版社	一九九四年
現代政治學（增訂本）	臺北水牛出版社	一九九四年
日本當前政情（一九九二—一九九四）	臺北水牛出版社	一九九五年
檢察官與社會正義	臺北慶宜文教基金會	一九九五年
台灣がめざす未來（李總統日文書）	東京柏書房	一九九五年
汪精衛降日密檔	臺北聯經出版社	一九九六年
陰謀・暗殺・軍刀（增訂本）	臺北中華民國史料研究中心	一九九六年
中日十五年戰爭小史	臺北幼獅文化事業公司	一九九六年
解讀中日全面戰爭	臺北水牛出版社	一九九六年

昭和天皇備忘錄	臺北水牛出版社	一九九六年
鐵蹄底下的亡魂（增訂本）	臺北近代中國出版社	一九九六年
中華民國政治全覽	廿一世紀出版社	一九九六年
從甲午戰爭到中日戰爭	國史館	一九九七年
日本的警察	廿一世紀出版社	一九九七年
法・理・情	水牛出版社	一九九七年

譯者的話

《陰謀・暗殺・軍刀》是戰後日本暢銷書之一，出版於一九五〇年，爲岩波新書的一種。

原作者森島守人，於一八九六年出生於石川縣金澤市，一九七五年去世。一九一九年東京大學畢業；同年考取外交官考試，進外務省服務；曾任外務省情報第三課長、瀋陽領事、代總領事、哈爾濱總領事、德國大使館一等書記官、東亞局長、紐約總領事，日本投降時是駐葡萄牙公使。戰後，當選過衆議院議員三次，屬於社會黨。

本書的最大特色，如其書名所示，是日本帝國主義者以陰謀、暗殺、軍刀爲手段侵略中國的紀錄。作者森島擔任日本駐瀋陽領事館領事時，爆發九一八事變。他以代理總領事處理這個事變，所以他的回憶錄對於九一八事變的發生、處理經過，敍述最詳細而客觀，值得國人一讀再讀。

除森島的本文外，我附上兩篇拙作作爲附錄，供各位讀者與森島的本文印證。

多年來，我介紹過許多日本學者對中日戰爭的研究，以下諸書可供各位參考：《近代日本外交與中國》、《石射猪太郎回憶錄》、《日本筆下的九一八事變》、《張作霖與日本》、《解讀中日全面戰爭》（以上皆由水牛出版社出版）；《昭和天皇回憶錄》（台灣新生報）、《張學良與日本》、《汪精衛降日密檔》（均爲聯經出版社）、《十五年戰爭小史》（幼獅公司）、《日本政軍外交人員職名錄》（國史館）。

明年是爆發盧溝橋事變六十周年，日本許多學者都把九一八事變、中日事變、太平洋戰爭連爲一體，稱爲十五年戰爭。《陰謀・暗殺・軍刀》是日本外交官對這十五年戰爭之開端的回憶，我相信此書的問世，對我學術界研究日本之侵略中國眞相有幫助。

最後，我要由衷感謝律師陳水亮先生在出版費用上的全面協助，中華民國史料研究中心幫我出版此書。

陳鵬仁

一九九六年八月十六日於陽明書屋

前言

二次大戰結束當時，在葡萄牙首都里斯本的我，於一九四六年四月，因爲麥克阿瑟司令官的命令而回國，並離開了外務省。我在外務省的生活，以華盛頓會議隨員爲開端，前後達三十年左右，而於最近二十年，除在東京和柏林待過短時間外，都在奉天、哈爾濱、北平和上海渡過；一九三九年，我再度前往華盛頓，經過華盛頓和紐約的工作，戰爭中的三年半，我一直在里斯本。由於工作上關係，我遭遇到曾經左右日本命運的九一八事變、盧溝橋事變和太平洋戰爭的發生等重要場面。在這期間，除親自從事交涉外，在現地經驗和見聞過不少事情。

由於這種原因，於一九四六年夏天，我被檢察官傳到遠東國際軍事法庭去作證；更由此，許許多多人士，再三慫恿我趁記憶猶新的今日，把我的經驗和見聞寫出來。與此同時，爲了留些紀錄，外務省也希望我能執筆，惟因遠東國際軍事法庭的裁判，而一直未能實現。

這二十年是，日本從興隆到沒落的歷史性時代。一般來說，日本並未走向和平發展通商，而走上帝國主義色彩頗濃發展領土的道路。而且在軍部統治之下，眞正的外交消聲匿跡；所以當時的日本外交，祇是辦些事務性工作。雖然有過欲調整對美、蘇的國交，但在大體上都是外相個人的靈機一動，政府本身是否有其確定的方針，實大有疑問。因此，日本的外交方針，便缺欠統一性和繼續性。

這是爲什麼我要毫無保留地，把這二十年的表裡動態全盤托出的主要原因。

邱吉爾在其論文〈民衆對近代生活的影響〉說：

> 無論國家的歷史或個人的經驗，層出不窮的偶然，常常成爲決定性的因素。諸如：如果沒有那道命令，如果沒有那次攻擊，那匹馬如果沒有跌倒，如果沒有碰到那趟火車等等，我們的人生，可能因爲這種小事而完全改觀。而隨自己命運的改變，旁人的命運也可能跟著發生變化，推而廣之，整個世界的動向更會因此而大不相同。
>
> 一般年輕人的日常生活，如果具有這種影響，那麼在大思想家、大發明家和軍司令官身邊所發生的偶然，對歷史可能產生何等影響，可想而知。（一九四九年三月號《心》）

而對於許多事件，日本政府之草率作決定，以及其在外地的人（主要的指軍部──譯者）之獨斷獨行，曾經如何地予日本命運以重大影響，充分證明了邱翁觀點的正確。基於此種認識，曾在外務省工作過的我們，眞是自愧未能更爭氣、更挺身而出。

外務省的紀錄中，大戰結束時，許多被燒掉或散失，我自己的筆記也大多處理掉了，所以手上的資料很少。本書既非有組織有系統的外交史，而重要但我並未參與的事，我都予以割愛，因此也許比較沒有首尾一貫。但我所撰寫的，我確信都是非常正確。

我希望這本書，對於正在走上和平國家和民主國家道路的日本人，對於選擇其未來有所幫助。

最後，我要向幫我出版此書的岩波書店，特別是吉野源三郎、海老原光義兩位先生，致深沉的謝意；並請文中未用尊稱的有關各位先生，賜予愿諒。

森島守人一九五〇年一月於鎌倉

田中內閣與關東軍

改採強硬外交政策

一九二七年三月中旬，若槻（禮次郎）內閣因爲全國性金融恐慌問題而提出總辭職，繼而成立以田中義一大將爲首相的政友會內閣。新內閣於三月二十一日決定有關延期償付的緊急勅旨案，風頭十足地踏出其第一步。但人們的期待，對華外交尤其是對滿政策的改進，實遠比金融財政政策爲大。（譯註一）

當時，不大清楚國際情勢，而祇懂得稱讚講硬話者的日本國民，因爲南京事件（譯註二）活生生的回憶，和受到由滿洲方面接二連三地傳出排日事件報導的刺激，便視幣原（重喜郎）外交爲軟弱和一邊倒。這時，新誕生的田中內閣，由首相自兼外相，起用「中國通」的實力者森恪爲政務次官，山本條太郎和松岡洋右爲滿鐵的正副社長；同年六月，召集派駐中國各地陸軍、海軍、外務三省的主要負責人到東京，舉行所謂東方會議。爾後不久，更特派政務次官森恪到大連開會，因此人們以爲滿蒙政策將有一大轉變，並歌頌田中外交是由消極和軟弱的幣原外交，而轉變爲積極和強硬的外交。

東方、大連兩個會議的內幕雖然不得而知，但從田中、森恪兩個人的經歷和為人來判斷，則很容易窺悉新內閣的根本方針實在於推行大陸政策。加以幣原時代健將之一的次官出淵（勝次）和亞細亞局長木村（鋭市）之外放，更表明了田中內閣要推展對華侵略外交的意圖。

如果綜合東方會議所公開發表的文件，和國會的討論，田中內閣所標榜增進中日親善關係，機會均等，遵守門戶開放主義及不干涉內政的原則，跟歷代的對華外交可以說是大同小異。亦即田中外交的特色是：為維護日本在華權益，以積極手段為方針；對於滿蒙，不但要維護既得權益，而且要保持滿蒙一體的所謂平靖。換句話說，它以絕對確保治安，將滿蒙截然由中國本土分離；惟以滿蒙事實上的權力者作折衝對象為其方針。

宣言「保護」在華權益

第一，為維護日本權益，要訴諸於積極手段的方針，於一九二七年五月到翌年五月的具體化行動，便是先後兩次的出兵山東。當時，日本國內有一部分人認為應將日僑暫時撤退到安全地帶，外務省內部在大體上反對出兵；首相本身對出兵也不大積極；但政友會內部卻考慮南京事件對國內的影響而堅決主張出兵。激進的森次官更與陸軍的一些份子呼應，不顧一切反對，而做了出兵的決定。

出兵結果，阻礙了蔣介石氏麾下國民革命軍的北伐，徒助長整個中國的抗日風潮；特別是第二次出兵的時候，在濟南竟引起大規模的武力衝突。由此，它不但沒有達到在當地保護日僑的主要目的，而且產生許多日僑的犧牲者，更爲中日關係留下永遠解不開的後遺症。而在出兵的主要動機之來自政友會的對內政策這一點，它充分說明了政略出兵的危險性。

出兵山東阻撓北伐

第二，關於重視維持滿蒙的治安，並非田中內閣獨特的方針。歷代內閣不必說，連被目爲軟弱的幣原外交也沒有輕視過它。俄日戰爭後，在北京召開的中日善後會議席上，日本全權代表小村（壽太郎）曾經提出這個問題，討論結果，對「關於在滿洲改善設施和確保治安的保障」，雖然沒有寫在條約裡，但卻以兩國全權代表署名、簽訂的紀錄方式，獲得實質上與條約同樣的效果。徵諸其他各國的歷史，也有許多重視隣接地域之治安的類似例子。譬如美國在威爾遜總統時代，爲維護其國家的利益，曾經出兵過墨西哥。這種措施，在國際法上叫做「干涉」(intervention)，爲國際法所容許；但田中內閣的方針，是否屬於這個範疇，實不無疑問。

在「干涉」的名目之下所行的出兵，本來應該是隨其情勢臨機所採取的措施；但田中內閣却自始就以例外措施之「出兵他國領土」爲其外交上的原則。換言之，它以日本的責任和實力，來確保滿蒙的治安爲方針，因此也就以干涉人家內政爲其前提。這等於說，田中外交事先宣言，並不以維護個別的權益爲滿足，而以滿蒙的平靖亦即以確保其穩定爲根本方針。所以縱令由於中國內政上的理由，也不容許滿蒙的秩序陷於混亂；而有這種可能性時，日本將隨時出兵。

教唆滿蒙分離獨立

現在就幣原外交和田中外交，具體地分別予以探討。一九二五年秋季，郭松齡反叛張作霖的時候，日本國內，由於對張作霖排日態度的反感，有人主張支持郭松齡；但包括滿洲當地大多數日本人還是贊成幫助張作霖。可是，基於不干涉內政的原則，幣原外相堅決反對出兵。迨至由於郭部的進擊，滿鐵線及其附屬地面臨危險時，纔令關東軍司令官白川（義則）對交戰中的雙方提出警告，不得在滿鐵附屬地兩側和鐵路終點二十華里以內有戰鬪行爲，並禁止可能擾亂附屬地治安的軍事行動。

但是，田中外交採取了與幣原外交完全相反的政策。一九二八年春天，張作霖要撤出北京之際，田中政權發表聲明，其目的在於「禍亂將及於滿洲時，（日本）將採取適切而有效的措施」。松岡（洋右）副社長滿口稱讚田中外交，他說：幣原外相時代，日本在滿蒙的權益祇是點和線，跟田中內閣的方針比較，其範圍、意義和實質，乃有天淵之別。田中內閣的方針，即是向全世界表明，要維持滿蒙全境的治安，不問來自其內外，絕不容許滿蒙的秩序有所混亂的「決心」。

第三個特色是把滿蒙從中國本土分離，俾拒南京政府之介入，可以說是滿蒙分離政策。它的目的是，國民黨之統一中國本土祇有容忍，但東三省一定要置於張作霖勢力之下，以便在張作霖之勢力範圍內擴大日本的權益。它的用意是，否認南京政府對滿蒙的外交權，和防止國民黨插足東三省。

東三省原是中國的一部分，但事實上其內政、外交都外於中國本土的支配，形同半獨立天地的狀態。具有欲稱霸中原之野心的張作霖，在滿洲確立其地盤之後，曾經兩度大事進軍京津方面；雖然敗於內戰，撤回滿洲，却聲明「保境安民」，宣布滿洲獨立。此外，列國之中，也有過應該與中央政府簽訂的國際協定，却跟地方政府締訂的例子。

一九二六年，蔣介石氏統率的北伐軍進擊漢口，惟因共產黨的倡亂，蔣先生曾一度訪問日本。這時，成立於漢口的武漢政府，不過是一個地方政權，沒有獲得列國的承認；但爲了維護長江一帶的權益，英國曾與武漢政府締結歸還漢口和九江英國租界的協定，是即所謂「陳友仁・奧馬列協定」。又蘇聯於一九二五年，跟北京政府簽訂有關善後處理中東鐵路的協定，與此同時也跟東三省政權締訂幾乎同樣內容的所謂「奉俄協定」。華盛頓會議時，法國全權代表白里安曾經發問「何謂中國？」而馳名；實際上，就是張作霖遣派東三省代表前往了華盛頓。

但是，這些事例，畢竟是基於中國內政所採取的例外措施，而田中外交却在這方面倒行逆施，把例外措施當做滿蒙政策上的原則和準繩。同時，其最大錯誤，是張作霖作古，張學良當權，東三省與中國本土合爲一體以後，仍然強行滿蒙分離政策這件事。

田中奏摺眞僞存疑

自一九二九年以來，田中外交在海外廣泛流傳的所謂田中覺書（即田中奏摺—譯者），時至今日（本文執筆於一九四九年—譯者），大家都還把它信以爲眞。有人說，這是田中上將從歐洲旅行回國後，向日皇所上的報告，也有人認爲它是東方會議的決定。總之，這個覺書所揭示的征服滿蒙，稱霸中國，從西伯利亞發展到南洋等，一連串的所謂世界政策，跟自九一八事變到太平洋戰爭的演變太符合了；所以人們都相信田中覺書的存在。

可是如果仔細檢討田中覺書的內容，我們可以發現它把田中上將的旅行菲律賓誤爲旅行歐洲，將已經去世的重臣拉出來當活見證人，而且奏文的形式也不對；從此種種，當可斷定其爲僞文書。日本政府雖然一再乘機否定，但終於未能消除內外人士的疑惑。

一九四六年七月，在東京市谷的遠東國際軍事法庭，前首相岡田（啓介）作證說：田中覺書是僞文件，我也於八月一日被傳作證人時，在炸死張作霖事件和有關九一八事變的反對詢問中，我也獲得作證的機會。作證時，我本來想順便說明田中覺書是怎麼流傳出去的。惟檢察官提出異議說，這乃屬於我口供書範圍以外的事；因此我遂不得不停止發言。

一九二九年秋季，田中內閣提出總辭職以後，在京都召開了泛太平洋會議，松岡洋右等人以委員身分出席，並曾有過很激烈的論戰場面。會議期間，中國方面一位委員擬提出上述的覺書，而與日方委員小村俊三郎（《讀賣新聞》的客座，是位中國通的自由主義者）談及。小村與亞細亞局長有田八郎商量結果，一致認爲，還是令對方在正式會議席上提出，以便把它批評得體無完膚。惟不知道什麼差錯，中國委員沒有在會議上提出來，而直接向記者們發表。這樣一下子電報海外，從而成爲世界性文書。這個文書的來源，至今不明；不過，如果根據有關東方會議的新聞報導，要寫出這種東西是很容易的。因此我認爲，這不是日本浪人杜撰賣給中國的，就是中國人自己寫成的。遠東國際軍事法庭在判決書裡，從沒有引用過這個覺書，應該算是消除了人們長年的疑惑。

滿鐵總裁包藏禍心

田中內閣的滿蒙政策，由於其本質上的缺陷，發生張作霖之橫死及新主角張學良的上場，在未具體化之前，內閣本身就垮了臺。在其任期中所實行的，是不必跟中國折衝，片面進行之滿洲重要產業的創設和擴張，可以說都是山本總裁的功勞。

當時，起用產業立國論的提倡者山本，其見識和經驗是被公認爲難得的人才，的確爲內外所注目。首先，山本將原來的社長、副社長制改爲總裁、副總裁制，其目的是，要對一向重視地位和體面的中國顯示威嚴。這雖然是件小事，但它說明了山本在中國的體驗和抱負。

山本在日俄戰爭前後，任三井物產會社中莊支店長，曾將滿洲的特產品大豆介紹到世界市場，到了滿鐵以後，在短短的期間內，他不但擴大了鞍山煉鐵廠，以撫順的油母頁岩創辦人造石油和煤液化等事業，並且爲建立鋼鐵的一貫作業，計劃設立新義州煉鋼廠。煉鋼廠在田中內閣辭職後，濱口內閣仙石（貢）總裁時代，曾被變更爲以鞍山爲其根據地的昭和煉鋼廠，但它的基礎還是建立於山本時代。

對於山本不把煉鋼廠設在鐵鑛產地的鞍山和煤產地的撫順，而把它搬到朝鮮一節，當時有各種議論。而山本本人則說：「滿洲既非日本領土，一旦有事，中國如果採取嚴正中立態度，鋼鐵將成爲戰時禁制品，屆時日本可能無法利用。加以中國是世界上實施輸出稅的唯一國家，爲增加其歲入，她不但可以隨意增加輸出稅，視中日關係的情形，亦可能賦課禁止的稅率。事實上，第一次世界大戰期間，日本曾遭遇到美國禁止輸出鋼鐵的困擾。但不管禁止輸出也罷，提高稅率也罷，比諸製成成品，原料遭遇禁止輸出的可能性比較小。考慮諸如這般經緯的結果，我決定把它設在新義州。」

根據當時奉天滿鐵公所所長（滿鐵的對外機關）入江正太郎的說法，有一個晚上，總裁來電話要他即時查報安奉線的輸送能力現況和輸送餘力；他報告對於一千萬公噸的輸送能力，現在祇有二百五十萬公噸的貨物，而這七百五十萬公噸的輸送餘力，乃是令山本即時決心採擇新義州案的原因。而由此，我們當可窺悉山本腦筋之如何淸楚和熱衷工作的一斑。

大連會議陰謀侵華

山本總裁的見識和手腕，不僅在前述的產業方面，在政治和外交也有一番的表現。他抵達滿洲沒多久就前往北京，表面上說是要拜訪張大元帥，實際上抱著遠大的企圖。在滿鐵並行線和包圍滿鐵政策成爲重點的時際，新總裁與張作霖談論鐵路問題，實在一點也不稀奇。關於鐵路的交涉，一向被認爲是技術問題，並且大多由滿鐵本身去從事；而這種做法，比正式的外交交涉，既能避免問題的政治化，又能爭取獲得實質上的效果。

可是，山本不但提出建設新鐵路問題，而且還提議兩個富有政治、經濟性質的重要協定案。這兩個案，都是與山本進入滿鐵的同時，由外務省通商局長轉職滿鐵的理事齋藤良衞起草的。擔任外交官期間，齋藤幾乎全部主辦關於中國的工作，更被目爲有關中國的諸條約——尤其是通商條約的權威。其所著《中國通商條約論》十卷，總共有一萬頁以上，其中有一篇〈治外法權論〉是他向東京大學申請，獲得法學博士學位的論文。它在外務省印得不多，並祇分送給各有關機關參考，因此不大爲人們所熟悉，但作爲這方面的著述，是世界稀有的。

一九二〇年，齋藤在外務省上班時，受到憤慨拖延對中國政府支付賠款的日本人狙擊，一時生命陷於危險狀態。由於這種負傷，他覺得自己生命不會太長，遂傾其多年蘊蓄，一氣呵成寫就了前述《中國通商條約論》十卷。而齋藤所起草的這個政治協定案，實出自跟日後〈德日防共協定〉同樣的構想，是爲防止共產主義在滿洲蔓延；「商定」滿日雙方協力的經濟協定案是以開放滿蒙內地，和實施所謂商租權爲目標。

以二十一條而馳名之一九一五年的〈中日條約〉，日本在南滿獲得商租權（以三十年爲期限，並得無條件延期的土地承租權），自由居住、往來、從事各種營業的權利；在東內蒙古，獲致經營農業及附帶工業之合辦事業的權利；以這三種權利爲代價，日本人約定服從中國警察權和課稅權。惟實際上，除幾個少數例子外，它並沒有實施，所以日本希望運用這些規定，在滿蒙達到日本人和平發展與開發經濟的目的。

關於鐵路、防共和開發經濟這三個協定案，我相信山本事先已與田中外相商議過，但他却完全沒跟陸、海、外三省事務當局商量；更對對滿外交第一線的總領事吉田茂（戰後出任首相），和對華外交的總負責人駐北京公使芳澤謙吉拼命保密。可是他却沒想到對方是最能玩耍以夷制夷手段的中國政治家，尤其是有眼光及敏捷的楊宇霆（他是張作霖的參謀長），很能折衝和「討價還價」。

有一次，在一個茶會席上，楊宇霆曾就山本的提案委婉地對芳澤私下說：「這種事，除非由閣下親自向大元帥說，恐怕辦不到」，而故意攪亂日方內部。獲知這個消息的芳澤，隨即向田中外相發出責難山本的越權行爲及其不協調的電報。田中於是遣派次官森恪到大連，召集日本駐北京公使館、奉天總領事館和滿鐵首腦，疏通意見，調整諸懸案，協議並決定工作的各負責範圍；這就是當時衆所注目之大連會議的眞相。

總領事不滿張大帥

關於鐵路問題，山本在北京期間，透過爲人溫和，懂得中國語文，又有不少中國朋友的江藤豐二（跟森恪、中日實業公司的高木陸郎是三井的第一批中國留學生），和態度強硬的町野武馬（張作霖顧問），秘密地與張作霖談判。張作霖正式答應吉會、長大（長春—大賚）兩線，其他兩條線也蓋了「閱了」的圖章，剩下的一條線，相約等回到奉天說服張作霖以後再作決定。因此鐵路問題仍然繼續將由滿鐵去處理。其他政治問題在北京、滿蒙當地的諸案件則在奉天決定，分別由公使芳澤和總領事吉田（茂）去處理。

在東三省官場，一向有企圖進入關內的武斷派和主張開發東三省之文治派的對立。奉天省長王永江是文治派的領袖，他主張保境安民，與武斷派的楊宇霆抗衡，集衆望於一身，但却爲張作霖所不容，而終於隱居其故里金州，因此對於張作霖的野心，遂沒人可予抑制。

於此同時，多年來日本政府曾致力於阻止張作霖進入關內，希望他專心經營東三省，總領事吉田尤其這樣主張。張作霖是日俄戰爭期間，脫離綠林以後，得到日本種種庇護而起家的。特別是郭松齡叛變之際，由於日本的干涉政策，張作霖纔得倖免於失敗；惟到了晚年，張作霖却以排日爲能事，尤其插足北京，自稱大元帥以後，更眼中無日本，在滿洲迭出排日事件。而在這些排日事件當中，最爲內外人士視聽所注意的就是，對於日人在奉天所辦中文報紙《盛京時報》的「壓迫」。

日人在中國所經營的中文報紙，就其創刊歷史來講，遠比中國本身的報紙長久。由於多年來的經營，它已具有穩固的基礎，加以享有治外法權，不受中國憲警的取締；因此能夠自由而公開地從事迅速報導，擁有廣大的讀者。譬如發生與中國民衆利益息息相關的郭松齡叛變時，它便是唯一報導眞相，爲中國人搶看的報紙。尤其是三浦梧樓將軍的侄子中島眞雄所創辦的奉天《盛京時報》，和龜井陸良所手創的北京《順天時報》，更具影響力。

當時《順天時報》是由大谷光瑞的高足渡邊哲信所經營；《盛京時報》的經營者是多年在上海主持英文報《中國水星報》的佐原篤介。主筆菊池貞二用傲霜庵筆名，爲《盛京時報》所寫的社論，以篤實的筆法和明快的論點，就東三省的內政和外交，論盡民衆之欲言而不敢言，博得識者的稱讚。那時連載數天題名〈告宇霆氏〉的長篇社論，痛擊東三省財政紊亂，民力疲弊，和郭松齡叛變，語語刺人肺腑，使膽大的張作霖、楊宇霆不寒而慄。總領事吉田與佐原、菊池是肝膽相照的朋友；由於《盛京時報》是推展吉田政策的最大原動力之一，所以張作霖遂禁止中國人購讀該報；對於其販賣和輸送，更採取阻礙手段。總領事吉田因此大爲憤慨。

多頭政治吉田掛冠

我於一九二八年九月到奉天履任後，立刻翻閱總領事館的重要文書，其中特別令我注意的是——題曰「對張警告」的那幾本龐大紀錄。內容包羅總領事吉田在奉天任職時，傾其心血與東三省首腦折衝的經過，和對日本政府上陳的意見；吉田欲打開日本對滿政策的用心和努力，躍然紙上。吉田的構想是令張作霖放棄插足中原，專心於東三省的經營，以日本借款整頓因爲內戰和擴張軍備濫自發行奉天票而陷於紊亂的東三省財政，以此項借款爲代價，擴大日本權益，由日本派遣財政顧問等等，並建議起用前大藏次官小野義一。

日本政府如果採納了吉田的上述意見，或許能夠避免日後九一八事變的發生也說不定；可惜當時的幣原外相沒有理睬。愛憎之念很強的吉田性格也反映於滿日的演變上，因此吉田與張作霖的關係，老是不圓滿，張作霖把吉田當作眼中釘。但阻礙吉田政策的推行者還有其他原因，那就是日本在滿洲的多頭政治。

詳而言之，除關東軍、關東廳和滿鐵等日方機關外，東三省官場還有日本陸軍派遣的土肥原（賢二）、儀我（誠也）等現役軍人顧問，張作霖的私人顧問松井七郎預備少將和預備大佐町野武馬。松井是日參謀本部第三部長松井石根少將的胞弟，跟參謀本部具有個人的特別路線，所以吉田政策很可能從這方面受到許多牽制。如此這般，日本對張作霖的態度，由於日方內部的種種理由，往往欠缺統一，因此吉田本身，遂不得不為這種不統一而離開奉天。

軍部跋扈文官興嘆

參加過東方、大連兩個會議後回到奉天的吉田，以為這兩個會議所決定方針的具體化，完全責成第一線去處理，所以他便於適當時機，為警告張作霖，而欲阻止京奉線橫穿滿鐵線。由於一九〇九年日本在「有關滿洲五案件協定」中，承認京奉線可以延長到奉天城內，因此它便橫穿滿鐵線，並延長至城裡的兵工廠，而予專心軍事的張作霖以很大的便利。基於這一點，上述之阻止橫穿，對張作霖的確具有強大壓力的效果。但對於吉田的這個措施，關東軍却突然以他做得太過份和太早而加以反對。

日本政府以關東軍既然不贊成，自無可奈何，因而沒有支持吉田；結果吉田對外立於進退維谷的苦境，而終於假借因病，暫時住進奉天紅十字醫院，然後以靜養名目，回到日本。當年還不成熟的吉田，大概很想大顯身手一番的。不過那時他如果能事先跟關東軍和關東廳打個招呼，也許能夠緩和他們的反對；又以嘴巴壞而馳名的吉田，對於從國內去旅行者常常說：「要看不肖之徒，請到旅順」，這是揶揄關東廳長官兒玉（秀雄）的話，而這也助長了關東廳方面對他的反感。

這時，陸軍曾策動由陸軍派遣後任總領事，但外務省却先發制人，起用駐暹羅公使林久治郎，林隨後於一九二八年春天到奉天接任。履新之前，林久治郎特由陸相取得陸軍將不獨自行動的字據，但日後滿洲問題的演變，證明它祇是一張空頭支票。

中國主權不容侵犯

一九二六年夏天，從廣東出發蔣介石氏麾下的北伐軍，於翌年春天席捲長江一帶，甚至於有控制山東之勢，惟因內爭，北伐的壯舉不得不暫時停止。

不以國民黨勢力北進爲然的張作霖，遂進軍京津，自任安國軍總司令，其勢力範圍且達長江江畔。張作霖以與北伐軍交戰爲不利，乃一時後退，但眼看北伐軍停脚，便又南下，同年六月，他更自稱陸海軍大元帥，並以東北、華北和山東一帶爲其地盤。

一九二八年春季，國民革命軍再度開始北伐，五月底迫近京津地方；此時，田中（義一）內閣以北伐軍的推進必然影響東北的治安，而採取不能默視東北軍的殘兵由京津方面逃回東北的態度。

軍部一部分人士，以張作霖具有排日傾向，強硬主張跟張作霖絕緣，並規勸其下野；但把對滿蒙政策的實行完全寄托於張作霖身上的田中首相，却爲了延續他的政治生命，而強硬慫恿他回到東北，並對張作霖和國民政府發出：「……如果戰亂進展到京津地方，禍亂將波及滿洲時，爲維持滿洲的治安，日本將不得不採取適切而有效的措施」的覺書（聲明）。

對這個覺書，張作霖予以這樣的回答：「關於日本將採取權宜的措施一項，斷非中國政府所能承認。東北和京津地方既爲中國領土，以上所述自屬中國主權事項，決不能默視。」但目睹四圍的情勢日非的張作霖，却不得不「乖乖地」聽從規勸，因而命令全軍總退却；他自己且於六月三日深夜，自北京動身，往東北出發，並於翌日拂曉，在奉天郊外，京奉、滿鐵兩線交叉地點，因其所搭乘火車被爆炸，而突然與世長辭。

得悉東北軍後退消息的關東軍，不待中央命令，遂獨自決定出兵錦州方面。惟這項決定，旋被所謂奉勅命令所阻止，但發生火車爆炸事件以後，關東軍便出動奉天方面。如果那時眞的出兵錦州，我認爲九一八事變的爆發自不必等到一九三一年。

張作霖被炸死以後的六月四、五日兩天，中日兩國進行了共同調查，但不得其眞相，迨至六月十二日，日本陸軍省發表大約如下的聲明：

當張作霖要回到奉天時候，中國當局曾經於六月三日，要求派遣憲兵警戒京奉、滿鐵兩線的交叉點，日本守備隊答應了，但拒絕中國派憲兵於滿鐵線上，而由日軍警戒陸橋。四日上午三時左右，有三個行蹤可疑的中國人，偷偷地想爬上滿鐵線鐵路堤，日兵問其幹什麼，他們却欲投擲炸彈，於是日兵當場刺殺其中兩人，另外一人則逃掉。從屍體搜出兩顆炸彈和三封信，其中一封信是國民政府軍關東招撫使書信的斷片，由此當可斷定他們是南方便衣隊員。四日凌晨，在日本警戒兵的監視中，京奉線的東行列車到達交叉點時，發生大爆炸，黑烟和砂塵，飛揚上空。

情勢惡化炸死大帥

事件發生當時，中國報紙和英文報都說，事件背後有日本陸軍，但日本國內和東北當地却都沒人承認這是日本人幹的。可是，隨時日的經過，外邊便有關東軍可疑的謠傳，而根據日後所證實，兩個中國人被刺，和一個人逃逸雖然是事實，但說他們是國民黨的便衣隊，却完全是虛構。

發生爆炸事件前後，關東軍鷹犬，不知從何處找來了三個吸鴉片的無業遊民，並把他們帶到居住奉天滿鐵附屬地的浪人安達隆成（此人於一九三二年一月，日軍進攻錦州的時候，跟大阪每日新聞社特派員茅野，先日軍插足錦州，而與茅野被殺死）處。這三個遊民在附屬地內日人所經營澡堂洗澡後，換上新衣服，於凌晨出門，其中兩個人則在爆炸火車的現場被刺殺，一個人逃跑倖免於難。

根據當時任吉林省長，因交涉鐵路問題等等，而於公於私皆與日方有許多接觸的劉哲對領事森岡正平所說的話，倖免於難的這個人，跑到張學良那裏去，說明了事情的經過，因此張學良當然知道乃父之死於非命，是日本人幹的。惟從父仇不共戴天這種東方道德的觀念，如果張學良自己說出日本人殺了他父親，他便無法再與日方接觸，所以一直保持緘默。

軍部高參眞正主謀

在中國，有常用鴉片、海洛英、嗎啡的惡習，中毒者都不管什麼面子，死要麻醉藥，因此我們在中國工作的時候，便利用中毒者急需金錢的弱點，要他們去做些搜集情報的工作，而上述這三個遊民，就是最好的例子。

我知道爆炸眞相，不僅得自中國方面。裝設滿鐵陸橋下炸藥的是，當時出動奉天的朝鮮軍工兵隊的一部分，而按爆炸電鈕的，爲日後被在滿日人譽爲「北滿移民之父」的故東宮（鐵男）大佐（當年爲奉天獨立守備隊大尉隊附），陰謀的幕後人是關東軍高級參謀河本大作大佐，凡此，都是東宮親自告訴我的。

跟張作霖同車的顧問儀我誠也少佐（華北事變發生後，以少將階級做冀東防共自治政府顧問，病死於唐山），負傷跳下火車；町野（武馬）顧問因爲在天津下了車，所以有人猜測這是關東軍幹的，但由儀我完全不知道這個事實看來，關東軍中參與爆炸的，可能祇有兩三個人而已。

當時，張作霖的現任顧問是土肥原賢二大佐和儀我，惟土肥原的性格是陰陰的，因此被敬而遠之，至於儀我爲人開朗，所以遂集東三省官場之信賴於一身。而中國方面的信賴愈深，關東軍參謀們對他的風評則愈壞，因此關東軍認爲，爲國家前途，犧牲一個儀我來爆炸列車也是勢在必行。從東北時代，我就跟儀我很要好，迨至一九三七年發生華北事變，在唐山見面時，我問他爾後軍部對他怎麼樣，他苦笑答說，最近纔不太挨罵，疑惑似也消除了。

爆炸計畫者的意圖是，不祇要殺死張作霖，除此而外，他們還想乘爆炸列車，張作霖死亡，治安混亂時出兵，以導引大規模的武力衝突，從而以武力一舉解決滿洲問題。繼爆炸列車之後，奉天城內日本僑會等數處被投擲炸彈，這些都是爲製造出兵的口實，而由陸軍的鷹犬所幹的。

一再企圖武力衝突

關東軍司令部設在旅順，滿鐵沿線各地皆配置守備隊，但平時不許隨便出動到關東州外和附屬地外；要出動附屬地外，除非突發緊急事件，平時必須由關東廳長官向軍司令官要求出兵，而在滿鐵沿線各地，則由領事請求出兵。

連續發生火車爆炸，日本僑會被投擲炸彈等事件之後，軍方便拼命用電話問總領事館：「需要不需要出兵？祇用警察能不能維護治安？」但總領事館却非常沉著冷靜，以警察維護附屬地內的治安和保護僑民，而不爲欲出兵的一部分參謀之策動所惑。我認爲一九三一年以柳條湖的鐵路被炸毀爲口實，不待總領事館請求出兵，關東軍獨自採取行動，不外乎是爲了要避免炸死張作霖那個時候的失敗。

張作霖被炸死事件，以後仍然是團疑惑，而成爲迷宮裡的一個謎。翌年（一九二九）一月，在國會，民政黨以議員永井（柳太郎）、中野（正剛）爲前鋒，以應該消除因爲某重大事件日本所蒙受的疑惑，而不遺餘力地追究內閣的責任，但田中首相却從頭到尾以調查中作答。事實上，田中一直以爲這個事件與日軍沒有關係；因此對日皇上奏說，日軍跟它毫無關係，萬一有關係，將付諸軍法會議，予以嚴重處罰。

澡堂老闆道出陰謀

可是，這個應該是絕對機密的陰謀眞相，却因爲爆炸當事人作夢也沒想到的小事而成爲社會的風聞。是即爆炸當日早晨，前述的澡堂老板爲了好奇，曾跑到現場去看，結果他發現前一天晚上在他澡堂洗澡的兩個中國人，穿著新衣服被刺死倒在那裡，於是他便向附屬地內的關東廳警察詳細報告其經過。

如果這個人到憲兵隊去報告的話，因爲當時的隊長三谷清少佐跟關東軍關係很深，因此這個報告很可能被東諸高閣，更不可能報到中央去。惟因他報告了屬於拓務省的關東廳警察（在制度上，他們兼任總領事舘的警察），所以不折不扣地被轉報到東京，隨之在東京和滿洲成爲話題。

當時的奉天特務機關長秦眞次少將（後來出任憲兵司令官），得悉澡堂老板的話被報告到中央以後，曾經大罵警察「不當地予軍方以嫌疑」；但根據與關東軍出動的同時，出差奉天之關東廳外事課長三浦義秋（日後出任駐墨西哥公使）的說法，當他知道秦眞次爲此生氣時，他便直覺爆炸事件跟軍方有關係。

由於對軍方的謠言日多，加以田中首相上奏過日皇，所以特別派遣憲兵司令官峯（幸松）少將前往現地，從事調查，而在到達奉天之前，峯少將在朝鮮便獲得了朝鮮軍工兵隊之裝設炸藥等一連串證據。

田中首相進退兩難

本來，田中首相是想照其向日皇所奏，要把當事者附諸軍法會議，澈底調查和處罰的，惟因陸軍內部以如果召開軍法會議，便將公開事件的內容，而這將在國際上毀損日軍和日本的信譽，因此強硬反對。加以田中自己所領導的政友會幹部也很支持軍方的意見，所以田中遂陷於進退兩難的困境，由之不得不向日皇上奏改爲行政處分，日皇眼看田中的善變，非常生氣，一句話也沒說。田中以失信於日皇，終於翌（一九二九）年七月，提出內閣總辭。

據說，田中得悉張作霖被炸死的消息時，曾經對其親信嘆息說一切都完了。由此當可想見以根本解決滿蒙問題爲其終生事業，因此甚至於放棄前途似錦的現役，棲身政友會之田中首相的心情。與此同時，以張作霖在東三省的地位和實力爲本錢，意圖革新滿蒙政策的田中內閣，還沒有實現其政策的一端之前，竟因陸軍殺死張作霖而垮臺，不能不說是歷史的諷刺。又，張作霖於大正初年（大正元年適值民國元年——譯者），爲歡迎要前往莫斯科的閑院宮（守正）來奉天，到滿鐵奉天車站，在其歸途中，遭遇到日本浪人投擲炸彈，倖免喪命；這次竟又遭同樣手法，橫死於日本人之手，眞是奇怪的命運。

張學良決繼承父志

張作霖死亡後，其生死很久不明，這是深怕引起東三省動搖和混亂，省長臧式毅所採取的措施；迨至爆炸事件經過兩個多星期的六月二十一日，纔正式發喪。其公子張學良就任東三省保安總司令，而張學良所面臨的東三省內外政局，則非常錯綜複雜。

乃父的幕友張作相盤據著吉林省，日後出任滿洲國宮內府大臣的熙洽就是張作相的參謀長。在哈爾濱當北滿特別區長官的張景惠，跟張作霖和張作相都是出身綠林，因而在北滿一帶擁有根深蒂固的勢力，後來他繼鄭孝胥擔任滿洲國國務總理，是衆所周知的。

在奉天，張大元帥的最親信，而且是他參謀長的楊宇霆，對年輕的張學良實有如監護人和師傅的存在。年齡還不到三十，在外國人之間被稱爲少帥的張學良，似依這些舊要人相互間的勢力均衡，及乃父威望，保持其地位。

但高個子，瘦瘦地，臉色蒼白，留大「背」頭，穿著整潔，宛如貴公子的張學良，却不是一個平庸的貴公子。從十九歲以後，他屢次馳驅於槍林彈雨之中，有膽量，頭腦清楚，見識高超，是個就是沒有乃父遺德，也自己會成龍的才俊。他跟日人折衝，則以柔軟的舉措，恭敬的態度和愼重的表達方法處之，決不給對方以不利的言辭。

少帥膽識作爲兩全

生活於高爾夫、網球、跳舞等新空氣之中，更能來兩下英語之新人的上臺，曾經予奉天官場的空氣以很大影響。跟不理解新思想，因而討厭國民黨和三民主義的父親張作霖不同，張學良却能理解與同情。不久，張學良之所以與南京政府妥協，絕不僅是爲了保持他自己的地位，而是他對國民黨的理解，和他熱心於反帝國主義運動與恢復國權運動的結果。因此，對日關係也就有很大的變化，而比諸乃父時代，我認爲有以下的不同。

第一，張作霖是，自日俄戰爭以後，對日本覺得有恩義，也很瞭解日本的眞正實力；反此，由於張學良對對日關係缺少經驗，因而大有輕視對日關係的傾向。九一八事變以後，其所以失去東三省地盤，就是由於這種原因。

第二，因爲思想上關係，張學良敬遠乃父時代的舊要人，並起用與其同思想傾向的新人，因此大有助長對日關係不必要的惡化之嫌。而暗殺楊宇霆便是它的最好例子。

第三，張作霖時代，所謂排日和抗日，還是屬於偶發的和片斷的範圍，並沒有思想的背景和組織的體系；可是張學良時代的排日和抗日，已非個別事件的反覆或連續，而是在一貫的思想背景之下，根據一貫方針的組織形態。

綜上所述，張學良時代的對日態度是，由排日事件轉變爲對日攻勢，甚而以根本剷除日本在滿蒙的地位爲目標。而滿鐵並行線的建設，築港葫蘆島以包圍滿鐵的政策，以及收回旅大等等，就是它具體的表現。

張學良的日語秘書有陶尙銘和慶應大學出身的王家楨兩個人，陶尙銘在大體上擔任應酬方面的事，政治問題主要則由王家楨出面，張學良尤其重用王家楨。爾後王家楨出任了南京政府的外交部政務次長，更以中國代表身分出席國際聯盟會議，由此我們當可知道，張學良是想依靠南京政府來阻止日本插足滿蒙的。

中日關係的轉捩點

我認爲，牽制張學良這種對日態度的，就是楊宇霆的存在。因此，楊宇霆之被暗殺，對東三省與日本的關係，成爲一個很大轉捩點。對於張學良的對日和對國民黨態度，舊要人們大多不贊成，他們都以爲這樣做很危險；尤其楊宇霆時或很露骨地把它表現出來，甚至於直言。他很清楚即將到來的東三省新時代是什麼，他也知道跟國民黨妥協是時間的問題；但他覺得，這種妥協最好是名義上的，並將極力防止三民主義和共產主義到東北。

對日關係方面，楊宇霆認爲太激進和太極端，都將引起日本軍部的反擊，從而爲東三省的前途帶來不必要的危機。楊宇霆雖然不是司令官，沒有直屬兵力，但他却多年來任大元帥參謀長要職，又兼兵工廠督辦，一手握著製造彈藥武器全權；加以他的親信常蔭槐繼列車爆炸之際，與大元帥同其命運的吳俊陞就任黑龍江省長，居於北滿，雖然不是正規軍，但却擁有山林保安隊的兵力。

並且，比諸其他要人，楊宇霆具有奉天的地利，所以儼然成爲東三省重鎭。因此對於文武兩界，皆有重要部下的楊宇霆，張學良自不得不提高警覺。事實上楊宇霆一有機會就會排除張學良，抱著統治東三省的野心；對於日本官民，明中暗中表示他們跟張學良談沒什麼用，祇有跟他商量纔能解決問題。而且出入楊公舘的日本官民，與日俱增。在此同時，日方內部，擁楊派和反楊派對立，爭論也日趨激烈。一般來講，關東軍是反楊派，在滿蒙具有許多利權的大倉組屬於擁揚派，總領事舘採取中立態度。

可是，一九二九年一月十日晚上，楊宇霆和常蔭槐應張學良之邀，到其公舘去打麻將時，竟被槍殺。據說，下手的是奉寧鐵路局局長高紀毅，而知悉高之剽悍、精力絕倫之人品者，都會覺得這是很可能的。慘劇發生於掛著在北滿三姓擒拿之大老虎虎皮的客廳，這是日本人所熟悉的房間，而從這慘劇以後，這個客廳一直關閉著。

同舟俱遊除楊宇霆

張學良與楊宇霆之勢不兩立，雖爲內外人士所一致公認，但我相信從沒人意料到楊宇霆會這樣快就遭遇到暗算。楊宇霆被暗算的眞正原因和動機是什麼呢？

一九二八年秋天，突然發生張學良秘書陶尙銘和外交部特派員公署日本科長安祥被捕、拘禁事件。當時，沒人知道這是爲了什麼，而祇猜測可能因爲陶尙銘常常出入日本特務機關所導致；但根據日後陶尙銘的說法，張學良很早以前就想謀殺楊宇霆，惟爲防止洩漏陰謀，纔暫時拘禁他們兩個人，但楊宇霆被暗殺以後不久，沒受到任何處分，他倆就被釋放了。

同樣一九二八年秋季，床次竹二郎順視察中國之便到了奉天。當時床次脫離民政黨，組織新黨俱樂部，即使以他的聲望和經歷以及少數黨的議員，還是未能左右日本的對滿蒙政策。祇是，床次的脫黨，與田中首相不無關係。在日本國內，一般都認爲床次之所以脫黨，是由於對民政黨對華政策的不滿。因此張學良非常重視床次一行旅行中國。床次眼看張學良和楊宇霆同坐一輛車來參加總領事館的晚餐會，而說他倆既然肯坐一個車子前來，自不會有太大問題，並說他倆的合作，對日本絕對必要；爲此他很願意效勞，所以，我曾經對他特別說明中國人的心理狀態之如何複雜。

第二天晚上，我以陪賓身分參加過張學良公館的晚餐會，訪華團一行裡頭有船津辰一郎

（前上海、奉天總領事）、中村嘉壽（前民自黨國會議員）和床次同鄉的赤塚正助（前奉天總領事）。飯後，由船津擔任翻譯，床次與張、楊兩人會談。床次對張學良說，東三省地大物博，希望他留意健康，專心開發前途似錦的東三省；同時盼望楊宇霆以對大元帥同樣忠誠，扶助年輕的張學良大成。

在這席上，有人拿出揮毫帖子請張學良題字，他寫了「同舟俱遊」四個字。但沒多久便發生楊宇霆的暗殺和九一八事變；說來這眞是莫大的諷刺。其一行辭去張公館後，到了楊公館，在楊公館，床次、楊會談，沒有第三者在場，談得很久。跟東三省的主權者張學良會談時間那麼短暫，可以說祇是禮貌上的交談；但跟楊宇霆的密談却那麼長久，很是令人懷疑。我覺得這個事實，引起張學良對楊宇霆的戒心，張學良因而很可能判斷，日本將擁護楊宇霆。

幾天之後，楊宇霆父親舉行七十大壽喜慶，文武百官，接踵趕集楊公館，其場面之盛大，說明了楊宇霆潛在勢力之如何強大。正當張學良躭心著日本的對楊態度，和楊的勢力時，有人突然送張學良一本賴山陽的《日本外史》。在這本書上豐臣滅亡的一節，特地劃著紅圈圈。它把楊宇霆當做德川家康，張學良爲年輕的豐臣秀賴，譏諷老奸巨猾的楊宇霆野心，並暗示張學良將同秀賴命運。根據陶尙銘日後所吐露，使張學良決心即時幹掉楊宇霆的就是這本《日本外史》，而送此書的是大川周明。

東北易幟全國統一

張學良當權之後，田中內閣仍然採取分離滿蒙的方針，並令林久治郎總領事對張學良再三規勸急進的政治變化沒有好處：一九二八年夏天，大元帥出殯時，更特派林權助男爵，對張學良一再地做同樣勸告。但是，張學良却不管日本政府意向，經過跟日本所約定三個月以後的同年十二月，不顧楊派的反對就實行易幟，於是五色旗遂變成青天白日旗，而且由於東三省與南京政府合併，所以國民黨支部便出現於東三省各地。

實行易幟以後的奉天，中國政界人士往還頻繁，大有成爲政治活動的大舞臺之概，猶如北京頂盛時幕後政治折衝中心地天津。蔣介石先生的第一號親信張羣，以威林頓・顧之名字爲洋人所熟悉的顧維鈞，曾任外交部長和財政部長的羅文榦，做過廣州市長和上海市長的吳鐵城，日本陸軍士官學校出身的福建省長陳儀，畢業金澤醫專獲得醫學博士，並歷任財政部長和教育部長的湯爾和都蝟集於奉天。

爲了應各方面需要，北京的日本料亭相繼設店於奉天；而由這一點，中國政界人士一致認爲，奉天增加了它在政治上的重要性。這些政界人士的目的是，想把張學良的東北軍拖出本土，而隨張學良深入中國內地；滿蒙的對日關係也成正比例地趨於惡化。

在東三省這樣的空氣中，日本對張學良的交涉，自然非常困難。滿鐵理事齋藤暫住奉天，就張大元帥撤退北京前對山本總裁答應的建設五鐵路問題進行交涉，林總領事也從旁協助。不過，對於正式開始談判的時間和題目，總領事跟想早日交涉的田中外相和森次官見解不同。事實上，還沒解決濟南事件以前，就開始重要的交涉，不但達不到目的，而且將徒增刺激中國官民，助長抗日氣勢。所以林總領事認爲，開談的時期，要看解決濟南事件的時間，和對於滿鐵的鐵路第一主義，主張以商租權的實施爲交涉的中心議題。可是在這期間發生易幟，與國民政府合併，楊宇霆被暗殺，國民黨公然出現於東三省，對於鐵路交涉，張學良則開口閉口說要請示南京政府，廻避有責任的答覆，始終推延。

眼看交涉遲遲不進而發脾氣的田中外相和森次官，以必要時不惜動用實力爲前提，於一九二九年年初，以內部訓令方式，命令就地迅速解決鐵路和商租權問題，必要時可動員警察力量，作成具體方案。滿鐵的理事齋藤良衛，陸軍的特務機關長（秦眞次）和我各爲其負責人，會議結果，向東京呈報了一個試行方案。這個方案，遵照東京的意思，在最壞時將強行的前提下，具體地決定了建設鐵路和實施商租權的順序；預定的日期，警察的配置，爲因應萬一時與軍方的聯絡等等，準備東京一下命令，便可立刻採取行動；可是沒料到，此時竟發生了非戰條約的問題。

田中內閣的致命傷

一九二八年八月，在巴黎簽訂的非戰條約文字中，有「以人民之名……放棄戰爭」的字句，這句話成為侵犯日皇大權的重大內政問題，對於自始就負責簽訂這個條約之交涉的田中內閣是個致命傷。如果再有外交上失敗，內閣勢將垮臺，因此田中外相遂對總領事館訓令說：「政府將出於大公無私主義，所以還沒有政府的任何指示以前，暫時不要採取新的措施」。如此這般，起初有如脫兎之田中內閣擬打開對滿政策的幹勁，到後來猶若處女，不僅沒有達到其所預期的目的，並且祇助長整個中國的排日風潮而已。

日本軍民開始亂來

繼田中之後而成立的濱口（雄幸）內閣，幣原又出任外相，以改善滿洲的空氣為先決條件，大體上採取靜觀的方針。但限於鐵路問題，在總裁仙石貢之下，起用駐捷克公使木村銳市為理事，並令其從事折衝，惟還是沒有什麼進展。與鐵路交涉的同時，總領事館透過大倉組，向東三省交涉，要其由日本購買飛機和聘請航空教官。但這不祇不順利，張學良更秘密地向法國購來飛機，請來法國軍人教官，使日本軍部無地自容。

於是第一線陸軍的態度逐漸強硬，反張空氣便反映在打破歷年慣例，而無通告地演習，演習包圍奉天城，拒絕中國軍人進入附屬地等瑣碎問題上。自從板垣（征四郎）大佐來奉天擔任聯隊長，不久即到旅順去就任關東軍高級參謀以後，這種傾向，更加顯著。不但軍方，連關東廳方面，田中內閣時代所任命的長官木下（謙次郎），也不齒幣原外交的靜觀主義，而竟公開說：「（日本）帝國不能托外交於霞關的電信文學」（霞關是日本中央政府所在地，通常意味著外務省─譯者），並於一九二九年初夏，違反政府不干涉內政的方針，半公然地援助亡命於關東州內的張宗昌出動山東，而民間的浪人們，譬如張宗昌的嘍囉小日向權松一黨，則在奉天城內計劃爆炸，闖進市政府，撤除公園等公共設施等等，胡作亂爲。

無法解決三大懸案

但總領事館最耽心的，還是軍方本身的背面動態，亦即憂慮會不會假統帥權獨立之名，秘密地出於獨自行動。其心情，實有如處身噴火前的休火山山腰害怕其爆發，也恰如抱著定時炸彈過日子。面對這種情況，爲著從旁促進鐵路的交涉，同時尋求些「安全瓣」以緩和正在興奮的軍方空氣，進而製造滿日雙方能就其根本關係，從大局來談判的機會；總領事館決定不以交涉方式，片面地解決以下三大懸案：一、解除擅自入侵關東州與滿洲領土間中立地帶之東北軍武裝；二、撤除橫斷奉天榊原農場而舖設的北陵遊覽鐵路；三、奉天十間房陸軍用地問題。

由於這些問題，美國文獻既有所提及，也曾轟動內外於一時，故略述如左。

榊原農場問題：榊原農場問題是，留滿日僑中無人不曉的長年懸案。農場所有者榊原政雄是京都同志社大學出身的知識份子，做過牧師，爲人近乎狂暴。不知道從那裡弄來的，他擁有從奉天城內到包括商埠地全部的廣大土地地券，因而一再主張這些土地的商租權。主張整個城市的權利，當然是神經病，所以，總領事館祇承認其所主張位於奉天郊外，面向北陵之農場的商租權。

榊原很不滿意總領事館這種方針，以爲不承認這樣確實的權利，日本憲警乃等於公認了殺人強盜，而在其門口掛上殺人強盜許可所招牌，亂殺放牧上述土地內外國人的牛馬，使日本憲警束手無策。不過在實際上，日本於一九一五年的條約雖然獲得了商租權，但東三省官警之不大願意付諸實施，榊原的胡來可以說是很大原因之一。

當時，張學良在北陵傍邊，建造一所漂亮的西式別墅，爲了來往別墅和到位於北陵途中的高爾夫球場，他特地改修其道路，禁止汽車以外的人畜通行，爾後，橫穿榊原農場，建設了北陵遊覽小鐵路。總領事館曾數次要求東三省當局撤除；但他們置之不理。因此，忍不住的榊原遂雇用浪人，以實力把它撤去。總領事館本身，既再三折衝過，所以祇把榊原的意思通知東三省當局，並沒有制止榊原的行動。惟撤除當天，爲防止發生不幸事件，曾派興津副領事，率領相當數目的武裝警察趕往現場；中國當局也採取同樣措施。所幸沒有發生任何事故，就把小鐵路撤除。

由於榊原農場靠近滿鐵北行線，因此知道總領事館意圖的陸軍，據說沿其軌道配置了武裝士兵，而根據興津的報告，炸死張作霖事件的重要人物東宮（鐵男）即在現場指揮撤除工作。興津在中國生活多年，既有膽量，又富機智，一九三二年春季，通化的公安隊叛變時，他跟三百名左右日僑，在反叛隊伍重圍中堅持了二十幾天，竭盡其計謀，終於把這些日僑拯救出來。

十間房陸軍用地問題：在奉天滿鐵附屬地與城內之間，有名叫商埠地的特別地區。本來，奉天是條約上的開放地，列國對於包括奉天城內的整個奉天地區，主張外國人的居住和營業權；對此問題，中國當局說，中國所約定的祇是開放奉天這個事實，而為了方便外國人居住，中國才特別開設商埠地。中國要把日本人趕出奉天城外，歸根結底，實起因於其解釋的不同。

在這個商埠地的一角，鄰接於滿鐵附屬地的地方，有面積相當大的所謂「日本陸軍用地」。它與奉天的日本人花柳街和十間房為鄰，故以十間房的陸軍用地馳名。日方主張說，這是陸軍沒收日俄戰爭之際，做俄國間諜之某中國人的土地，轉讓給滿鐵的；而滿鐵則為了擴張附屬地，希望早日完成水電工程，以便編入附屬地。

相反地，東三省當局主張，這是李聘三的土地，所以不但要求歸還這筆土地，而且出於將以實力阻止滿鐵工程的態度。因此，中日雙方的武裝警察，曾經衝突幾次。由於這種原因，吉田總領事時代，曾命令滿鐵停止工程，因而引起日僑對總領事館非常不滿。我覺得這不是辦法，於是說服李聘三，由滿鐵以五萬五千元，向其承租這片土地。可是，東三省當局却認爲，對於商埠地內的土地，並沒有予個人以承租的權利，要承租，必須經過政府許可。因此不承認滿鐵與李聘三之間的承租契約。總領事館以滿鐵既與李聘三有承租契約，自可進行工程，而同意滿鐵於撤除鐵路的第二天開工，所以不到數旬，便建設成很好的街道地區。

東北軍入侵中立地帶：日俄戰爭後的條約，在關東州與滿洲領土的鄰接地區，設立中立地帶，並禁止中日雙方駐屯軍隊；由於沒有軍隊，土匪便以這個地區爲根據地，爲非作歹。接獲張學良任意進軍中立地帶之情報的總領事館，認爲祇以交涉解決問題，對東北軍的威壓太小，所以準備一併榊原農場和陸軍用地兩件，而且能以解除武裝的強硬手段來解決。於是對東北當局祇先抗議；對於外務省，爲避免上方的注意，以簡單文書提出報告，沒有使用電報，可是却因大阪每日新聞特派員的電報，而爲外務省所知悉。外務省以不能默認侵害條約上權利，命令即時交涉，因此總領事館遂就這個問題，開始談判，最後限期日並暗示將解除其武裝，至此東北軍纔撤退而去。

這些問題的解決，日本僑民以總領事館採取了強硬手段而非常滿意；但張學良却柳樹順風，完全不理，所以日方不僅沒有能夠創造彼此好好談判的機會，而且徒爲刺激排日的大本營東北大學學生，更促成其創立東北外交後援會而已。

與此同時，一九二九年七月，張學良意圖收回中東鐵路的蘇俄權益，並出於武力干涉；

這表示張學良對收回在滿外國權益的決心。美國政府似有意基於剛簽訂的非戰條約，出面調停；而隨局勢的演變，日本或許需要保護日僑，因此我便前往北滿兩個月，觀察情勢的發展。惟由於蘇俄的反擊，張學良不但未能達到目的，並且因爲十二月對於滿洲里、海拉爾沿線一帶的攻擊，而一敗塗地。如此這般，此時日本的權益雖然沒有受到損害，但上述擬以武力收回權益的計劃，對於日本在南滿地位，自是一大警告。滿日關係，由之遂愈往緊張的方向發展下去。

譯註

註一：第一次若槻內閣提出辭職不是一九二七年三月中旬，而是該年四月中旬；田中內閣成立於一九二七年四月二十日。

註二：這是指一九二七年三月二十四日，英國和美國軍艦砲轟南京的事件。

九一八事變陰謀

蓄意製造中村事件

在不安的情勢下，奉天總領事館認爲，清算俄日戰爭以來全部滿日關係的重大時機，一定到來；因此再三向政府建議，爲早日獲得根本上解決，應該進行政治交涉。一九三一年初冬，外務省派來整理文書專家，同時與滿鐵涉外部合作，開始整理奉天總領事館開館四十年以來的龐大紀錄，以做開會所需事務上的準備。

尤其需要整理的紀錄是，在國內認爲是當然權利之「日本既得權益」當中，譬如撫順、安東、營口的滿鐵附屬地，安奉線的警備權，對於關東州內中國人罪犯的司法權等等；其在條約上的根據很是薄弱，而日本政府却把它當做既成事實，或認爲是長年的慣例而確立的事態。

加以一九三一年（民國二十年）七月，長春的東北萬寶山發生驅逐朝鮮農民事件，繼而發生殺死中村震太郎事件，這時滿日關係的惡化，已達於極點。

關於這兩個事件的內容和經過，社會上已經發表很多，因此這裡，不擬贅述。不過，中村大尉隱藏軍人身分，用農業技師名義申領護照，以及因爲土匪跋扈，洮索地方在護照上屬於禁止旅行區域，無可否認；但日本軍人之被殺害，却也是鐵的事實。同時，對於限制旅行地區，無論中國當局怎麼說，就在中國具有「治外法權」的日本來講都無法承認；不管護照上如何寫明，日本人在中國實擁有旅行的自由，這是日本政府的解釋。因此，日本人在中國旅行中發生傷害事件的時候，則認爲這是中國政府欠缺維持治安能力所導致，把責任完全推給中國政府，而要求賠償，這是日本政府一貫的作法。

因爲工作上關係，與中國官兵接觸機會較多的，昂昂溪日本料亭的日本女子植松菊子接獲中村大尉被殺害情報，向陸軍當局報告後，陸軍遂派遣片倉衷大尉前往現場從事調查。片倉經過調查結果，獲得中村的手錶等許多物證外，並帶回來萬一中國方面否認時，將要利用的一個下手人；所以林總領事於八月十七日便帶同領事森岡，往訪奉天省長臧式毅，正式開始談判。

由於這種時機和這種事件，總領事館深怕給予關東軍出兵的口實，因而希望早日把它解決。張學良當時居住北京，留守奉天的臧式毅是日本陸軍士官學校出身的，對於中日關係和日本陸軍都有充分的知識，因此非常重視這個事件，並與參謀長榮臻商量，而以很有誠意的態度參加談判。可是，南京政府不必說，連東三省官警當中也有不少人說，這是日本陸軍的陰謀；對此事件的本質和將來的發展性欠缺認識。迨至奉天的中國新聞，發表了下手人的所屬部隊屯墾軍第三團批評日本的聲明書後，日本官民的憤怒終達於頂點。

於是臧式毅省長遂派調查員前往現場調查，但對調查員的報告不滿意，因此加上法務官而派出第二次調查隊。在九月十八日下午的談判中，根據法務官的報告，榮臻參謀長對森岡領事說，中村大尉之被正規軍鎗殺固然是事實，惟由於中村大尉想逃跑，所以從背後予以鎗殺；所謂「虐殺」，不是事實。是即如上所述，對於事實的認定，中日雙方的意見有很大距離。因此，中國當局所應負責任的限度，也就隨之而將有所差異，因而日方認爲還有繼續交涉的必要。

事變前夕處處陰霾

此時，奉天總領事館覺得，對於軍方的行動，有幾件事值得特別注意。一九三一年春天，他們從海城的砲兵隊，把一門大砲於夜間秘密地搬到奉天，放在守備隊。據說這門大砲的砲口朝向奉天城內，而調查結果，發現日軍用東西把大砲蓋起來，以欺騙人們的耳目，但架設了大砲却是事實。中國外交特派員再三向總領事館抗議，日本兵從滿鐵線鐵路堤上偷窺北大營營房，演惡作劇（在這附近，繼爆炸鐵路之後，發生北大營的攻擊）。

當時剛履新的關東軍司令官本庄繁正在巡視沿線，而在遼陽車站，司令官出發之後，竟還在準備裝甲車的出動。奉天附屬地內的軍人太太們之間流傳著，一旦有事水源地可能被爆炸，須早準備挖井的謠言。事實上，當日關東軍一架飛機也沒有，而東北軍却有甫由法國購來的幾十架新式飛機，而且飛行員的教育也告了一個段落，所以附屬地之轟炸，不是不可能的。

發生「九一八」事件的前幾天，外交交涉署暗地裡通報說，參謀本部的森赴少佐與花谷正少佐同道往訪臧式毅省長，就中村事件嚴重談判後，暗示將以武力解決。於是我警告了軍方的輕率行動；而他們却答說，祗以中村的朋友身分，私下談話而已。但由此，當可窺悉軍方意向的一斑。

可是八月十七日，撫順的警察署長寺田却專程來到奉天報告說，撫順的守備隊指示他，十八日拂曉，將在占領奉天城的假設下舉行演習，因此希望警方草擬保護僑民、避難和維持治安的計劃。又十八日下午，安東的警方來電話報告說，參謀本部的建川（美次）少將搭乘普通火車前往奉天，車中有一個旅客叫他「建川閣下」，但這個人却慌張地否認：「我不是建川」，但他一定是建川。由於我聽聞過建川與三月革命（譯註一）的關係，所以不能不特別重視建川前來奉天。

總之，綜合上述這些情報，實在令人預感，近日間軍方將會有些什麼行動；而滿鐵的理事木村也與我同感，因此我倆便聯袂往見林總領事，請他格外留意，並建議立刻採取防患未然的措施。惟可能因爲林總領事曾於兩三天前，親自與司令官本庄就東三省情勢，及其對策等交換過意見，因此不像我們覺得局勢那麼迫切，以爲這只是大規模的演習計劃，而祇以私信喚起旅順的司令官本庄注意而已。可是，林總領事的私信却爲旅順的參謀所扣留，在司令官還沒看到此信之前，就發生了柳條湖的鐵路爆炸事件。

軍方使館蠢蠢欲動

由於對中村震太郎被殺害事實，中日雙方的認定有很大距離；因此從九月十八日下午起，總領事館的高級館員便召開秘密會議，討論善後措施。討論的中心議題是，日方所提出的要求條款，亦即正式謝罪、賠償損害、處罰負責人和將來的保障，尤其是爲防止這種事件的再度發生，特別把重點排在「將來的保障」。不過這種交涉，所謂將來的保障，往往是當場的約定，而大多會變成空頭支票，所以這次的重點，便放在要如何把它具體化，和怎樣確保其保障。關於其對策，領事藤村俊房力主奉天城的保障占領；而藤村之所以這樣主張，似來自出兵山東兩次之際，他出差濟南的經驗。

反此，我主張長年未得解決之洮南日本領事館應即時開館。內蒙古的洮南和鴨綠江上游帽子山領事館的開設，在原則上中國方面雖然同意了，但却一直不肯實行而成爲長年懸案；如果在洮南開設領事館，日方對東三省當局不僅能夠增加威信，而且在要使對方撤回洮索地方旅行的禁令，能夠獲得等於在現地設置監視機關的同樣效果。不過，從過去複雜的經緯，中國當局的面子，和把外交權已經移給南京政府這些事實來講，要獲得東三省當局的同意，恐怕比登天還要困難。

但是，在當時那樣迫切的氣氛中，如果不能急速地取得東三省的同意，日方實祇有在武裝警察的保護下，獨自派出領事赴任。幸好在洮南有滿鐵事務所，暫時可以利用它作爲領事館辦公廳。赴任時，東三省當局或許會以武力來阻止，如果對方主動地惹起武力衝突，日方自大可以名正言順地請求軍方出動。如果爲占領奉天城而請求立刻出兵，將徒給軍方求之不得的口實而已。經過種種討論結果，總領事館的意見與我的想法大致獲得一致。至於赴任的領事，則決議交由有濟南事件經驗的領事藤村，藤村表示祇要外務省和陸軍同意，他願意接受，因之決定與軍方協商後再議，而於晚上八點鐘左右散會。軍方沒有參加的總領事館會議，尚且瀰漫了最後還是得使用兵力的氣氛，滿洲情勢的危殆自不難想像。

柳條湖滿鐵線爆炸

負責與陸軍磋商的是我，而我又很想確知建川少將的下落，所以我找遍了軍方各機關，奉天城內主要的旅館和料亭，但我終於未能找到特務機關長土肥原前往東京期間，主持中村大尉喪事的花谷少佐。當天晚上，林總領事去爲其朋友守靈，我一個人留在官邸，大約十時四十分，特務機關突然來電話說，中國軍爆炸了柳條湖滿鐵線，軍隊已出動中，要我趕快去。我直覺事件將擴大，於是給總領事留話的同時，我對全體館員發布緊急召集令，要他們準備開夜車，趕往特務機關。

特務機關內，在通亮的電燈下，以應該老早就隨從司令官本庄離開奉天的關東軍高級參謀板垣征四郎爲中心，參謀們正在忙著。板垣大佐聲稱「中國軍破壞了我重大權益的滿鐵線，因此軍隊已經出動中」，並要總領事館予以合作。我問說：「軍隊的命令是誰下的？」板垣答說：「因爲是緊急突發事件，司令官又在旅順，所以我代行了。」我覺得軍方的行動可疑，但沒證據我不敢講出來，而祇一再強調當以外交交涉，和平解決，並說：「既然出動了軍隊，我一定要以外交交涉，實現奉天城的平時占領。」對我這句話，板垣大佐大聲反問我說：「現在已經發動了統帥權，總領事館想插嘴和平干涉統帥權嗎？」而在座的花谷，更在我面前拔出軍刀，並恐嚇我說：「對於欲插嘴統帥權者，我將不客氣！」在這種狀況之下，自不能協議什麼，因此我便回到總領事館。我將一切經過，向總領事提出報告以後，遂著手電報東京和採取保護僑民的措施。

沿線各地軍隊出動

那天晚上，明治大學出身的東三省最高顧問趙欣伯博士再三來電話請求說：「中國方面將出於不抵抗主義，所以請日軍即時停止攻擊。」因此每次都由總領事或我，轉達板垣對方的意思，但都沒有任何反應。我們與沿線的領事館以電話聯絡結果，得知各地軍隊都已出動，事件並非局部的，而在逐漸擴大；因而總領事館遂進入非常時期體制，停止一切領事事務，暫時延期司法事務，全體人員辦理有關柳條湖事務。我主持與第三國和陸軍折衝，館內事務則完全由領事柳井恒夫（日後任駐哥倫比亞公使）負責。

當時，國際聯盟正在開會，因此時時刻刻直接向日內瓦、倫敦和華盛頓拍電報，電報事務的輻輳非常之大。但對於僑民的措施，如果太早發布撤回命令的話，恐怕祇有動搖幾千住在商埠地區的朝鮮人，因而暫緩辦理。尤其是要撤回居住城裡的日本人，其人數雖然不多，但因爲是深夜，很容易發生意外事故，因此沒有馬上實行。而向對城內開始行動的聯隊，非正式探詢結果，得知他們並沒有砲轟城牆的企圖，所以便指示城裡的日本人集合滿鐵公所（主管滿鐵公共關係的辦事處）和日本紅十字醫院等兩三個特定場所，以待第二天的命令；而祇令商埠地內日人小學，把日皇照片繳還總領事館。

日軍到處搜查榮臻

在這期間，總領事館前面，有過因爲日本兵襲擊中國警察派出所而發生些小衝突；總領事館上空，砲彈不斷地往城裡飛，砲聲隆隆，館內的玻璃窗震動個不停。從總領事館走路大約二、三分鐘距離的奉天俱樂部，當天晚上外國人曾有集會，日方由領事三浦和一（日後做過克羅亞加代理公使)出席。根據他的說法,在俱樂部前面,有部汽車被鎗擊,一個中國人被一顆貫穿玻璃窗的子彈打倒,但外國人都沒受傷。大概是日軍想逮捕榮臻參謀長,到處搜查,而連累到旁人的結果。

我忙於接應內外記者和外國領事,館員團團轉於跟沿線各地領事館的聯絡,與東京的無線電聯絡和拍發電報。又,最先報導爆發柳條湖事件的是「電通」,不是「朝日新聞」或「每日新聞」。這是電通的大西(齋)分社長(後來轉到滿洲國通信社,戰後被蘇俄扣留)意料軍方一定會檢查,所以用電話報到漢城,由漢城轉發回去的。這說明了富於機智者,應該領先。

使領人員受到威脅

這是九月二十日,深更半夜的事情。前後兩天沒有回家,而不眠不休的我,這天早點回家,並提早睡覺,迨至夜半,突然有人邊叮噹軍刀,用力敲門說:「我是軍方派來的,趕快開門!」內人出去開門,發現帶有酒氣的花谷少佐來勢洶洶,於是按了裝在官邸的領事館警察的緊急鈴,因此官邸遂爲武裝警察所包圍。我穿睡衣出來跟花谷見面,他竟盛氣凌人地說:「政府之所以禁止朝鮮軍越境,是因爲總領事館發出中國軍沒抵抗的電報。如果要打出這種有害無益的電報,我將派一個小隊(等於中國的排)士兵來搗毀無線電辦公室,在閣議席上，幣原外相提出中國軍既然沒抵抗，日軍自應該停止攻擊的意見，這是由於上述總領事館錯誤電報所導致，我不想在這裡鬧，祇因爲跟你認識，所以特別來告訴你。」

我對他答說：「趙欣伯再三來電話講，中國要採取不抵抗主義，請趕緊停止日方的攻擊，因此照這樣打出電報。我們曾將此事轉達板垣。中日雙方軍隊既然正在交戰中，自不可能拍出中國軍沒抵抗，沒交戰的電報，這以常識也可以判斷。」而爲了愼重起見，我令他與總領事會面，然後他才回去。

可是翌日中午，片倉衷大尉提起林總領事寫給司令官本庄的私信，而直接向總領事抗議說：「總領事妨害了軍事行動。你把柳條湖的爆炸當做軍方所爲。」總領事私信沒交給司令官本庄，而似爲參謀所拆閱；片倉的口氣是，對於軍方的陰謀，隻字不提，日本政府之所以牽制關東軍行動，完全是總領事的唆使。

軍方對總領事館的態度，由以上所述一兩個例子，就可以如道如何險惡，而軍方的鷹犬浪人羣陸續由日本國內來到奉天；加以因爲一九二九年春天，城內爆炸事件而受到驅出處分的小日向權松一行也前來奉天，因此警察要我特別注意我自己行動，尤其林總領事和我，如果沒有警衛則不許外出。

日本政府弱點暴露

在另一方面，東京的滿鐵分社，接到長春正在準備軍用列車開往哈爾濱的電報。年輕的參謀們認爲這個電報，係由木村理事所策動，所以對木村非常怨恨，並說要以軍法會議來埋葬他。木村一直排除軍方的強硬方針，熱心於鐵路的交涉；尤其發生事件的前兩三天，乘新總裁內田康哉來到奉天的機會，就鐵路交涉問題召開滿鐵、軍方、總領事舘聯席會議。會中，木村曾以其淵博的見識和獨特的說法，把年輕的參謀們駁得體無完膚。自此以後，軍方對於木村的抨擊，遂日見激烈。同年十二月，林總領事爲轉任駐巴西大使離開滿洲，木村也大約於這個時候回東京去了。而這兩個人之離開滿洲，便是日本中央政府受著關東軍牽制的最好證據，也名副其實地證明了日本中央對於處理九一八事變之無魄力和無方針。

發生事件當時，我一直以爲建川少將是來煽動事件的，但綜合爾後的情報，纔知道日本政府獲悉關東軍有陰謀計劃，而派遣建川前來阻止。原來，主謀者們計劃肇事的並非九月十八日，而是九月二十八日；惟事機洩漏到東京，自刻不容緩，不如當日實行，於是將十八日抵達奉天的建川帶到料亭，予以「禁足」，當天晚上就幹起來。不過建川似無意阻止他們。

同天晚間，總領事舘開完會議後，我曾想盡辦法與軍方聯絡，到處找他，但始終不知其下落。這等於說，我在找他的時刻，正是軍方專心於謀略的時候。

製造事件的主謀者

有人把那天晚上因為關東軍命令，即時出動的守備隊長（獨立守備步兵第二大隊長—譯者）島本正一中佐，和聯隊長平田（幸弘）（步兵第二十九聯隊隊長—譯者）當做主謀者的一夥，但事實上參加計劃的是板垣等兩三個人，加上東京參謀本部的重藤千秋大佐，和橋本欣五郎大佐等聯絡人；而其秘密，似由黑龍會方面洩漏出來的。為了島本和平田的名譽，在這裏我要鄭重說明：他們兩位事先毫不知道事件的計畫。

九月十八日晚上，附屬地內的大和旅館東拓有過宴會。我們總領事館館員，因為該日下午會議開得太長，所以都未能出席；島本出席這個宴會之後，稍醉睡覺中，接到命令立刻出動的。又，關於爆炸鐵路者，迄今為止，雖然還沒公開，但實際上是特務機關附今田準太郎大尉（日後升為少將，戰後病歿）率同滿鐵養路工，以手推車到現場命令其爆炸；但忠於職守的養路工却抗議說：「保護鐵路是我的任務，我不能破壞它」；今田拔劍加以威脅後養路工纔把它爆炸。而爆炸距離之所以那麼短，就是由於這種原因。

李頓調查團的採證

美國總領事館的領事溫森（後來出任主管遠東事務的助理國務卿），精明熱心於工作，事發當夜，直至深更，他再三來找我，以蒐集情報。他所提出的第一個問題是，出發長春的南行列車，通過爆炸地點是在爆炸前，還是爆炸後。這是我一點也沒有留意的問題。由於我實在不知道，所以約定調查後再答覆他；後來轉告他軍方說是爆炸以後。

在我印象中，他好像到滿鐵奉天車站去調查過的樣子。幾天後，美駐哈爾濱總領事韓遜奉美國政府命令，偕同駐北京大使館秘書索斯柏利前來調查；對於他們，島本詳細地就現場情況作了說明，並答說列車通行於爆炸之後。但沒多久，在日僑之間却傳出通過於爆炸之前的風聞；翌年七月，李頓調查團來滿洲的時候，爲了求說法的一致，軍方、總領事館和滿鐵會經協議，結果決定這樣說：「爆炸地點的距離很短，因此列車傾斜徐行而過」。李頓調查團完全沒有提到這一點，而李頓爵士獨自與我非正式會見時又說，調查團的使命是要如何收拾事變後東三省的局勢，因而沒追究爆炸的責任問題。同樣地，對於張作霖被炸死事件，也祇聽取我的說明而已。

占領滿洲的前奏曲

要之，柳條湖事件決非單獨的突發事件，而是事先準備好的占領滿洲之計劃的前奏曲。當時，在日僑之間，對滿強硬論是一種常識，並不稀奇；但特務機關的花谷和主要的年輕軍官們，却時或討論滿洲合併論，甚至於主張（滿洲）獨立國家論。但我以這是青年軍官的大言狂語，他們的意圖頂多是以武力解決重要懸案，而名副其實地把滿洲歸於日本的實力之下而已；因此認爲，祇要能解決兩三起重要懸案，他們的態度自會緩和，軍方首腦由之更能抑制這些年輕人的胡鬧計畫。

可是，柳條湖事件一經爆發，我遂直覺花谷平常所言，絕非大言狂語。與發生事件的同時，沿線的全部軍隊便羣起出動；軍事行動甚至於擴大到遠離滿鐵沿線的吉林。九月二十日，土肥原就任奉天市長（司令官本庄曾事先諮詢我們的意見，我以對外關係的觀點反對它，關東軍法務部長大山文雄從國內法規的立場也予以反對）。從這些事實，我判斷這絕不是一個地區的事件，更不可能很快就可以收拾的。至此，我更不得不重視青年軍官的中心人物，具有爽直、從不隱藏開放性格之花谷的存在。

關東軍計畫的秘密

從發生事件以來，軍方對於總領事館具有極高度戒心。他們不但視我們爲妨害軍事行動者，而且把我們當做幣原外交的代言人；所以我們爲探悉軍方的眞意而費盡了苦心。不過，我從爲關東軍所最信賴，且與土肥原進入市政府工作的守田福松君處，獲得軍方祇印幾分，編有號碼的極機密文件，因而得知關東軍計畫的全貌。

守田是熊本縣人，日俄戰爭之際，以看護兵身分從軍，曾爲乃木希典上將所非常信賴，這點可以乃木給他的幾封信爲證。戰後，他獲得醫師資格，在奉天開業，爲滿洲人所信任，同時擔任日本僑會會長（奉天跟其他都市不同，在奉天，日本人和朝鮮人屬於同一個僑民組織），多年來爲增進朝鮮人的福利做了不少事。郭松齡叛變時，他以侍醫臨陣，所以郭亡後，一般中國人因爲對張作霖的顧慮，不大願意跟他接近；但由於多年來的工作關係，他在東三省官場擁有許多知己的朋友；諸如于沖漢、臧式毅之參加滿洲新政權，大多在他的策劃之下而實現的。

部署占領整個滿洲

根據我從守田所得到極機密文件，關東軍不僅預定占領自山海關至滿洲里的整個滿洲，並且對於全滿洲的行政、財政、金融等一切部門，決定了方策和機構的大綱，更就與第三國有關係的關稅、鹽務和郵政的處理也訂立了方針。我對於事變後由東京特地派來的外務省亞細亞局課長守島伍郎（戰後當選過日本國會議員），除詳細說明這個極機密文件的內容外，並以我個人意見，告訴他宣統出馬的可能性。守島曾一一記下來，但回去以後，他對外務省上司如何轉達我的說明，中央政府當局對我的報告做怎樣判斷，迄今還是個疑問。或許跟我輕視花谷等人平常的大言一樣，外務省當局認爲我的報告過於誇張也說不定。

時至今日，我還是覺得，外務省當局如果認眞接受了我的說明，在處理事件上所採取的措施，不但不會常常慢一步，從而在某種程度上能夠制肘和指導軍方也未可知。

青年軍官控制軍部

第一線軍方的作法是，為實現預定的計畫，以不管中央不擴大和局部解決的方針，擅自造成既成事實，俾硬把中央拖下去。這些中堅的青年軍官且主張，中央如果不贊成他們的意見，他們甚至於不惜放棄日本國籍，做滿洲人以貫徹他們的抱負。發生事件後沒多久，為直接傳達政府的方針，中央派來了參謀本部部長橋本虎之助少將、遠藤少佐和今井武夫大尉（盧溝橋事件當時駐北京大使館助理武官）來到奉天；但關東軍却把他們關進設在東拓大廈裏邊司令部中，而且不許他們自己拍發電報。

盧溝橋事件當時，我跟今井在北京一起工作過，當我倆談到那時情況，今井則回憶說：「我從沒受過那種侮辱」。以板垣大佐為首，石原莞爾中佐、花谷少佐、片倉大尉四個人實際上控制著關東軍，司令官本庄和參謀長三宅（光治）不過是傀儡；司令官本庄的約定，日後可以取消，但片倉大尉的一言一句，却得名副其實地當做關東軍意思來澈底執行，這是當日關東軍的眞正形象。

土肥原成恐怖象徵

又，土肥原被中國人稱為「土匪原」；在洋人之間，則被喻為「滿洲的羅倫斯」；人們說，土肥原所到的地方必有糾紛。他懂得各種土話，所以有被利用爲工具的傾向。性情單純的他，大多爲中國人所愚弄；而他所搞陰謀當中，獲得成功的祇是拖出溥儀一項；後面將敍述土肥原、秦德純協定，和冀東防共自治政府的成立。

板垣這個人腦筋並不好，惟他不管好壞，凡部下所建議的都採納，並能付諸實行；因此爲其部屬絕對信任。總之，土肥原和板垣曾予中國人以很大恐怖，中國報紙甚至於公開報導說，祇要聽到板垣、土肥原的名字，婦女和小孩都不敢再哭。

藉辭修橋出兵嫩江

發生事件前幾天，因爲宋子文的慫恿，公使重光（葵）偕宋子文來到滿洲，擬加上張學良和剛上任的內田滿鐵總裁組織委員會，建議根本調整滿蒙問題的方案。惟這個方案，由於發生事件而流產；重光遂向日本政府建言要特別留意：「北方，關東軍北進後與蘇俄的關係；南京，海軍的行動。」我覺得這確是眞知灼見。

事件發生翌日，日本政府雖決定了不擴大局勢和就地解決的方針；但當地的情況却並不那麼簡單。因爲，滿鐵沿線各地的關東軍都已全部出動，而且到達遠離沿線的吉林方面。由於中央曾一度命令阻止朝鮮軍越境，故二十一日由司令官林銑十郎獨斷專行，當然是與關東軍秘密商量好的。十月十八日，日本空軍轟炸錦州，曾引起世界輿論很大衝擊。長春準備北行的列車，由於滿鐵、中東兩條鐵路路軌規格不同，技術上既需要調整，同時為了對蘇交涉上又不便太快開動，因此軍方曾一時中止進攻哈爾濱，轉向齊齊哈爾，由是獲得機會和口實，提出修理嫩江鐵橋問題。

連接洮南與位於齊齊哈爾入口之昂昂溪的洮昂線是一九二七年由滿鐵所完成的鐵路，由於東三省還沒付工程費，所以滿鐵擁有擔保權，事實上它被視為滿鐵的財產。趁屬於這個鐵路的嫩江鐵橋遭破壞的機會，關東軍於十一月上旬派出修理班，可是黑龍江省軍却違反約定向他們開鎗；為保護該修理班纔出兵，這是當時關東軍的聲明。從關東軍的做法，其出兵目標之為齊齊哈爾，是顯而易見的，而如衆所逆料，關東軍於十一月十九日進占齊齊哈爾以後就不撤退了。

擔任嫩江戰鬥的是弘前（青森縣——譯者）的師團，由於裝備不夠，士兵太過自信其能耐寒，丟掉防寒衣具而猛進，結果不斷出現凍傷者；因而竟不得不動員婦女會會員來幫忙治療被後送到奉天的傷病士兵。凍傷者不斷增加，甚至於引起這是參謀部的過錯呢，還是軍醫部的疏忽這種責任問題，而結論是，沒有預測到的狀況。又據說，卡車也冰凍得不能使用。鑒於既然有在青年團敢公開說，有兩百萬支竹槍就不必怕跟蘇俄打仗的陸軍大臣，上述馬馬虎虎的情事是很可能的。

娘子軍被送來送去

此外，齊齊哈爾領事清水八百一，在軍方進城齊齊哈爾前幾天，倉惶趕來奉天，經我介紹與板垣參謀會面。他向板垣說，祇要軍方不以飛機轟炸，齊齊哈爾的治安不會有問題，日本僑民也並不覺得危險，所以要求軍方能妥善處理。但板垣卻自始就計畫攻打齊齊哈爾，因此沒理睬清水的提議，而假浪人之手，製造爲其慣技的「開槍事件」，從而進攻齊齊哈爾。

哈爾濱的總領事大橋（忠一）從爆發事件就極力主張出兵北滿，而與外務省發生種種摩擦。但清水與大橋爲人不同，平常既與軍方沒有太多聯絡，也沒想過軍方的計劃和時局的將來，而專心於日本僑民生活的照顧。並且他自己又從不上酒家；大橋預料軍方將常駐齊齊哈爾，因此從哈爾濱送「娘子軍」到齊齊哈爾；清水則認爲這將紊亂風紀，而把她們送回去，但大橋又把她們送回來。這些「娘子軍」遂在哈爾濱與齊齊哈爾之間來來去去。

掠奪滿洲全部領土

與此同時，由於與北京、天津的關聯，列國非常重視錦州方面的情勢。撤退奉天之張學良殘部，則以張作相爲首組織錦州政權，並企圖攪亂關東軍背後工作，因此列國遂於十一月底透過駐北京公使，建議與張學良之間，在錦州設立中立地帶，但沒有實現。軍方趁著這個機會，於十一月二十八日出動京奉線，雖曾一度因爲奉中央勅命而停止，但延至十二月底，又開始行動，並於翌年一月初，進占錦州城。又，吉林軍叛變時，關東軍便於次年二月上旬，插足哈爾濱；同年十二月，追擊叛軍蘇炳文而進入滿洲里；進駐北鐵東部線的綏芬河是一九三三年一月；二月開始熱河作戰，三月上旬結束。至此，整個滿洲的領土，遂完全歸於關東軍支配之下。

日本政府於一九三一年九月十九日決定了局勢的不擴大和當地解決的方針。事件爆發之前，日公使重光與中國財政部長宋子文曾準備一起到滿洲，加上張學良和新滿鐵總裁內田，擬以協議根本解決滿蒙問題的方案；事件發生以後，宋子文部長也曾非正式地提議中日直接交涉案。日本政府本來是有意答允的，惟因局勢急速擴大，中國政府遂停止這個提案，並向國際聯盟和美國政府提出控訴。

日本政府束手無策

爾後，中國政府命令張作相、王樹常兩位將軍向日本軍方提出，要協議有關出動附屬地外日軍的撤退，和由中國當局接替維持治安的任務事宜；但日本政府却認爲，應該先討論保護在滿日本僑民之安全的基本大綱，並提出其具體綱目，雙方的主張終於沒有一致。

當時日本政府的方針和聲明，如果名實相符地實現了的話，日本的道義立場和國際地位或許會獲得加強；可是，日本政府卻軟弱無力，不能阻止第一線軍隊的獨斷越軌行爲。而且，對於現地又全然欠缺認識，因此，政府的外交與事實遠離，當地的局勢完全與政府的方針背道而馳。朝鮮軍的越境，雖曾一度被阻止，但在二十二日的閣議，卻承認了陸相南次郎的事後報告，而追認了其越境。

當有人主張爲修理嫩江鐵橋派兵的時候，對於總領事館的建議：「修理鐵橋是名目，修好以後，將假保護現地之名不撤兵；然後對齊齊哈爾日人住家投擲炸彈，以便藉保僑之名進攻；說達到保護目的後將要撤兵，是敷衍的聲明，一進去，他們是絕不會退出的。對於以這些爲前提之修理鐵橋兵的派遣，請愼重考慮。」政府置之未理，原封不動地重覆關東軍的形式上聲明，以致使駐箚國的外交使節大失面子。

無法遏止軍隊越軌

對於進攻錦州也是一樣。十一月底，關東軍依京奉線出兵錦州，我即時直接對駐外使節發出電報，可是外務省卻特意拍出「奉天總領事館的電報是錯誤的」更正電報。關東軍的出動，因爲奉勅命一時停止雖然是事實，但這祇是冬寒在即，由於防寒衣具的準備還不夠充足，中央軍部不想重演出兵嫩江有那麼多凍傷者。雖然有此顧慮，到了十二月底，關東軍再度採取行動，並於翌年一月二日占領了錦州。

當進攻錦州被阻止時，當地的年輕軍官們皆切齒憤慨，認爲是中央的不當干涉和多嘴；花谷少佐更表演了痛哭流涕的戲劇性場面。戰後，遠東國際軍事法庭檢察官季楠在其求訊文中言及進攻錦州時說，日本曾對美國斷言，關東軍進攻錦州的報導並非事實，但以後却實行了，而使美國懷疑日本政府的誠意。

國際信譽一落千丈

日本政府以爲，祇要經過閣議決定，並訓令駐外機構，便能貫徹執行閣議；祇要在閣議取得陸相南次郎的承諾，萬事將如意。然而對於駐外大使、公使，只是就過去的事實反覆說明和辯解，而且與現地局勢乖離的政府聲明和提案，一再地被推翻；所以日本在國際上的信譽完全掃地。

在美國，承受幣原外相作風的大使出淵勝次，由於照轉外務省電報，而被人們污爲「撒謊大使」；反此，很清楚內政的駐蘇大使廣田弘毅，因爲不信賴外務省電報，置之不理，結果非常成功。但對於滿洲實況認識的程度，跟地理上的距離和來往者的多寡不無關係，亦即莫斯科最正確，柏林次之，國際政治舞臺的日內瓦最不行。在國際聯盟奮鬪的大使芳澤謙吉，回國途中路經柏林時由大使小幡（酉吉）得悉板垣、石原的陰謀而大吃一驚。因此，想期待外交使節之適切而有效的行動，簡直是緣木求魚。

要之，若槻內閣對於事變的眞相和將來的展望，自始就欠缺正確的認識，而以不擴大局勢和撤兵到附屬地內爲方針；惟政治力不足貫徹這個政策，所以於十二月上旬，爲改造內閣提出總辭職。

外交上三次反效果

在這一點，不容忽視的是幣原外相和當時外務省陣容。幣原外相理解華盛頓會議後的國際風潮，以及爲實現它而作的努力是沒人能夠否認的事實。但他却跟中日戰爭時的陸奧宗光和俄日戰爭當時的小村壽太郎不同，他太不關心內政，在性格上太拘泥於形式理論了。幣原外交對滿洲的挫折，實來自內政的失敗；照當時社會上議論，甚至於有人批評說，幣原惹起了柳條湖事件。

幣原外相在國會預算委員會席上，曾因爲就倫敦海軍限武條約作形式上答辯說，條約已經蒙皇上批准，從這點來看，國防上的安全應無問題。但，却因此引起軒然大波。現在，我想就我親自經驗的情形作個介紹。

從一九二〇年到一九二三年，我在美國工作期間，快活而好酒的幣原大使，常常跟年輕人一起談笑。有一次一位隨習外交官談到一則滑稽故事，他說：「河那邊的雙親病急，不巧橋上有條瘋狗，橋這邊的一對年輕夫婦將怎麼過橋？」答案是吵架過去。（日本有句俗語說

：夫婦吵架，狗也不咬。意思是說，夫婦吵嘴用不著別人管。這對夫妻如果吵嘴過橋，則瘋狗也不會咬他們—譯者）可是，堅持說理的幣原却說狗不咬是抽象的吵嘴，人肉還是吃的，而並不服氣。這雖然是一場笑話，但我覺得這種形式論，正反映著幣原性格的一面，同時也表現了幣原外交的一半。

幣原外交以與美英協調爲其基本方針，並堅持尊重中國合理要求的立場，惟其太重理想，無視現實，因此反而至少導致了三次反效果。

第一次是一九二三年的北京關稅會議。這個會議一開始，日本全權代表便表明有意承認中國關稅的自主權，使美英和其他國家啞口無言，日本國內輿論也以這是自主外交而熱烈支持。可是，當時的日本並沒能夠容許中國關稅自主的準備，而且這個會議是關稅附加稅會議，根本不必談到自主權。日本此種沒有跟美英打招呼的獨斷行動，纔是英日對於中國乖離問題的開端，可以說是其無視現實的典型。

第二次是一九二七年，國民革命軍迫近南京、上海方面之時。在有如海濤的革命軍勢力面前，英國放棄了漢口和九江租界，但爲了通商上關係，英國堅持保留上海租界，爲此必要時將出兵。當時，英國曾慫恿日本共同出兵，但爲幣原外相所拒絕。如果以共同出兵的方式，表示英日自然的協調，也許能夠預防例如南京事件那種不幸事件的發生，更不會予田中內閣時代以政略出兵山東的口實，而拒絕共同出兵，乃是促使英日乖離的第二個原因。

第三次是一九二九年，任命佐分利（貞男）駐華公使時候的同意問題。當時對於中國公使的任命，沒有一個國家請求對方同意的，但爲了討好中國，幣原外相新開了同意的慣例。這種早於實際情況一步的作法，不但惹起日後拒絕小幡公使的同意問題，並成爲中日邦交上的長久癥結；而且附帶產生領事認可狀問題，譬如哈爾濱大橋總領事赴任的時候，竟引起了中國不同意其執行職務的事件。所以，田中外交如果說是太重現實，幣原外交則算是太重理想了。

門外漢插足外務省

現在，我要就爆發九一八事變當時的外務省陣容作個說明。壯年時代除釜山外，沒有在遠東地區工作過的幣原外相底下，次官是完全沒有遠東工作經驗的歐美派永井松三，亞細亞局長爲谷正之。而且，主管遠東事務的亞細亞局，課長以下甚至事務官皆爲歐美派所獨占。這些人，在外務省自負日本外交在他們肩膀，既輕視其他部局，而且一旦要外派，則規避中國，搶先前往巴黎、倫敦、華盛頓等地。這種朋黨作風和割據主義，在外務省受著很大的非難。而對中國有經驗者多在處理遠東問題的陸軍，其所以批評外務省的對華外交爲電信外交和理論外交，並輕視這種傾向，由上述外務省此種陣容來講，自不是偶然的。

列強不承認僞滿國

九一八事變後，美國由於無法預測時局的變遷，和對幣原外相等人努力的期待，而採取靜觀態度。可是眼看日本一點也不實行公約，局勢日趨擴大，日軍轟炸錦州後，逐漸轉變到壓迫日本的姿態。因此，美國不但派遣觀察員到國際聯盟，與聯盟同其步調，並且於一九三二年一月，正式聲明不承認以違反條約之手段所造成的情勢。這就是美國的所謂不承認主義或「史汀生原則」，是美國就滿政策的基本立場。

英國雖然不全面支持美國的態度，但却也不承認日本的行動。其他列強，尤其是中小國家之非議日本，是聯盟的經過所證明的。惟獨蘇聯這個國家，於一九三二年春天，馬占山舉兵之際，從中立立場，一變而爲禁止黑河對岸布拉哥也貞斯克的中國總領事使用密碼電報；對於李頓調查團調查北滿拒絕予以方便。九月，同意在西伯利亞各地開設滿洲國領事舘，更把北滿鐵路讓給滿洲國，予滿洲國以事實上的承認。

滿洲國政府聲明獨立以後，立刻開始接收海關和鹽務。當然，列國以破壞中國行政權和侵害對外國借款的擔保權而提出抗議；但事實上又沒有什麼對抗手段，所以祇有以不可抗力而默認，郵政也是一樣。但譬如奉天郵政管理局長玻列地（義大利人），斡旋於中國與滿洲國之間，一邊維持中國的體面，把管理局移交給滿洲國，因而由中國和滿洲國雙方獲得奬狀。

這個例子，簡要地說明了微妙的涉外事項的實際作法。正在擴大軍事行動時，軍部所關心的自然會集中於軍事衝突，但缺乏國際知識的關東軍，往往輕視與第三國的關係。因此，當我們提出交涉案件時，便把我們當做第三國的代言人，甚至於時或視爲非日本國民。與此同時，軍部大多把因爲事變或軍事行動的結果，或者由此而附帶產生的事件，認爲是與日本無關之滿洲新政權的問題。這種以形式的理論廻避責任，而不能爲列國所接受。

在滿外人處處危險

列國以爲這是日本的責任，而不管事件之大小，統統拿到日本的外交機關來。以下我想略述主要的對外事件，我尤其要特別說明領事三浦和一的努力。三浦懇切而鄭重的應接以及流暢的英語，贏得了在奉天外國人的讚譽，所以三浦要調到蘇聯時，美英兩國的商會曾對日本政府以電報懇求他的留任。

而最使在滿外人緊張的是，隨處所發生土匪綁架外人的事件。一九三二年九月，在牛莊賽馬場騎馬中的英國人波萊夫人等兩人被綁架的事件，曾轟動全世界。當時如果動用軍隊和警察來營救，反而有危害其生命的危險，但如果不施加壓力，則無法達到營救的目的。必須觀察情況和討價還價，因此日本的各機關，尤其軍部具有維持治安的責任，對於土匪事件的處理也特別熱心。在營救前述兩個英國人時，大阪的俠客，事變後組織滿洲國正義團的酒井榮藏，毅然決然走在軍部之前，爲營救工作出了最大力量。

強制接收大連海關

由於大連海關位於日本租借地關東州內，與純粹在中國領土內的其他海關立場不同，因此如果沒有日本的同意，就是滿洲國也不敢強硬接收；而日本本身，如果公認滿洲國的接收，則將構成違反條約的行爲，所以不能同意。但剛獨立的滿洲國，其財政基礎薄弱，除非確保大連海關的稅收，很難保持獨立。因此任職滿洲國的總務廳次長（亦即總務副長官）阪谷希一和外交次長大橋等人，遂暗中策劃以實力接收大連海關，並獲得關東軍的支持。

我於一九三二年六月，接到前述兩人與關東廳河相外事課長就接收大連海關事宜秘密進行磋商的報告後，提醒大橋至少應該事先與日本政府充分商量。但自柳條湖事件以來，經常無視中央、獨斷獨行的滿洲國和關東軍，自不會重視我的意見。我同時接到一直強硬反對以實力接收大連海關的福本（大山郁夫的弟弟）開始軟化的情報，因而覺得非常難以處理。我絞盡腦汁思索怎樣不損傷日本對外立場而又能解決這個問題的措施，結果發現往年閻錫山在天津接收法國租界內海關的前例。

當時，以普特南・威爾筆名馳名的英國人辛布遜擔任海關長，因爲不堪閻錫山的壓迫，遂與關員背叛中央政府，將海關所有財物、設備，交由閻錫山接收。這時，法國租界當局以對租界的治安沒有影響，因此並未發動警察力量，以阻止閻錫山的接收，而其他列國也沒提出任何抗議。我認爲這樣急迫時，能拯救日本對外與對內立場的，實祇有做照上述的前例，所以對大橋和河相暗示這個例子，並把事情的經過詳細電報東京。谷局長以接收大連海關爲大橋、河相所合作霞關（意味著外務省——譯者）的柳條湖事件，而非常痛恨；但以當日的情況，實在也算是不得已的措施。

此外，在海關方面還有交付正金銀行所保管牛莊海關的積存款問題。接收牛莊海關時，大連的正金銀行支店長西（西是姓氏——譯者）曾經答應把這個保管款項移交給滿洲國；而這不但在北京、上海外交團引起問題，並且在倫敦也成爲重要的國際問題。滿洲國以西氏答允而不肯退還，於是我對大橋強調接收大連海關時西氏的功勞，並說：「由於西氏沒有經過總行的同意，就答應把牛莊的保管金交出，所以對總行在立場上陷於苦境，現在纔正是滿洲國報答的時候。」我這樣訴諸於人情，大橋便立即同意。大橋是個很富人情味的人，比較重義理和人情，是外務省很難得的人物。

拒償還京奉路借款

京奉線是英國的借款鐵路，契約裡有「如果不履行債務時，債權者得直接管理」的一項規定。事變以來，東三省政權該償還的錢還沒付，事變之前開出去的東三省官銀號支票，因爲軍部收押並管理該銀行，因此還不能兌現。債權者中英公司，從上海派代表到奉天，以交涉支票的兌現，但未爲關東軍和滿洲國所採納。

關東軍的理由是，一旦對外國商社同意支付東三省政權所發行支票，奉天中國銀行所保管東三省政權的存款，將全部用上述的方法提出去，因而就失去軍部管理銀行的意義；但實際上是想拒絕支付償還的款項。我指出拖延支付時，中英公司很可能掌握鐵路的管理權，同時對中英公司勸告休想對於支票的支付，另謀以其他方法獲得現款，而爲其所接受。

又趁這個機會，就將來的償還金，簽訂了以山海關爲界，依英里的比例，奉天與山海關間的部分，由「滿洲國」來負擔的協定。

美國要求重開電信

美國無線電公司，因爲與中國政府交通部的契約，而跟滿洲無線電臺之間有無線電的通信，惟因軍部扣押無線電臺之後，一直斷絕。於是美國派代表來奉天，折衝重開其通信，但實際上要重新開始通信的話，唯有以「滿洲國」取代中國政府交通部簽訂新契約。可是美國因爲不承認滿洲國，而堅決要求履行與中國交通部的老契約，反此，滿洲國卻主張重新與「滿洲國」訂新契約，契約中要使用「滿洲國電信局」這個名稱。而我所提出的折衷案——「東三省電信局」案，也未能獲得雙方的同意。最後由我表明這不過是規定美滿間通信關係的協定，滿洲國無意把它利用於承認滿洲國的問題，懇談結果以「滿洲國電信局」新訂契約，恢復了美滿間的無線電通信。

張學良政權的賬款

發生事變當時，外國商社（包括日本人）對於張學良政權的未付賒賬一共一千一百件，總額達一千二百萬元以上。其大部分爲有關兵工廠的錢，如果因爲張政權離開滿洲而不付的話，可能有許多人會破產，因此成爲很大問題。於是總領事館蒐集一切資料，先後與奉天省政府和滿洲國財政部折衝結果，並考慮商人對賒賬自始就預料某種程度上的倒賬，而終於使對方同意分爲兩年，以現金和滿洲國公債各半來支付。

對此，日本商人以這是因爲日方的努力而獲得解決，所以提出對日商優先支付和支付更多現金的要求；但總領事館却堅持日人、外人絕對平等辦法，同時請滿鐵等巨額債權者放棄現款的支付，以其現款改支給日本的中小商人，以救助其窘境。

這些問題，如果只從解決後的現象來看，好像沒什麼。其實在軍事行動進行中，和非常反對外務省的氣氛之下，爲內外的折衝，既需要很長歲月、忍耐和臨機的裁量和判斷，至於其解決，也花費了好幾個月時間。

要利用李頓調查團

計劃九一八事變的軍部人士，並沒有特別考慮到當時國際情勢來行事；但從客觀情勢來看，對於日本來說，這是最好的時期。發生事變沒多久，英國首相麥克唐納面對空前的金融危機，與其多年來的政敵保守黨合作，組織聯合內閣，斷然停止金本位制；在美國，胡佛總統對經濟恐慌所採取的對策並沒有產生效果，而正是新任總統羅斯福推行新政之時；蘇聯國內，接二連三地發生農民暴動，處於動盪不定的時代。是即關東軍沒受任何牽制，能按照其所擬定計劃行事，乃由於這種國際情勢的結果，但關東軍卻以為這是日本國力的發揮，絕沒想到國際制裁的可能性。

可是到了滿洲問題在事實上成為國際聯盟的議題時，關東軍便不能不關心。

一九三一年十一月國際聯盟決定派遣對華調查團的計劃，原是日本提議的。九一八事變爆發，對於在日內瓦的日本代表部來講，是突然冒出的事件，加以前述日本政府的態度，日本代表確實面對著難以想像的困難。在另一方面，國際聯盟本身，對於錯綜複雜的中日關係，特別是李頓調查報告之所謂「在世界其他地方所沒有過的滿洲特殊局勢」毫無認識，而對於這種特殊局勢用之以普通文明國家的世界尺度，自然會產生許多問題。

由於這種現實，外務省乃決心要使國際聯盟對中日關係和滿洲問題具有正確的實際認識，奉天總領事林久治郎遂對於日本政府之擬邀請聯盟調查團案表示贊同。在第一線的我們之所以贊成調查團來訪，並不是期待它的調查會有什麼結果，而是認爲如果有五、六個月時間，列國的對日空氣可能緩和些，在這期間，日本政府或能重新檢討對事變的方策。

惡補提出不實資料

一九三二年一月，以李頓爵士爲團長，法國克勞德將軍、美國麥考益將軍、德國希尼博士，和義大利阿爾特洛萬第伯爵的人選一決定，東京和滿洲便開始進行各種準備。爲了統一滿日雙方的說明，大家遂日以繼夜地忙於整理資料，擔任問題的人選，製作和翻譯文件等等，尤其致力於滿洲官民和在滿日人的指導，拼命地「惡補」。在這過程中，最成爲問題的是，如前面所說，是爆炸鐵路與南行列車通過時間的關係，並強詞奪理地決定了「由於爆炸地點的距離很短，所以列車歪著徐行而通過」。其次，因爲反日、反滿份子的策動，深怕調查團一行的安全發生問題，事先都有所準備；實際上，調查團一行來滿之際，在大連也確曾經發現過暗殺計劃。與此同時，知識階級的滿人對於調查團的期待很高，知識程度低的一般滿人又對西洋人具有強烈的畏敬之念，所以軍方的宣傳班便拼命張貼「聯盟不足怕」的傳單，惟這些傳單文字挾有些平假名，而一般滿人卻祇檢讀漢字部分，因此把這傳單讀成「聯盟足於懼怕」，而鬧成笑話。

企圖串演綁架團員

隨調查團一行的來訪，又引出兩三個問題。一個是他們來滿以後，將使用京奉線的貴賓車，並要把它當做他們在滿期間的宿舍案。滿洲國當局認爲這是對於獨立國家的最大侮辱而極力反對，但這個案，因爲日本的斡旋而停止。其次是中國方面的隨員顧維鈞博士的來滿問題。顧博士曾經批評滿洲國爲僞國，因此如果在日本之行政區域的關東州和鐵路附屬地，滿洲國對顧無能爲力，但祇要他一插足滿洲國領土一步，則將予以逮捕。

對此，調查團表示，如果這樣，他們將不來滿洲，而使慫恿調查團前往滿洲的日本政府進退維谷。陸軍對滿洲國當局曾有所指示，但次長大橋却一直不肯同意，而令外務省對大橋束手無策。爲此，關東軍橋本參謀長曾甚至於想對大橋採取某些行動，惟顧博士自動表示他將不出去附屬地外而獲得解決。最可笑的是，隨從該一行的外務省某高官，爲顯示日本陸軍的威嚴，曾提議在奉天舉行大規模閱兵。這還不要緊，他更建議一行自山海關到滿洲路上，令土匪綁架這一行，然後由關東軍來營救。對這一構想，連板垣參謀也不禁苦笑。當然，我即時拒絕轉達他的建議，可是他却洋洋得意地對板垣提出，這不是很可笑嗎？

調查工作避重就輕

調查團一行於五月二十一日抵達奉天，我於二十三日跟他們初次會面。這一天，主要是應李頓爵士的質問，說明中村上尉事件和在滿共產黨問題。調查團繼而與司令官本庄以下陸軍軍部會見，然後前往北滿。結束北滿的調查以後，於六月中旬再度來到奉天，此時我連續四天，從上午十點到黃昏跟他們長談。

李頓爵士在印度經驗過殖民地行政；德國的希尼博士是殖民地問題的權威；美國的麥考益將軍具有占領古巴時的軍政經驗，而且一九二三年，關東大地震的時候，他曾由菲律賓送來救援物資。除此而外，以研究滿洲問題馳名的美國奧達・楊博士等十四、五名以上的隨行專門委員也都出席會談，因此他們所提出的疑問，包括中日間的基本條約、滿洲的政治地位、中日間的政治經濟關係等基本問題，軍方演習的例行、商租、課稅的實際情形等排日問題，以及鐵路附屬地與中國街的電信、電話、自來水等聯絡，榊原農場、十間房陸軍用地等小問題。

綜合地來看，調查的對象似不在查明中日兩國的責任，而在弄清楚惹起九一八事變的幕後關係和歷史背景，所以，對於炸死張作霖和炸燬柳條湖鐵路的責任等微妙問題，也就避免深入。惟當時我們對於錯綜複雜的中日問題，尤其是立於特殊的歷史、政治、地理關係的滿日關係，處之以世界一般能通用的普遍觀念，不過從現在看來，調查報告特別是解決方策是相當中肯的。

內田康哉破壞體制

與調查團前往滿洲之計畫的同時，在當地建設新國家的運動忽然激烈起來，是即關東軍希望在調查團來到滿洲之前完成滿洲的建國，在調查團向聯盟提出報告書以前，由日本政府承認滿洲國，以製造既成事實，俾使日本立於堅定不移的地位。對這，外務省以爲，滿洲國的獨立雖然是不得已，但最好能延緩日本政府對她的承認，以保持調查團的面子；而調查團本身對日本也這樣表示。惟調查團還在遠東時就發生五・一五事件，犬養內閣因之垮臺。而繼任的齋藤（實）內閣的外相人選正在傳聞時，我接到了外務次官有田（八郎）用舘長符號的極機密電報。所謂舘長符號電報，就是要舘長親自解譯暗號，內容不能告訴其舘員的電報。這是「外務省對滿鐵總裁內田發出舘長符號電報，即時轉告總裁一定要親自解讀」的訓令，同時命令「轉達內田總裁之就任外相，係外務省全體員工一致之願望，請他務必惠允」。由於很急，因此我用電話向內田總裁報告，惟他耳朵很重聽，而他的秘書同時曾爲外務省名人的杉本重道老人也是一樣。所以我很躭心是否能把話傳到，結果內田瞭解了。外務省的意思好像是，想請在滿洲第一線與關東軍接觸比較多的外交界大前輩做外相，以便牽制軍部。事實上，爆發九一八事變沒多久以前來到滿洲的他，就非常掛念當時的滿日關係。譬如來奉天做上任拜訪時，便與中國方面人士大事聯歡，很熱心於打開局面。

奉天總領事館宴會時，總裁內田與參謀長榮臻意氣相投，再三互相乾杯，榮臻說迨至翌日的內田總裁歡宴，他起不了床；內田用在北京學的拙笨中國話，與榮臻交談。內田大概很喜歡當時的氣氛，因此一再要求給他寄去宴會時所拍的照片，惟照片還沒洗好之前，就發生柳條湖的衝突了。可是，發生九一八事變以後的內田總裁，竟變成了另外一個人。他一就任外相，便向李頓爵士表明將要承認滿洲國，而令調查團非常失望；日後他更公開倡說所謂焦土外交，是以啓開破壞華盛頓體制之端的，竟是負責簽訂華盛頓條約和非戰條約的內田康哉這個人。

一九三二年九月，日本簽訂滿日議定書承認滿洲國，決心推進大陸政策，因此，人們的注意力遂集中於北滿的對蘇關係。陸軍內部，在爆發柳條湖事件時，就有「必要時也要攻打蘇聯」的強硬論，惟由於關東軍的自制和蘇聯的愼重態度，日軍開往北滿時才沒有發生重大事件。

當時，蘇聯在西伯利亞的軍備還不夠充足，國內情勢也非常不安定，所以於一九三一年十二月，對於順便到莫斯科訪問的大使芳澤，李維諾夫曾非正式地提議，要跟日本簽訂「俄日互不侵犯條約」。芳澤就任外相以後，由於發生上海事件，李頓調查團前來滿洲，因爲五・一五事件犬養內閣提出總辭等等，因而日本政府沒有正式處理上述提案，但日本政府承認滿洲國以後，便開始討論它。

軍部反對接近蘇聯

關於這個問題，從莫斯科回國的大使廣田弘毅認爲，應該先解決諸懸案，然後再談互不侵犯條約。相反地，滿洲國外交次長大橋以爲廣田案不夠積極，而主張「即時和無條件締結協定」，理由是爲謀求滿洲國健全的發展，必須先消除背後的威脅。又，一九三二年夏天，新設滿洲國大使館的新任參事官川越茂（日後的駐華大使），以「蘇聯之所以不敢挑釁，乃由於日本軍備和日軍進擊蘇聯的形勢。因此，我們不能自棄這種有利的武器，如果這樣做，徒將加強蘇聯的立場，導致對蘇交涉上的不利而已」，因此反對締結互不侵犯條約。

那時候，我內定奉派到哈爾濱工作，於是問了新任關東軍參謀長小磯（國昭）的意見，他坦率地說：「與蘇聯簽訂互不侵犯條約，日本國內可能出現減少軍事預算的主張；軍部如果有人反對互不侵犯條約，就是基於這一點。因此假若能把條約的期限定爲三年或五年，也就可以因應條約失效後之需要的理由，或能夠一方面把『縮小軍備論』壓下去，另方面說服軍部的反對。總之，關東軍對這方面沒意見。」而原則上表示贊同。我的想法與上述的意見有些出入。我倒覺得，在「蘇滿」之間締結互不侵犯條約，遠比「蘇日」互不侵犯條約實際而可行。

事實上，當時的陸軍內部，荒木（貞夫）、眞崎（甚三郎）等的勢力仍然很大，其底下之參謀本部的小畑敏四郎少將，和陸軍省鈴木貞一大佐等對蘇強硬論者還是主流。加以政友會的森恪和外務省的情報部長白鳥（敏夫），也是反蘇派的同路人，亦即鈴木、森恪、白鳥的携手，在實際政治上是個不可忽視的勢力。此外，這時在日本國內共產黨非常猖獗，因之，國本社等右翼團體極力反對日本與蘇聯接近。

在這種情勢之下，我認爲如果太公開主張蘇日互不侵犯條約案，勢將助長反對論者的團結，否則爲了削弱反對論的口實，至少在表面上，以僞裝倡說締結蘇滿間的條約爲宜。爲此，應該先簽訂蘇滿互不侵犯條約，迨至適當時期，基於滿日議定書第二條共同防衛的規定，日本再採取確認它的方式比較實際。所以我告訴大橋這個意見，並希望利用其作爲滿洲國外交次長的地位，全力實現這個方案，可是大橋却堅持他的主張到底。

蘇日關係漸趨惡化

大橋回到東京以後，訪問各界，以他獨特的熱衷和耐性，力倡締結蘇日互不侵犯條約的必要，結果，如所逆料，使反對論者態度硬化。不特此，外務省本身的意見也不一致。白鳥以如果是帝俄還無所謂，與不同其國體的蘇聯之合作，從主義上的觀點也絕對反對；並且認爲，史大林政權的基礎，祇要從外面加以壓迫，將很快地崩潰。

歐亞局長松島肇（後來的駐義大使）以爲，蘇日之間既然有北京條約和非戰條約，互不侵犯條約將是重床疊架，但這是法律上和技術上的議論，殊不值得重視。其中，有田次官和谷局長全面地贊成我的意見，惟認為倡之過早，反而於事無補，因此要我把這個問題交給東京，趕緊回到任所。

我回到奉天後，於十二月前往哈爾濱就任新職（哈爾濱總領事——譯者），並期待有田、谷兩人的努力，但日本政府終未獲得結論，而自蘇聯非正式提議此案以後八、九年，一直擺在那裡。在這期間的滿洲，陸續發生紛爭，德日締結防共協定等等，蘇日關係日趨惡化。基於這種觀點，我認為日本在外交上失去絕好的機會。

促蘇出讓北滿鐵路

我到哈爾濱任職的一九三二年年底，俄日互不侵犯條約問題尚未上軌道，但北滿鐵路的出讓問題則於一九三三年五月，由李維諾夫向日駐蘇大使大田（為吉）正式提出，並已經開始談判。當地的我們覺得並希望，縱令互不侵犯條約沒具體化，只要北滿鐵路交涉還在繼續，至少有「不可侵犯的事實」，總有一天會從這個事實關係發展到條約關係，而為改善俄日關係悉力以赴。

原來，先提出這個問題的是廣田大使，其經過是這樣的。我還在奉天工作的一九三二年夏季，北滿鐵路東部線的小城市一面坡曾被反滿軍所襲擊，為了保護日僑，關東軍認為需要派兵。從九一八事變以還，蘇聯當局對於關東軍的鐵路輸送，都很簡單地予以承認；可是，這次蘇聯的回答，却一再地拖延。我受司令官本庄之托，照會莫斯科的大使廣田，而廣田的回電竟說：「關東軍對北滿鐵路當局，提出要其總括上和原則上答應全線義務輸送日軍的要求，蘇聯政府認爲這是超越技術上範圍之重大政治問題，因此正在愼重研究中。」

而調查結果是，在哈爾濱設有線區司令部（相當於Railway Transprtation Office）的司令官，交涉派兵一面坡之際，考慮到今後需要，自行裁量提出全線的要求所導致。經過日方解釋後，蘇聯便很快地同意對於一面坡的軍事輸送。就這種問題正在與加拉罕會談的廣田，順便試探對方的意向說：「這樣一個一個解決地方性案件，對於蘇日關係的改善並不會有太大幫助，此時此地，我們不如從大局來對大政治問題下手。」

對這，加拉罕反問：「有沒有什麼具體的方案？」廣田答說：「可否考慮出讓北滿鐵路？」於是，不久遂由加拉罕向廣田正式提出蘇聯擬出讓北滿鐵路的官方意見，繼而廣田想試探其價錢等等。惟日本政府命令廣田不要再深入，所以出讓北滿鐵路的問題,也就不了了之。

當時，陸軍內部和滿鐵本身多數人的看法是，收買北滿鐵路的事不必太急，因爲計畫中的新鐵路完工時，北滿鐵路將爲日本鐵路網所包圍，其存在價値自然會隨之而減少，我們不如等著熟柿落地。這點，可謂打小算盤的短視之見。在北滿的蘇日兩國機關，都贊成開始出讓交涉，惟急躁的關東軍想令蘇方重新提起這件事，而採取在滿洲里停止蘇聯鐵路的延伸，和壓迫蘇籍鐵路員工的高壓態度。

大使大田躭心這種情勢，在莫斯科一再商議結果，蘇聯政府於一九三三年五月，正式決定開始交涉出讓，並向大田提出。本來，蘇聯之決心出讓北滿鐵路，實來自前駐日大使托羅雅諾夫斯基和駐哈爾濱總領事斯拉夫斯基的建議；而在兩年左右的交涉期間，斯拉夫斯基總領事之所以這樣熱心，其理由可能在此。

當時，斯拉夫斯基三十六、七歲。他在二十歲前就離開大學，加入共產黨，當過秘密警察和赤衛軍，同時以外交官身分在蘇聯勢力與外國勢力接觸的最尖端國家波斯（伊朗）、土耳其等國家服務；九一八事變爆發，即被派到哈爾濱，然後就任駐日本大使。做爲駐北滿官員，他統率蘇聯的各機關，對於北滿鐵路的立場和發言，似比駐日大使尤列涅夫有權威猶若蘇聯駐遠東代表。

不照規定交手摔角

北滿鐵路終於決定由滿洲國收購，並於一九三三年五月開始談判。在七月三日的會議席上，雙方開出價錢，蘇聯要三億五千萬盧布，滿洲國祇出五千萬元，相差太大，因而會議即時停頓。在召開正式會議之前，沒有事先非正式地交換意見，對於有關會議經過的公報，又沒有互相商量而雙方各自發表，這種做法，與不按照規定比賽摔角一樣，絕不是辦法。

而且，要在蘇、日、滿間險惡的空氣中進行交涉，必須避免當地的不必要摩擦，可是，當地的實際情況却恰恰適得其反。是即在第一線陸續發生破壞東部線軌道情事，以及顛覆列車，非法占據北滿鐵路的財產，逮捕和監禁蘇聯人等事件。日方把破壞鐵路和顛覆列車宣傳爲蘇聯妨害在東部國境築造要塞的行爲；但事實上，多是沿線日軍和滿系機關所嗾使。

一九三三年九月，滿洲國以攪亂治安爲理由，逮捕了六名蘇籍北滿鐵路的員工，會議因之完全中斷。更壞的是，十月上旬，發生塔斯通訊社以滿日有以實力奪取北滿鐵路的陰謀，而揭發大使菱刈（隆）對外務省拍六封電報的事件（其中一封是我發給菱刈大使的）。日方以爲這是蘇聯惡意宣傳，而加以否定，但這是眞正的官方電報。軍方一部分人甚至於認爲，這是我與歐亞局長東鄉（茂德）等欲促進交涉所採取的措施，亂猜一場，但以我名義所發電報是我出差長春參加全滿領事會議時，哈爾濱總領事館發的，至於我自己，我回到哈爾濱以後，從保險櫃取出來電信案纔看到。

機密洩漏再度談判

蘇聯如何取得這些電報，至今不明，但我相信這是從長春出來的。因爲在長春的日本記者之間，有十天之內必能拿到幾份副本文件的說法。滿洲國有太多不懂得密碼之重要性的人。滿洲國內有許多複雜份子，沒受過充分訓練就去擔任官吏的，因此從長春漏出來的可能性最大。

如此這般，開始會議經過一年半，到了一九三四年十二月三十一日，斯拉夫斯基突然來訪問我，並跟我肆無忌憚地懇談很長時間。這時我獲得祇要解決六名員工的逮捕問題，會議必能即時重開的印象。於是一進元月，便開始非正式議商，十八日，我倆之間成立了如下的了解：六名之中三名令其自動辭職後回國，其他三名則回到北滿鐵路的原單位工作，滿日政府一同意這個方案，就重開會議。

由於斯拉夫斯基特別提到，如果日本政府不立刻同意，尤列涅夫大使很可能提出不同的意見，所以我們極力要求東京妥善處理。可是東京却以斯拉夫斯基與尤列涅夫的話有出入，莫斯科的眞意尚有疑問，而來了應該暫時延期釋放的電報，因此會議又失去了重開的良機。爾後，滿洲國因爲實施帝政，以大赦的意思，自動釋放了這六個人，由之會議遂於二月下旬重新開始。

訂下互不侵犯條約

三月十日左右，我突然接到決定於三月二十三日上午十時要簽字的東京急電。但從蘇滿間就技術問題所作實地交涉的進展情形來看，二十三日簽字是辦不到的。所以我向東京報告這個情況。可是東京却即時回電，要我介入蘇滿之間，由我裁量，在二十三日以前把它全部解決。

在現地，未解決的案件有北滿鐵路借貸對照表的編造，以北滿鐵路為被告之訴訟事件的處理，和北滿鐵路財產表的編造等三件，惟由於蘇滿間的意見和資料有很大距離，要早日處理，恐有困難。所以主要地由斯拉夫斯基和我來從事政治折衝，我也就不一一與滿洲國和陸軍協議，而自行獨斷處理。有關借貸對照表和訴訟事件的了解，乃為條約附屬文書所必需，因幾十年來它一直在蘇聯實力之下，要編造一個借貸對照表，得過目充滿幾個房間的文件。加以有蘇日滿三國語文，因此最後的三天，蘇聯總領事和我，日以繼夜，不眠不休地趕，直至簽字前一個小時的二十三日上午九點纔全部談妥。

自然，要出讓像北滿鐵路這樣長的鐵路，應該從調查完了的部分先移交，或者全部調查完了之後再移交。如果這樣做，則需要很長時間，而在這期間，隨時有變卦的可能。廣田外相考慮到這一點，所以不等事務上的處理，就從政治立場來決定簽字的日期，這確是一種政治卓見。

最後，我想談談蘇方實行出讓北滿鐵路的態度。他們連一支已經用過的鉛筆，一張舊紙都搞得整整齊齊列入移交。移交時，在嚴肅而莊嚴的儀式中，降下北滿鐵路旗，升起滿洲國國旗，堂堂正正，充滿禮讓的態度。這比諸以前要把山東鐵路出讓給中國時，日本員工在移交之前，故意破壞財產，實有天淵之別。哈爾濱特務機關長安藤麟三少將說得好：「從蘇聯員工這種有訓練有節制的態度來判斷，紅軍的規律統制，一定非常之嚴。這對於下尅上之風潮滔滔的日本陸軍來講，實不失爲當頭棒喝。」

侵略華北浪人橫行

滿洲獨立的結果，因爲地理上、民族上、經濟上不可分割的關係，華北問題遂自然增加其重要性。尤其是張學良政權以京津爲根據地，從事反滿運動，因此關東軍更加關切。與蘇聯的關係，幸好正進行著北滿鐵路的交涉，所以能獲小康狀態；但華北的情勢，却日趨惡化。

一九三三年春天，關東軍擬趁熱河作戰之餘勢，一舉攻下中國的京津地區，惟迄五月間，由於成立塘沽停戰協定，事態又告安定。基於這個協定，在河北省北部的所謂冀東地區，設立了非武裝地帶。從關東軍方面來講，是它對於華北獲得優越地位；對中國方面來說，是它在長城一線阻止了關東軍的入侵，雙方還算「滿意」。如此這般，而有廣田三原則的聲明，有吉（明）、汪（精衛）會談等。中日關係開始有改善預兆，中日兩國暫時把滿洲問題擺在一邊，進入懸案的交涉，結果實現了滿洲與華北的通郵和鐵路的聯絡。

但是，具有推進大陸政策野心，以爲滿洲的資源還不夠，而著眼華北富源的關東軍，自不放棄對華北的侵略，因此關東軍遂以非武裝地帶作根據地，用盡辦法，著手所謂的「華北特殊工作」。隨即相繼發生外交部長汪精衛被狙擊事件和外交部次長唐有壬被暗殺事件。至此，逐漸改善的中日關係，又再度逆轉。

在非武裝地帶內，有無數由奉天特務機關長土肥原操縱的土匪和浪人橫行無忌。一九三五年五月，以天津租界內親日派報社社長被殺爲轉機，在關東軍踏進關內的威脅下，締結了所謂「梅津、何應欽協定」。中國國民黨黨部和中央軍由河北省撤退，二十九軍的宋哲元成爲京津的實力者。大約與此同時（六月），乘日本軍人在張家口被中國軍扣留的機會，簽訂所謂「土肥原、秦德純協定」。自此，中國國民黨機關全面地由察哈爾撤退。

冀東走私自由飛行

在另一方面，對於內蒙古，關東軍正在計劃建立以德王爲首揆的自治政府，而以這一連串工作爲基礎著手的，就是華北五省的自治；亦即華北之分離中央的運動，其具體表現則是以殷汝耕爲主席的冀東防共自治政府。這個政府以非武裝地帶的冀東二十三縣爲其統治區域，以五色旗代替青天白日旗，採取半獨立型態。就南京政府而言，領土的完整和行政的統一最爲重要。而在上述情勢之下，有兩個問題值得注目，一個是所謂冀東貿易，另一個是所謂自由飛行，而這兩者都是關東軍的產物。

對於冀東地區的非武裝，日軍無理要求海關巡邏船的非武裝。而關東軍便趁沒有武裝，以冀東地區爲大本營，在許多無賴的實力擁護下，大搞其走私的勾當。走私品在京津地區不必說，從山東一帶甚至於達到長江流域，因之大大地阻礙了列國的正當貿易，從而成爲國際關係上的一大問題。而在日本商社之中，充當走私頭目的是，以前曾列名實業同志會之加納某所經營的大隆公司。許多中國人認爲，這個公司名稱係來自外交次長大橋的「大」字和關東軍田中隆吉大佐的「隆」字；但他們兩個人却跟它沒有任何金錢上關係，這是我特別要說明的一點。

另外，關東軍以監視非武裝地帶內是否撤除武裝的名目，跟這個地帶開始航空聯絡。由於沒有經過中國的同意，人們把它稱爲自由飛行；後來更任意飛到山東，並且不僅軍用，甚至於公然定期輸運一般旅客，其爲侵害中國主權，自不待言。

成都日本記者被殺

我自一九三五年十月至翌年七月，在柏林服務（擔任駐德大使館一等書記官——譯者），八月回國，隨即接到出任東亞局局長的密令，而正在準備前往中國考察時，在成都發生了日本記者被殺事件。這時，擬前去成都上任的領事岩井英一，未能獲得南京政府的諒解，而在重慶停脚的時候，先行擅自插足成都的日本記者，因爲激起民衆憤怒而被殺。此時，陸軍之愼重，簡直令人不敢相信。他們毫無動靜，與一年後盧溝橋事件時相比較，確有天淵之別。這可能與那一年，開始以蘇聯爲目標的五年計畫有很大關係。

我首先到上海和南京，在這兩地，對於成都事件的解決，有硬軟兩論的對立。那時，還在上海的大使館這樣主張：「現在中日間的氣氛既然不好，成都事件應該趕緊解決，我們不能以此爲藉口，提出其他問題」；反此，南京的總領事須磨（彌吉郎）却非常強硬。也許是因爲他親手經辦很多懸案的緣故，所以主張趁此機會全面解決諸懸案，並親自給外務省打電話，抨擊大使館的意見，不等外務省訓令，就向中國外交部提出懸案一覽表。強硬論者的主要意見是，不解決華北問題，則無以根本解決中國問題。我繼而由南京到漢口，在此地，也發生了總領事館警員吉岡被槍殺事件，人們正在議論長江上游日本僑民的撤退問題，羣情騷動。

侵犯綏遠會談中止

結果外務省採取了總括交涉諸懸案的方針，而對於華北問題，在交涉過程中，如果可能，則希望造成將來還有會談的餘地。大使川越再度與蔣先生懇談，而跟外交部長張羣的交涉也比較順利。眼看交涉順利的外務省，遂超出當初的方針，過分貪戀於華北問題，並在拖延交涉的期間，更發生了所謂綏遠事件。這是該年十一月，在關東軍參謀長東條（英機）直接指揮之下，田中隆吉大佐率領德王和李守信的蒙古軍，扛著「建設蒙古人的蒙古」之大旗，入侵綏遠省，却被中國的傅作義部打得頭破血流，田中乘機逃走僅免身死的事件。

蔣先生以無法瞭解為調整國交，正在進行友好會談時，竟又出現新侵略之日本政府的用意，而通知停止會談。至此，調整國交的企圖又再度受挫，於是日本政府遂不得不於十二月下旬，單獨解決成都事件，以敷衍一時。

譯註

註一：所謂三月革命是一九三一年三月，陸軍的中堅軍官橋本欣五郎、長勇等櫻會幹部，小磯國昭、建川美次等陸軍中央的人，以及民間右翼大川周明；社會民衆黨龜井貫一郎等計劃發起政變，準備由大川、龜井等動員羣衆，包圍國會，趁其混亂，宣布戒嚴，將軍隊引進國會，成立以宇垣一成陸相為首相的軍事政權，以改造國內，惟計畫不週密和宇垣躊躇而未遂。這個事件在軍部內一直守著秘密，沒有處罰，到戰後才公開。又，因為這個事件，日後更誘發了好多事件。

中日戰爭終告爆發

這個時期，我（森島守人自稱——譯者）正在負責外務省東亞局，爲轉變對華政策，我認爲有兩件事必須考慮到。一件是川越、張羣會談失敗後，尤其是以西安事變爲轉機，共產黨與國民黨成立妥協時，重新開始全面調整中日國交不是時機，而應該從比較容易解決的問題一個一個地去解決，俟至兩國間的氣氛緩和些以後，再逐漸去從事全面調整。

兩個問題討價還價

另外一件是要根本改善中日國交，祇靠中日間的談判是辦不到的。從中國依靠歐美的傾向，以及第三國在中國的權益這個觀點來說，日本必須跟在中國具有莫大權益的美國和英國會談。換句話說，中日關係與美日、英日關係是不可分的。

關於第一點，除川越、張羣會談中所提到上海、福岡間的航空聯絡，和互惠稅率的兩個問題之外，我以爲應該進一步地着手於冀東政府的善後措施，亦即做爲對於中國的代價，自應廢止冀東走私和自由飛行。而且，這兩個問題如果日本不及早處理，在交涉上將失去「討價還價」的價值。因爲，對於走私，中國當局已經開始採取對抗措施，凡是沒有輸入證明的物品，就是以正當途徑進來的，也認爲是走私品，而要全部沒收。所以冀東貿易既得不到利益，並且積壓著無數的貨品，這對日本的正當貿易打擊很大，在對華貿易上，是個非常嚴重的問題。

關於自由飛行，由於中國方面在機場建造溝渠等障礙物，使其在實際上不可能起飛和降落，因此關東軍早晚非廢止它不可。而且，對於航空聯絡和互惠稅率的實施，在前述川越、張羣會談中，川越曾對中國非正式答應過，所以祇要日方出之以誠，要獲得中國的同意並非難事。至於冀東政府的問題，因爲它與關東軍的關係非常微妙，因此不是如前述兩者那樣簡單。關於這一點，我將在「對陸軍關係」一項中敍述。

三個條件與英交涉

關於前項第二點，亦即中日問題與第三國的關係。在日本國內，由於對於華盛頓會議的反動，特別是九一八事變以後，在中日關係的處理上，排除第三國介入，極力主張中日兩國的直接交涉。天羽（英二）聲明，李茲・羅斯的幣制改革之際，日本之斷然拒絕英國的提議，便是這個典型。而爲這時日本對華、對英關係提供搭橋之絕好機會的是，於該年十一月川越、張羣會談左右時所締結的德日防共協定。

原來，德日防共協定不是作爲日本外交政策的一環，經過愼重研究以後纔開始的；而是駐德武官大島（浩）以德國陸軍爲對手，在德日兩國參謀本部之間，商議交換有關蘇聯的情報，繼而演變爲協定的。這在實際上，或許發生了加強日本對蘇聯立場的效果，但未必改善日本全面性的國際立場；對於美英的關係，它甚至於具有阻礙的因素。

的確，廣田內閣在閣議曾經決定：如果可能，希望與德日交涉並行，至少在這以後，跟英國締結調整國交的協定，進而能把它擴大到美日關係的方針。對於這個方針，陸相寺內（壽一）內心雖然不滿，但還是同意了。當時的歐亞（歐美）局長東鄉（茂德），由於這個方針決定於他上任之前，乃以主管局長身分，負責防共協定的交涉。本來，對於以政治協定來對付思想，他認爲毫無意義，而對於儘早開始英日交涉却非常積極。

英日之間如果談判，當然免不了觸及中國問題。

但自九一八事變以後，日本給列國的不信任感，根深蒂固，不是口約或辯解等方式就能贏得列國的信賴，除非以事實和行動來證實，否則不可能恢復日本的信譽。而爲其證實的材料者，就是預定爲中日交涉之題目的廢止冀東走私、廢止自由飛行華北和取消冀東防共自治政府這三個案件。但是，爲調整對英關係，外務省所考慮的不僅是這個中國問題，而且還有金融、通商兩個協定。

對於中國關係，以前述三個問題開始會談起，大體上沿著石井（菊次郎）、藍辛協定方向，簽訂令對方承認日本在華北的優越地位；在華南、華中是英日平等的政治協定爲目標。

關於金融問題，由於當時滿鐵對英借款已經迫近償還日期，因此希望乘這個機會還舊債、借新債，如屬可能，則以共同對華投資爲目標。

至於兩國間的通商關係，雖已有日印、日澳通商協定等的存在，但日方欲在英日兩國通商上利害全面衝突的其他世界市場，亦即就中南美和近東方面，締結新的通商協定，也就是說，日本政府的目的是想在中國、金融、通商三方面，謀求英日國交的全面調整，從而整頓美日的邦交。我們認爲，如果能夠有機會並行中日和英日的交涉，則有使英國和中國互相牽制的效果，因之要實現國交的調整，未必不可能。

軍部不肯放棄冀東

當時，陸軍內部的陣容是後宮淳中將擔任人事局長，自二．二六事件以後，以堅定的信念和果斷的手腕從事整軍，爾後以軍務局長身分，居於政策方面的中樞。輔佐他的軍務課長柴山兼四郎大佐，對於滿洲、中國問題向來具有穩健的意見，却一直被擺在比較「吃冷飯」的地位。雖然如此，他爲挽回日本中央的威信，却仍與軍部內的激進分子不懈搏鬥。

幸好我在滿洲時代，與當日滿鐵「囑託軍官」的後宮大佐一起處理京奉、北滿鐵路等問題，而與柴山大佐在他擔任張學良顧問時代就是好朋友，所以對於他們兩位的爲人和思想都有十分瞭解。我覺得如不趁他倆在中央工作期間改變對華政策，則很難再有這樣好機會。而好在陸軍、外務兩省事務當局的商議還算順利，海軍也沒有表示任何反對意見。

惟最令人躭心的是關東軍的態度，前述有關中國的三個問題都是關東軍工作的產物，因此除非獲得關東軍的諒解，不能實現。說來很是遺憾，這是當時陸軍內部的實際情形。尤其是對於要即時廢止冀東防共自治政府，勢將遭遇到關東軍的強硬反對，所以我們並不想一舉把這個政府眞正廢止，而只準備先廢止好像表示獨立的「自治政府」這個名稱，採用表示地方行政區域的「自治區」這種名字。以青天白日旗取代五色旗，把冀東地區放諸宋哲元管轄的冀察政務委員會之下，但要令殷汝耕主管自治區的行政，並予某種程度的自治權限。

這等於說，欲從暫時取消，漸漸走向完全解決，而這從過去許多中日兩國的交涉經緯，以及由南京政府擬保持華北主權和行政統一的立場來看，其實現似不是不可能，但要取得關東軍的同意，對於放棄冀東地區內日本在政治上的優越地位，非得代之以日本在華北發展經濟的基礎不可。如此，我們準備以在冀東地區內遵化爲中心的採金事業，和建設滄石（滄州與石家莊間）鐵路。對於前者，住友的總理事小倉正恒以爲這是他效勞公家的最後機會，而非常熱心；對於後者，不等全線的架設，祇要經過宋哲元完成動工儀式，以同時履行的意思，將令殷汝耕實行易幟。

英日協定胎死腹中

這個英日、中日交涉案，獲得了兼任外相林（銑十郎）和新外相佐藤尚武的全面許可。因此決定於國會結束後的四月間，由陸軍的柴山大佐、海軍軍務局的藤井少佐及我，代表外務省聯袂前往中國本部和滿洲，在當地促膝懇談，以便取得陸、海、外三省第一線機關的了解。因某種關係，藤井先動身一步，我和柴山則始終一起行動，必要時個別地或共同與當地工作人員會談。

我們一行經過上海、南京、北京之後，到了長春（日人稱為新京—譯者），我單獨先後兩次與參謀長東條以下全體幕僚會面，互相討論，交換意見。在兩次會談過程中，關東軍的發言者幾乎都是東條一個人。他指出我跟柴山大佐說明的不同，在我們帶去解決腹案的文書加上附箋，做筆記等等，表現其仔細、尖銳而無遺。經過種種曲折後，作為東條提交關東軍意見的字據。它說：「冀東地區內日本的經濟發展如果就緒，（本軍）對於取消冀東防共自治政府，沒有異議。」

在我們出差中國期間，林內閣提出辭職，成立近衛內閣。廣田新外相也許可了前述中日、英日協定案，並對駐英大使吉田茂發出所需訓令，在東京與倫敦間正進行著日本內部事務折衝的時候，很不幸地爆發了盧溝橋事件，因之前述的兩案，也就未向中國和英國提出，而終於永久未見天日。

盧溝橋兩軍起衝突

我為促成在國會開會期間完成這兩個協定案，曾作最大努力，但國會對於林內閣的態度非常冷酷。為打倒以政教合一為旗幟的超然內閣，各政黨便圍攻被認為最大弱點的新外相佐藤（尚武）。由於新外相在歐洲工作很久，對國內和中國情況不大熟悉，所以很不容易輔佐。我因為有插手這兩個協定案的經驗和對軍部的關係，以為將參與對華和對英交涉，可是國會閉會後我却接到調職的密令，因而與外館商妥之後，就赴北京任新職（出任駐中華民國大使館參事官—譯者）。赴任之前的七月七日，在北平郊外盧溝橋，突然發生中日兩軍衝突事件。外務省懼怕給中國當局以「在著急」的印象，而要我靜觀情勢二、三天，惟眼看事態日趨擴大，因此遂於十一日自東京動身，趕往北平。

由火車轉乘飛機，於十四日中午稍前，我抵達天津，恰好趕上前往北平的列車，而帶領了二十幾名武裝警察同行。到達豐臺車站時，中國當局因為不許武裝者進入戒嚴地區，而被拒絕進入北平。嗣後透過中國憲兵，與北平戒嚴司令部折衝幾個小時，到了黃昏時刻始獲得諒解，進入警戒森嚴的北京城。

東交民巷附近城牆上也有大砲，其緊張情形，不言而喻。進入大使館時，日本僑民已經開始準備歸國，並正在分配宿舍，購買糧食，搬運貴重品等等。為了維護僑民的安全，理應儘早令他們回國。突然發生事件之際，確保僑民的生命財產，當然是駐外機構的重要任務之一。如果錯過撤僑的時機，將令其生命財產瀕於危殆。但如果發令得過早，反而會奪去僑民的生業，予政府以不必要的財政負擔。因此，面對不安的局勢，僑民拼命要求回國的情勢下，最重要的還是怎樣選擇適當的時機。

祇求避免北平巷戰

但始終盤旋我腦海裏的是，如何避免北平的巷戰這個問題。因爲，過早命令北平城內的日僑撤離，將祇有上軍方的當。理由是，如果沒有日僑生命的顧慮，日軍之出於巷戰的可能性勢將大爲增加；而巷戰結果，把世界無雙的歷史性都市弄成廢墟，則將在世界史上寫下永不可磨滅的污點。紐約的摩天樓，祇要有金錢和技術，不是不可能重建，但在經濟上沒有利用價値之北京宮殿，和慈禧太后挪用建艦費用所築造，北平郊外的萬壽山，就是使用再多財富也不可能重建。所以，我衷心感覺到，避免北平巷戰纔是世界歷史和東方文化賦予我的使命。

我期待進行中的當地協定能夠成立，並拒絕同意草草地發出撤僑命令。及至七月二十五日，在北平與天津之間的廊坊，以及於北平廣安門一帶，都發生中日兩軍的衝突。同一天，第一線日軍以二十四小時爲期限，要求中國軍隊由北平撤退。因此不得已於二十七日凌晨五時，對於北平日僑發出搬進公使舘區域內的命令，並在上午期間，將全體僑民收容於公使舘區域裏。

使館發出撤僑命令

這是一九〇〇年義和團以後的第一次撤僑命令。而由此，北平日僑遂開始過著其第二次的集體生活。但就是面臨最後關頭，我還是很想阻止日軍的大規模出動。所以除與駐北平的日軍各機關商議外，又想盡辦法擬請碰巧在天津的大使川越，促使華北駐屯軍司令自重。惟因北平、天津間的電信、電話完全中斷，而終於未能與大使川越取得聯絡。

爲了維護日僑的立場，我想如果能停止最後通牒期限前日軍的出動，在這期間或有突破僵局的希望，而經由東京對大使川越發出快電，但日軍却於最後通牒期限前採取軍事行動了。

二十七日拂曉，我往訪北平市長秦德純，請他保護撤離後日僑留下的財產。而在這兩個星期的集體生活中，從沒發生過一件搶奪事件，這是値得我們大書特書的。

集體生活時，爲著防諜，我們把日本人與朝鮮人分開，又在連天下雨的那段時間，英國大使舘特別借給我們軍用帳篷，盛情實在可感。

通州民衆慘殺日僑

在北平，雖然沒有發生過任何不幸事件，但在離開北平一里的通州，却出了慘殺日僑的情事。

通州是在日本勢力下的冀東防共自治政府所在地，是親日派殷汝耕的大本營。因此，任何人都沒料到會在此地發生事端。所以有許多人由北平逃難到此地。

冀東二十三縣，依塘沽協定成爲非武裝地帶，並不承認中國軍隊的駐紮；可是日軍却默認宋哲元麾下的一小部隊駐屯，而造成導致這個事件的原因。爲了掃蕩中國部隊而出動的日機，錯投一顆炸彈於冀東防共自治政府轄下屬於日方的保安隊，保安隊以爲這是攻擊他們，而慘殺日人纔是眞相。所以殷汝耕一點責任也沒有，我認爲這個責任應該歸於日本陸軍。

二十八日，北平東方黑烟濛濛，時有爆炸聲音。由此當可判斷通州發生了事件，惟公使館區域的守備隊已經全部出動，祇靠著義勇隊擔任警戒，就是派遣少數警察也無濟於事。我很想確知到底怎麼一回事，但自七七以來，一般中國人都不到大使館來了。正在東手無策時，以前我在哈爾濱時代照顧過的一個青年，自告奮勇說他願意化裝潛往通州。他在路上，被殘兵推下河裏，在水裏潛伏幾個小時，歷經許多險阻，花費兩天工夫，纔往還通州，並向我報告通州的慘狀。爾後，歷盡滄桑，突破通州保安隊的森嚴警戒網，而逃出來的安藤同盟通訊社特派員，告訴我更詳細的情況。

由於我是當地負責人，從對於如何安置遺族的立場來講，實在需要早日解決這個事件。

通州事件的眞正原因如果公開了的話，跟出兵西伯利亞時，因爲尼科拉也夫斯克事件（譯註一），陸相田中（義一）的責任成爲重大政治問題一樣，必將問題政治化，所以我認爲最好能在國會開會之前，就地解決。於是試探當地軍方各機關的意向以後，沒有請示中央，完全由我負責任，就與殷汝耕不在的負責人政務廳長池宗墨進行談判。結果在年內以正式謝罪，支付贍養費，和由冀東防共自治政府無條件提供日人遭難原地域，並建設慰靈塔等三個條件獲得解決。

妓女也要鉅額賠償

事件既然因爲日軍的怠慢，自不能要求賠償損害，而代之以贍養費，可是其金額，如果照外務省要求賠償損害時的算法，一個妓女竟可以得到幾十萬元；因顧慮到前線傷病士兵祇能拿到二、三千元的一次款項，遂決定其金額不得超過社會一般的範圍。至於其分配，也不採取以往方式，未婚妻與正妻同樣看待，有資產者或扶養家族少者給得少，眞正需要救濟者則給得多。並且爲避免將來的糾紛，對於贍養費的分配，北京大使館曾由自治政府取得完全委任其處理的備忘錄。

設法爲殷汝耕脫罪

而我最遺憾的是，怎樣纔能洗清殷汝耕無辜之罪，從而使他東山再起的問題；惟關東軍的一部分人，甚至於主張要鎗斃他，所以這個問題的處置，必須非常愼重。適値此時，西本願寺的法主，爲慰問官民，正在巡錫華北之中，我覺得順其來訪北平的機會，舉辦殉難者的慰靈祭，並把殷汝耕與北京大使館和北京日本人會放在主辦者之中，令殷汝耕不聲不響地跟社會見面最爲理想。對於我這個構想，我且得到華北駐屯軍的全面贊同，惟後來因爲關東軍的強硬反對，華北駐屯軍也有所警告，因此遂不得不作罷。

關東軍內部反殷的空氣，實在出乎人們想像之外，譬如報導我上述的計畫和殷汝耕無罪的東京朝日新聞社特派員河野，便曾受到憲兵隊嚴重的調查，所以我在北平服務期間，終於沒有機會爲殷汝耕辯白。翌年四月，我離開北平的時候，殷汝耕曾經前來對我表示謝意，並互道後會有期，但於一九四七年十二月一日，他却以通敵罪名，在南京被鎗決。

一九二五年，郭松齡叛變之際，殷汝耕以外交部長身分活躍一時，後來因爲事與願違，遂逃難於遼河河畔，住在日本駐新民總領事館分館數個月，爾後利用黑暗的晚間，受到吉田（茂）總領事的特別照顧，脫出東北軍的重圍，亡命日本，其坎坷命運，眞是令人感慨萬千。根據從通州政府金庫拿出來的出納簿，殷汝耕對於日本「志士」和吳佩孚，甚至對於跟他對立的冀察政務委員會人士，每個月都給予機密費，其深謀遠慮，可想而知。又，根據花谷少佐的說法，發生柳條湖事件時，從張學良的金庫，發現了赤塚正助的收據。當時，陸軍當局認爲這是因爲同鄉關係，於一九二七年隨行床次（竹二郎）旅行滿洲時，張學良對床次的捐款，是否事實，當然我無法證明。（譯註二）

政略出兵蹈下錯誤

盧溝橋事件是日本華北駐屯軍在北平郊外盧溝橋附近演習時，由於一個士兵行方不明而開端之純粹地區性的事件。後來事實證明，這個士兵是因爲生理上要求（大解—譯者）而離開隊伍的。可是日本部隊却要求立刻進入宛平縣城搜查，因爲遭遇到縣長拒絕，中日雙方遂干戈相見；而我抵達北平時，北京特務機關長松井太久郎大佐、大使館助理武官今井武夫少佐，和第二十九軍顧問櫻井德太郎少佐已經在那裏籌商對策，準備發動戰爭。

與此同時，祇有旅團長河邊正三和聯隊長牟田口廉也未曾興風作浪之外，以天津爲根據地的華北駐屯軍司令官田代皖一郎和參謀長橋本羣，對於開發華北的經濟皆非常熱心，而不贊成行使武力，並常與外務省商議實現和平的方法。盧溝橋發生武裝衝突以後，從北平把聯隊旗送到現地時，按照一般作法，應該把聯隊旗插於最前頭進軍纔對。惟怕聯隊旗被開鎗，從而引起更大規模衝突，因此把它擺在箱子裏帶去。由此我們當可窺知，現地部隊並不希望擴大事態。是即現地部隊沒有弄清楚內情，就要求搜查宛平縣城內，其行爲雖然有輕率之譏，但却絕不是爲製造口實而導演的把戲。社會上固有各種各樣的說法，但我深信盧溝橋事件爆發，與柳條湖事件完全不同。

基於這種認識，盧溝橋事件在其性質上，乃屬於能夠現地解決的，純粹地區性的問題。可是，日本政府却爲中央軍方部分人士的陰謀所惑，太快採取增派兩個師團之不聰明和不必要的措施，擴大事態，從中日兩國的全面抗衡，而進入太平洋戰爭。

九一八事變是關東軍違背中央不擴大方針，不顧一切製造既成事實，拖中央政府下水；而華北事變（七七事變—譯者）則正相反，爲中央政府否決當地不擴大和地區解決的努力，實行政略出兵，反而擴大事態。前後之不同，令人費解。

首相領先鼓動輿論

關東軍爲了培養和強化滿州國，策劃要於華北建設在日方勢力下的政權，而欲抓住機會，出於橫蠻態度，虎視眈眈，既如上述。

關東軍於盧溝橋事件爆發的第二天，七月八日即發表如下聲明：「由於暴戾的第二十九軍的挑戰，今日在華北竟發生了事端。我關東軍將以很大關心和重大決心，嚴正注視本事件的演變。」關東軍獨斷發表這種聲明，實在很值得我們注視。日本政府於九日堅持不擴大方針，並決定將在現地趕緊謀求問題的解決。因此爾後的措施，應該是冷靜而愼重究明事件的本質和眞相，採取合乎不擴大方針的方策。可是，事實却跟它恰恰相反。

七月十一日，日本政府聲稱這個事件爲「華北事變」，不但自己把它擴大，而且從那一天起，首相近衛（文麿）便站在第一線，親自動員政界、財界和言論界，鼓動輿論；更未徵求現地的意見，而根據他自己的情勢判斷，就決定出兵華北，並密令由日本國內動員兩個師團。

一九三五年夏天，在成都發生日人被殺事件時，日軍並沒有採取任何行動。這可能跟對蘇五年計畫有關係。而這一次，也從同樣見地，以參謀本部第一部長石原莞爾爲中心，強硬反對出兵。如果先調查清楚士兵行方不明的眞正原因，然後再來研究對策也不爲遲；但首相近衛、外相廣田和藏相賀屋（興宣）等文官一點也不反對陸軍一部分人的出兵論，而唯唯諾諾地予以贊成。

軍刀出鞘訴諸一戰

廣田首次出任外相時，曾經在國會大膽地說過：「在我任內，絕不從事戰爭。」而現在却採取這種態度，眞令人有判若兩人之感。近衛和廣田的看法，或者是出於欲先發制人；出兵最低限度，可以預防將來大規模出兵的內政上考慮，也許是爲了強制中國當局急速解決，認爲這樣加以威逼比較有效。

如果是前者，這是不理解日本陸軍本質的外行人想法。軍刀既然拔出刀鞘，不見血不能入鞘，這是日本陸軍的傳統。既然出兵，中日兩軍自不能不衝突，這是出兵山東的慘痛教訓。如果是後者，他們實在不瞭解因西安事變而國共妥協後國民黨的眞正情況，和中國官民一致抗日的決心。要之，沒有充分考慮到日本政府出兵所將受到的影響，而草率地決定出兵，眞是大意至極，可謂自投軍方圈套，落入陷阱。

的確，七月十一日當地協定成立後，曾完成其有關實行細目；十八日，宋哲元曾往訪日司令官香月（淸司）。上述現地協定，以謝罪、處罰負責人和中國軍隊由特定地區撤退等普通條件。而且，謝罪也沒有規定以什麼方式，由誰來謝罪；處罰負責人，也沒指定要處罰誰，完全由宋哲元裁量。至於中國軍隊的撤退，也不若何應欽、梅津（美治郎）協定，和秦德純、土肥原協定，另行設立非武裝地帶；只是爲了避免中日兩軍的衝突，暫時由肇事地點後退而已。

這種解決條件，就是從我們外交人員的眼光來看，雖也覺得太過於寬大；而這正顯示著當地各機關希望趕快解決的意向。可是，這種現地的努力，却因爲日本政府過早決定由國內派遣師團，以及關東軍出動華北而化爲泡影。以下，我想稍稍剖析其內情。

橫面對立益形尖銳

增兵的決定，曾予華北駐屯軍內部，中國第二十九軍內部和南京政府的態度，以決定性的影響。

第一，華北駐屯軍首腦們大多認爲，跟九一八事變時的張學良一樣，宋哲元如果失去京津地盤，將來恐怕沒有交涉對象，因此，不願意提出足於予宋哲元地位以致命影響的過分要求。

不過，其內部也並不是沒有異議。尤其是關東軍出身的和知（鷹二）、千田兩個參謀，對於前述的態度並不全面贊同。他們雖然也不贊成用武力把宋哲元趕出去，但却似乎也認爲，如果不用一次武力威脅，恐怕衹有助長宋哲元而已。在這一點，他們跟在軍部內負責經濟部門的參謀池田純久等人互相對立，而使這種橫面對立更尖銳化的，就是日本政府的出兵方針。

爲了實行就地解決案，開始準備決定細目時，軍內強硬派以「連中央的態度都這樣強硬，第一線的我們太差勁了」而強硬起來。結果本來七、八分就可以妥協的，竟要求九分；二、三天便能商決的，竟拖長一個星期甚至十天以上，在現地的緊張情勢下，徒遷延時日。在這過程中，因爲突發不測的事件，而有使逐漸好轉的事態逆轉的傾向。

第二，對於第二十九軍，予與華北駐屯軍橫面關係的同樣影響，及於上下的縱面關係上，宋哲元從齊齊哈爾的深山裏出來，踏上京津軍政舞臺的心境，實有如插足京洛之地的鄉下武士木曾義仲，汲汲於保持京津的地盤，儘量穩健地解決，以求自保。

但是，二十九軍的下層，特別是青年軍官們的排日、抗日風潮已甚激烈，加以共產黨的暗中鼓動，使宋哲元就是想表面上接受日本要求也不可能。十八日，宋哲元訪問司令官香月於天津，實際上是爲了謝罪，但卻不得不以拜訪新司令官名義作掩飾，其理由即在此。而宋哲元正在努力於緩和其部下對日情緒時，投擲炸彈的便是日本政府的決定出兵。這個決定導致二十九軍內部上下對立關係趨於尖銳化，更使它在時間和解決內容的實質上，無法調整內部的意見。

中日大戰一觸即發

第三，比諸上述兩端更致命傷的是與南京政府的關係。原來，何應欽、梅津協定和秦德純、土肥原協定這兩個前後的現地協定，對蔣先生來講，是被落井下石。簽訂這兩個現地協定時，雖然有關東軍的威脅，但日本卻沒有由國內出兵。可是，這次卻特地從國內動員，以強逼現地協定，當然對方也就懷疑現地協定裏裝的是「蛇」。因此蔣先生主張由南京政府介入，以解決事件，從而指派熊斌將軍爲指揮官，令國民政府北上是應該的。同時，先日本國內師團的到達，虎視眈眈的關東軍既然出動，中日雙方衝突危機的刻刻迫近，自猶如在火藥庫旁邊點火柴。

當地的外務和陸軍，雖然極力建議不必出兵，可是中央卻完全予以忽視。其理由是說，取消一旦發出的動員命令，將予未來萬一的時候，亦即發生對蘇戰爭時以不良影響。於是我們建議，如果因爲內政上不可能取消動員令，就出國後令其在滿洲待命，但還是未蒙採納。

要之，以盧溝橋事件爲契機出兵華北，跟田中內閣時代的出兵山東一樣，雖然都是純粹的政略出兵，但這兩者所給予日本國運之影響的深遠，實不能同日而語。

川越錯失談和機會

爆發盧溝橋事件當時，大使川越恰好出差天津。覺得事態可能擴大的外相廣田，遂再三命令川越趕快回南京。川越以爲回南京不如留在天津監視軍部動態更爲重要，所以對中央表示反對，最後甚至於越級直接電報首相近衛。鑒於川越這樣頑固，廣田便由東京特派總領事三浦（義秋）到天津，直接與之折衝，川越纔勉強強回到南京。從在北平的我們來看，大使川越如果遵照外相廣田的訓令回到南京，蔣先生很可能馬上就會跟他會談，因之對於不徹底的當地解決案的內容，華北駐屯軍首腦們的眞意，他可能都會有新的認識，進而能打開局面也說不定。川越的想法固然不失爲一種見解，但從結果來看，我對於大使川越之遲遲未回南京，至今還是覺得非常遺憾。

譯　註

註一：亦即尼港事件，是一九二〇年，日本出兵西伯利亞時所發生的紛爭事件。
註二：關於此事，請參看拙譯《張學良與日本》（聯經出版社），頁七八—八二。

傀儡政權陸續降世

因爲日本出兵華北，事態正在日趨擴大時，八月八日占領北平的次日，事態已擴展到上海，並激發中國決定全面抗戰。在這期間，日本政府先是拒絕英國之斡旋提議，嗣因德國駐華大使陶德曼的斡旋，日方與中國政府開始交涉，但沒有結果；延至翌年一月十六日，日本政府却發表了「不以國民政府爲對手」的歷史性聲明。關於這個經過，對日方在華北的諸機關，政府並沒有提供任何情報，對於收拾時局的方法，也沒有任何指示；而在這期間，撇開中央，當地軍部却積極進行華北五省自治，陰謀促其由中央分離。

軍事衝突延伸華中

在中國，因爲發生事件，地方行政機關停頓時，向來由地方實力者成立維持治安的組織，這是屢見不鮮的例子。盧溝橋事件以後的北平也沒有例外，以曾任淸朝時代（北京政府時代—譯者）國務總理的江朝宗爲委員長，組織維持治安會。惟這種機構在其性質上免不了是臨時的，可是隨日軍占領的拖延，而需要具有比較長久性質的機構，於是河北省行政機關的問題，便首先被考慮。

在這個時機，組織華北五省政府的問題引起人們的注目，與此同時，並討論建立「中華民國臨時政府」。有的人主張事件既然擴延到華中方面，自不能以華北五省的自治爲滿足，應該在華北組織一個日本庇護下的中央政府，將來它亦當包括華中。

對此我認爲，就是使用「臨時」兩個字，太早組織類似中央政府機構，將爲未來中日國交全面調整帶來累贅，這些既成事實將牽制日本政府，因此最好能避免有中央政府這種明確的輪廓和名稱的機構。對於自古以來「易姓革命」，亦即一失德，主權者就應當更換，以及鼓腹擊壤，以天天能安居樂業爲德政的一般中國民衆來講，成立中央政府，算不了什麼；不如就近組織省政府，給予生活的安定，這是修正行政機構的捷徑，所以我主張成立「河北省政府」。

我向外務省建議了上述意見，並在北平與軍部折衝，但在中央還沒決定方針之前，當地却於十二月中旬，成立了以王克敏爲首長的所謂「中華民國臨時政府」，它包括了王揖唐、朱深、齊燮元、湯爾和等老政客和軍人，但沒有一個能吸引現代青年的人。到了舉行臨時政府成立典禮前一天晚上，外務省纔來應該避免「中央政府」型態的電令；但箭已離弦，對於當地軍部方針，已無可奈何。另一方面，以華中駐屯軍爲中心，上海也有樹立中央政府的空氣。臨時政府的成立，與不以國民政府爲對手之日本政府方針，綁住了日本政府手脚，而成爲日方處理將來中日關係無法自拔的一大障礙。

設立銀行維持通貨

在行文上，自應繼而談到華中方面的政權工作，惟臨時政府之下所設聯合準備銀行，對於日本的對外關係，遠比臨時政府的成立，給予更大不良影響，所以我想在這裡就此作個說明。

聯合準備銀行創建於一九三八年二月，發行新銀行券，不過最初並沒有這樣明確的構想。惟因盧溝橋事件後，北平市內極端缺乏貨幣，纔開始這樣做的。事變擴大以後，北平市內的鈔票突然大爲減少，因而影響到外國駐屯軍的購買力，因此各國大公使館，便再三地喚起我們的注意。

中國銀行北平分行依靠天津分行，天津分行依存上海總行；而由於北平、天津間與天津、上海間交通斷絕，無法外運現款。而且其總行似乎故意困擾日軍，因此一發生事變，據說就把京津方面的鈔票收回，造成北平通貨不足。

不僅如此，對於事變的發展性，日方沒有明確的推測，所以還未決心要發行軍票。很早以前就在流通的正金銀行鈔票，自幣制改革以來便不見其踪跡，因而對於通貨的不足，亟需講究某種善後對策。此時，企畫院次長青木一男，特別啣命前來當地考察，並處理通貨問題。

本來在中國，能夠發行銀行券的祇有中國、中央、交通及農民四銀行；而在華北，惟有河北省銀行是例外，可以發行銀行券。河北省銀行的銀準備雖然不十分足夠，但它却擁有很多不動產。因此我建議青木，密封相當金額的朝鮮銀行券，原封不動地由河北省銀行保管，以此作爲抵押，令其增加發行鈔票，才是實際可行之良策。

青木完全贊成我的意見，可是他回國以後，日本政府所決定的，竟是所謂「聯合準備銀行」這個華北新中央銀行的創立案。我對其詳細來龍去脈，不得而知。不過由阪谷希一在滿洲參與新中央銀行的創立和新鈔票的發行，以及其擔任華北駐屯軍財政顧問這個事實來判斷，可能滿洲集團的意見左右了日本政府和日軍所導致。

但是，在滿洲發行新鈔票之所以獲得成功，實有其相當的理由，我們不能即時全盤地把它搬到華北。新銀行之所以在滿洲成功，是因爲張作霖父子兩代濫發行奉天票，結果奉天票失去一般信用；朝鮮銀行券以日本國力爲後盾，廣泛地流通，獲得中國民衆的信賴和親切感；東三省長年成爲特殊地域，流通著跟中國本部不同的鈔票；不像租界有外國勢力存在的地區等等原因，但在華北，却毫無這種現象。沒有考慮到此種根本上差異，祇看其在滿洲的經過，就相信在華北也可行，這是其造成錯誤的最大原因。

認識和調查不足，不僅如上所述，且因發行新鈔票，華北在金融上與中國本部分離，形成獨立地域，所以華中與華南之間物資的流通，需要新的清帳。惟由於華北一直是必須由華南運進糧食，因此經常處於透支亦即「入超」的狀態。又以往透過天津所作蒙疆地方皮革類的輸出，因爲滿洲國的成立和日本的蒙疆獨立政策，而從經由天津改變爲經由奉天和大連，華北的外滙，因之而減少。由於沒有考慮到這些事實，臨時政府得每年補墊幾千萬元的收入不足，爲了經濟的自立不得不實行輸出、入的統制，和管理外滙。結果嚴重地侵害了外國的權益。

抬出要人壞蛋一個

上海陸軍特務部的原田熊吉少將和楠本（突隆）大佐，常常跟北平聯絡，並準備在華中先組織省政府，然後令北方的臨時政府吸收它。北方王克敏判斷中國被分割不利，特地在政府名稱加上臨時兩字，表示這不是永久的，同時在機構的實體上，空著重要位子，以留延攬人才的餘地。但實際上，他的用意是聯絡居住上海的安福系老政客梁鴻志一派，以梁爲內政部長，暗中交涉，要廉隅出任成立維新政府後的外交部長。

對於北方這種動態，首先表示反對是南方的軍司令官松井（石根）大將。他於一九三八年元月號《改造》雜誌發表其見解說：「要在華北組織中央政府，實在太不懂得中國，中央政府應該設在控制長江的華中，否則不可能根本解決中國問題。」繼而別於原田、楠本的特務部，另行設立機構，由臼田寬三、長勇兩個大佐受司令官之意，從事工作。而在中國方面突然冒出來的，就是從來沒聽過其名字的怪人王子惠。

本來，在中國，所謂日本村醫生，相當活躍於政界。大概由於工作上關係，日本醫生知道中國要人的個人秘密而獲得他們的信賴，因之有很廣泛的交遊；而奉天的守田福松、天津的藤田某，和上海福民醫院院長頓宮某就是其犖犖大者。正在苦於找不到「要人」的臼田和長勇，因爲頓宮的介紹與王子惠會面。王子惠五官端正，能言善道，好像很有魅力，因此一見如故，獲得臼田和長勇的欣賞。

他們兩個人遂推薦王子惠，往見司令官松井，松井贊成抬出王子惠，作爲中國通之司令官松井，其所以同意起用王子惠，似非看中其人物，而聽說王子惠與蔣先生有聯絡。可是，由於總領事舘副領事岩井英一的努力，獲悉王子惠是出身臺灣，第一次上海事變後，天長節（日皇誕生節日―譯者）紀念會席上發生炸彈事件（譯註一）時，說要引路幫忙找眞犯人，而誘騙陸海軍，出動驅逐艦到吳淞的王晦知。

於是，中日雙方反對王子惠的聲勢日漸高漲。陷於困境的臼田和長勇，爲了消滅反對王子惠的勢力，便從神樂坂和淺草糾合許多流氓，訴諸於謀略和暴力手段。這些傢伙在日本村，橫行濶步，肆無忌憚，脅迫威嚇，毆打殺人，無所不爲，對於原田和楠本，甚至於得派憲兵予以保護。帶頭的某人是個性格變態者，據說，他把中國人的梟首排在他自己房間，浸在剛洗血的澡盆而自悅。

二次大戰後，從上海回國的山田純三郎，可以說是無人不曉的中國通，他跟國民黨西山會議派的關係很深，在孫文時代，就奔走革命。他也非常反對起用王子惠。有一天晚上，說是要請教他有關新政權工作的意見，因而邀他前往新安旅館。山田一到旅館，便被擁護王子惠的一夥軟禁起來，責問山田反對王子惠，用手槍和武力威脅，終於騙得山田支持王子惠的字據。山田在上海談到這件事時，曾經回憶說，這是他長年生活在中國最大的失策。

設計中國維新政府

在很重視排場、經歷和面子的中國，沒人願意充當無名的騙子王子惠之部下是不言而喻的，所以最後由梁鴻志出任行政院長，於三月底在南京成立「中華民國維新政府」。因此在中國的南北，同時產生了以日本陸軍爲後盾的兩個中央政府，這實在是不可思議的現象。

王克敏對於上述北平的內部情形，都逐一得有情報，惟在成立維新政府稍前，接到梁鴻志披瀝其苦衷的信說：「對不起違反事先的了解，惟因日本陸軍的壓迫，不得不出馬組織維新政府」，因此以無法瞭解日本政府和軍部的眞意，突然將前述經過寫成公文，向軍司令官提出全體閣員的辭職。狼狽尷尬的日本政府，遂以將在適當時期令臨時、維新兩政府合併組織中央政府，纔得王克敏的回心轉意。

日本政府倉惶在福岡召集當地有關人員協議結果，發表了如下方針：「徐州戰後，津浦線（天津、浦口間）一開通，就令臨時、維新兩政府合併。」但這不過是敷衍表面，維持中國人面子的彌縫辦法。從知道其內幕者的眼光看來，這兩個政府成立的經緯和內部情形，太過於複雜離奇，實在無從合併。

拉攏唐紹儀吳佩孚

如所逆料，日本政府於七月底從華北、華中兩特務部取消中央政權工作，另外設立所謂對華特別委員會。陸軍是土肥原，海軍爲津田靜枝預備中將，外務由與外相宇垣（一成）同期的坂西利八郎預備中將爲代表，他們三個人理應一心同體工作，可是津田却在上海不動；坂西忙於旅行中國各地，他很可能是爲宇垣秘密著手要與重慶直接交涉事而活動；唯有土肥原在上海設立土肥原機關，作表面上活動，目的是要拖出國民黨元老唐紹儀，和直隸派猛將吳佩孚。

對於土肥原，在上海，日方各界都忠告他不要輕舉妄動，但土肥原一到上海，却就往訪唐紹儀；沒幾天，唐紹儀便在法國租界的他家裡被國民黨份子暗殺。在另一方面，隱居北京的吳佩孚早已皈依佛道，一天到晚專事念經，毫無捲土重來政界的野心。曾經被公認爲是中國軍界的第一把手，淸白廉潔之模範的吳將軍，就是以救濟人民的美名，也不肯作日本軍部的傀儡。

土肥原自信仰仗曾任滿洲國實業、外交兩個部長，現又回歸中國的張燕卿（張之洞之子），便能夠抬出吳佩孚；可是吳佩孚却始終不動，結果變成土肥原被張燕卿牽著鼻子走，除作了一次禮貌上拜訪以外，跟吳佩孚毫無懇談的機會，反而竟由張燕卿在中國報紙發表所謂吳佩孚招待外國記者的假報導，徒增吳佩孚不相信日本的信念而後已。籠絡唐紹儀、吳佩孚之工作，完全失敗了。

拿汪精衛充當傀儡

接替廣田出任外相的宇垣，透過香港總領事中村豐一，曾努力於與孔祥熙的直接交涉；惟因軍方的阻礙，未能成功，而以設置興亞院問題的表面上理由離開了內閣。於是舞臺遂移到汪精衛工作，是即一九三八年十一月，日本政府有關東亞新秩序的聲明，乃是日本對華政策上一個轉捩點，而這實以汪精衛的出馬爲其基礎。

一九三九年夏天，首相平沼（騏一郎）將日本派駐中國各地的各機關負責人召集於東京，決定大力推進汪政權工作的方針，其目的在於排除以往各自爲政，各派駐機關的獨斷行動，由日本中央一元化樹立中央政府（傀儡政權——譯者）的工作。我們外派的外務機關之贊成前述政府的方針，從現在看來，是種短見；但在當時這是基於既沒有希望與蔣先生直接交涉，也就祇有依汪精衛的出馬與政治力量，跟重慶取得諒解，捨此實無法收拾時局的一種想法。

不過在這個階段，華北方面還有人仍不死心於抬出吳佩孚的工作。我在上海的時候，曾經接到汪精衛前往青島與臨時政府的要人商談時，北京大迫大佐手下的刺客前去青島的可靠消息；我趕緊派遣副領事岩井到東京，與影佐上校合作，纔得無事；但關聯到情報的出處，在浪人之間曾經引起道義的問題，爲此，他們吵鬧了一大陣子。

宇垣進行結交美英

在奉天和北京，與第三國關係的交涉事件並不很多，但在上海，却累積許多懸案。美國雖然堅持著主義和原則，但久未正式提出抗議，而採取當做地方問題，由領事去處理的方針。反此，英國除由領事折衝外，大使館本身一一提出正式抗議。這似乎是由於美英兩國在華權益的差異；二來爲許多問題是具有祇要跟英國解決，其他國家便可均霑的性質；三來表示美英兩國的密切關係。

在一方面專心於重慶工作的同時，外相宇垣以中國問題爲中心，對調整跟美英的國交，作了最大的努力；而最具體的行動就是宇垣、格萊基（英國駐日大使）會談。這時英方提議長江的開放，上海共同租界北部地域的開放，和黃浦江改修局的恢復原狀等問題；他們的理由是，要考驗日本尊重外國權益的誠意。

但由於當地的複雜因素，東京方面雖在主義上和原則上獲得諒解，實際上還是不能解決。如果要解決，非得經過中央陸海軍和第一線陸海軍的同意不可。事實上，在宇垣、格萊基會談紀錄中，格萊基曾問：「所謂共同租界的北部地域，指著什麼地方？」對此，宇垣外相和擔任翻譯的土屋準書記官都不知道內情；由此以觀，當可知道當地交涉不易成功。

在上海，我負責這個交涉，最費苦心的，不是對外周旋，而是以陸海軍爲對手的對內折衝；亦即要如何使互爲對立、相尅之陸海軍的利害和立場妥協與調和的問題。不僅陸海兩軍之間有對立，陸海軍本身內部的矛盾也很嚴重；尤其是陸軍，因爲當地有部隊、特務機關、憲兵隊、船舶司令部等各種機構，所以其傾軋更是厲害。

譬如上海市前面的蘇州河，以及往還其附近小河的中國民船，民船因爲治安關係，得携帶日方機關發給的許可證，但海軍所發的，陸軍却常常不給承認；陸軍發行的，海軍往往不予理睬，因此最受苦的，當然是無辜的中國老百姓。於是他們想出懸掛德國或義大利國旗的辦法，這樣他們可以到處去。

由於這種原因，狡猾的德義商人之中，有不少人不但借其名義，而且故作假契約，出讓船籍，不當得利，而幹此種情事者，尤多義大利人，連其官員，明知其爲僞造，也要以軸心國爲藉口，強行下去。這如果從日方來說，無異是放棄當然的權利。而由這小事，我們自不難推斷陸海兩軍對立的情形。

硬要開放公共租界

黃浦江江口，因爲長江所流下泥土的堆積，爲著航行的安全，必須經常浚渫。爲了改良和保存這個水路，依義和團事變議定書，遂設有所謂黃浦江改修局這個國際機構，並受外交團的監督。盧溝橋事變後，日軍扣押了改修局的船隻、機器和設備等，改修局的機能爲之完全停頓，因此，改修局的重開，對於列國成爲重要的國際問題。海軍以總工程師如果用日本人，則準備同意重開，但陸軍却一直強硬反對。

蔣先生時代，曾有在吳淞方面建設市政中心(civic center)的計畫，其一部分且已就緒，陸軍繼承了這個計畫，並爲這地區的馬路，取了松井街、近衞街等名字。如果停止浚渫，大船舶將不能停靠共同租界的碼頭，共同租界將隨之而衰微，共同租界的繁榮勢必爲市政中心所取代，以上是陸軍的反對理由。但這是沒考慮到金融、通信、倉庫等爲經濟活動所不可或缺之各種設備的外行話，他們以爲祇要建設毫無這些設備的街道，就能夠一舉推翻英國花費數十年所經營共同租界的現狀，簡直是癡人作夢。

結果以事變繼續中的暫時措施，使用日本總工程師數名而妥協，但陸軍的船舶司令部，却反對到底。該司令部直屬於宇品（地名——譯者）的運輸司令部，並不隸於南京總司令部的管轄，而且由於其首腦人員很多是在陸軍內部常被歧視爲苦力的輜重兵出身，所以其眼界狹窄，平日的偏見使他們這樣做。

封鎖長江困擾列強

對於這個問題，陸海軍採取了跟對於改修局完全相反的立場，亦即陸軍的意見比較溫和，海軍的態度比較強硬。以上海大門吳淞口爲界的北方地域，大體上是日人居住地區，當然這個地區也是共同租界的一部分，惟日本海軍陸戰隊的本部在此，加以列國在上海的共同警備計畫上，它係屬於日方的擔任區域，因此事變以後，日本海軍便從這個地區，把共同租界的警察權和一般行政權逐出，而悉數操在日本海軍手裡。

不特如此，對於日本人以外的居住者，海軍發給居住證明書，其他一般人的出入則發行出入（通行）許可書，因而爲中國人和外國人的日常生活帶來許多不利和不便。尤其是吳淞口兩端步哨的身體檢查和詢問，常常亂來，所以既受到外國人的責難，而又經常引惹不必要的摩擦。

因之，列國也就執拗地要求在這個北部地域早日恢復工部局的行政權，對一般人開放這個地區，可是日本海軍却以對於維持治安，不敢信賴工部局的能力和誠意，而不肯答應。日軍對於開放這個地區的條件，提出種種要求，獲得租界當局的同意，將任命新的日本警視副總監和大量任用日本警察，於是海軍又提出要加強日本副總監的實際權限，和在北部地域配置日本警察署長，其要求簡直是無止境。

我正式以工部局參事會議長美國人律師佛蘭克林爲對手，非正式地與美英兩國總領事等折衝，結果把以前A、B兩個警備區域分成A、B、C三個區域，其中一個配置日本署長而妥協；可是一到畫分警備區域的時候，美英方面不肯把有許多碼頭和倉庫之沿河地域讓給日本，尤其是，北部地域曾經爲美國租界的預定地，所以爲調整列國的地方利害，眞費盡了苦心。

開放長江，爲列國所最重視，但這不是祇以地方協定所能解決的問題。日本海軍以作戰上理由反對開放，但他們的本意是想在作戰期間，確立日人在通商上的優越地位。事實上對於第三國，說是除日本軍用船輸送軍需品以外，全部禁止一般商品的搬運；但對於日本報紙却准許其刊登有關長江上游日本船舶出發和到達時間，日本商人也公然寄送有關買賣輸往長江上游物資的廣告和消息。因此列國不理睬日本有關封閉長江的正式聲明，誠非偶然。

上海的美國商社暗中來說，跟滿洲一樣，蒙疆政府也有石油專賣的計畫，並問有無什麼能令雙方都肯接受的辦法，因而我介入於蒙疆與美國商社之間，盡力斡旋；惟其沒有特別的妙案，所以遂令蒙疆停止了這個計畫。結果，華中的石油專賣計畫,也就隨之而沒有下文了。

我就改修局和租界的問題交涉幾個月，對於解決案在大體上已經獲得同意時，美國通知要廢棄美日通商條約，我奉命調職華盛頓，因此草簽了協定案就離開了上海。

美國通知廢除商約

九一八事變的時候，美國國務卿史汀生發表不承認行使武力結果所造成事態的聲明，這就是所謂不承認主義。這個原則是美國遠東政策的基本方針，不過滿洲國獨立之後，美國並沒有出於積極手段，而以不得已的既成事實，默認滿洲國，採取靜觀態度。但是，對於滿洲國的靜觀態度，是否完全適用於中國本部，自是另外一個問題。

果然，一九三七年七月，一發生盧溝橋事件，赫爾國務卿便表明美國對於國際問題的立場，提倡否定以武力執行政策，依和平交涉調整紛爭，不干涉內政，通商上的機會均等等一連串原則，這項聲明，並不以中日兩國爲對象的形式，而採取給列國的方式，因此無疑地這是針對華北局勢而發的。

在各國異口同聲表示贊同的情勢中，惟獨日本政府說：「要適用上述諸原則於遠東局勢，必須考量遠東現有的特殊狀態。」實在很值得注視；而由此我們當可知道，重視主義和原則的美國，與著重現有事態的日本，其立場實完全不同。

同年十月初，羅斯福總統發表「國際上無秩序的傳染病必須隔離」一篇有名的隔離演說。與此同時，美國國務院聲明說，日本在中國的行動，違反了九國公約和非戰條約；在東京，格魯大使正式要求日本停止對美國各種權益的差別和妨礙。無需說，前述華北的滙兌管理、貿易的統制和長江的封閉等等，皆屬於這個範疇。

狡辯侵害外國權益

自盧溝橋事變以來，廣田、宇垣兩個外相曾就侵害外國權益問題辯解說：日本政府仍然遵守門戶開放、機會均等主義，尊重九國公約的方針，並沒有任何變更，惟在進行軍事行動時雖有些妨礙，但那不過是一時的和變相的事態，軍事行動一結束，就馬上會改正過來。而有田外相則從完全不同的立場來處理這個問題。

一九三八年十一月十八日，有田外相對美國曾經回答說：「日本在東方，爲著建設基於眞正國際正義的新秩序而正在作最大努力；在東亞天地正當展開新情勢之際，不能以適用於事變前局勢的觀念和原則，來衡量現在及今後的局勢。」這是東亞新秩序宣言，也是九國公約的全面否定，更意味著日本遠東政策一百八十度的轉變。而且，對於美國重新否認新秩序的獨斷創造，建議應以同意和交涉來解決的提案，日本完全置之不理。

譯　註

註一：一九三二年四月二十九日，上海事變停戰交涉中，在上海新公園慶祝日皇生日典禮席上，韓國人尹奉吉投擲炸彈，公使重光葵負重傷，割掉右大腿，第三艦隊司令官野村吉三郎和上海派遣軍司令官白川義則也負重傷，不到一個月，白川死亡。

滿洲只是僞國

軍部多主侵呑滿洲

發生九一八事變當初，當地軍部並沒有具體考慮過獨立國家案，而大多主張合併滿洲論，可是經過三、四個月以後的一九三一年年底，獨立國家案已經是關東軍的既定計畫。這時，爲就任犬養內閣外相，回國途中路經滿洲的駐法大使芳澤，在奉天停留一個星期左右，與各方面人士懇談再三，費心於追究滿洲的實情和關東軍的眞意。

我對他的詢問，曾毫無保留地答說：「獨立國家的實現，只是時間的問題，祇要用兩三支手槍威脅，就即時發出獨立宣言。獨立宣言後，預定寄給各國的對外通牒，現正在關東軍總務課起草中，它包含尊重國際條約和國際慣例一項，日本政府如果欲阻止其獨立，捨以非常的決心抑制第一線軍部別無他途，外務省的駐外機構，實束手無策。」

我同時報告他，吉林的熙洽告訴美國總領事韓遜的話：「多門（二郎）師團長以手槍對著我的腦袋瓜威脅，因此我不得不答允吉林的獨立。」（奉天總領事館曾由某方面獲得韓遜調查旅行中所拍電報的全部抄件），以及「從東京以前的狀況判斷，政府可能沒有這種力量，頂多祇能藉口樞密院的諮詢等，以儘量拖延承認其獨立而已」。

三月革命計畫發展

現在回想起來，在三、四個月之內，從合併到新國家，轉變一百八十度，並非表面上的變化，而是繼承所謂三月革命計畫發展的結果。重視農村的窮苦和政黨的腐敗，認爲祇有由軍部行獨裁政治以實行國內革命外，沒有救濟邦國前途的思想，不但在日本國內的青年軍官，而且滲透到關東軍的青年軍官，更與其東京的同志有很密切的聯絡。

三月革命挫敗之後，他們便準備在滿洲起事，占領整個滿洲，在這新天地實施軍部的革新政治，從而把它移植到日本國內。九一八事變以後，禁止資本家和財閥插足滿洲，倡導王道樂土，五族協和，無產階級政治；繼而依一國一黨思想成立協和會，出現關東軍獨裁等經過，充分說明了這一點。

在這種意義上，九一八事變是大陸政策與國內革新兩種思想的結合，而左翼人士麻生久、淺原健三等人，與右翼的國家改造論者大川周明之有聯繫，就是由於此種原因。

換句話說，發動九一八事變的青年軍官們，既是大陸政策論者，同時也是國家社會主義者。

原來，一部分日本人，早就具有滿洲獨立的思想。爆發盧溝橋事件的時候，訪問北平的松岡洋右曾說：「滿洲獨立是我多年來的宿望，中國第一革命之際，令北京公使伊集院（彥吉）建議滿洲獨立論的就是我。」其懷舊的氣勢，眞不可一世。

大限（重信）內閣時代，袁世凱稱帝之時，曾有在滿洲各地，假浪人川島浪速等人之手，操縱土匪，令其出動，並與蒙古巴加布的崛起互相呼應，一舉實現滿洲獨立的計畫。在日本政府承認之下，以外務省政務局長小池張造爲中心，由大倉組支付必要經費的這項計畫，因爲袁世凱的突然死亡，而失去實現的機會；後來爲處理這些土匪，曾傷透了腦筋。這就是所謂宗社黨事件，而據說，小池之轉進久原組，便是由於擔負這個責任而來。

又，關於這個事件的文書，早就離開外務省文書課，而藏在亞細亞局的保險櫃底下，所以外務省官員之中，除與亞細亞局有關係的少數人外，恐怕沒人看過這個文件，更不可能知道它的存在。

而促進實現滿洲建國的是，一九三二年春天，李頓調查團來到滿洲，因爲在這之前，軍方要製造既成事實，爲此，軍部曾策劃拖出隱遁天津的溥儀，土肥原負這使命，於一九三一年晚秋，潛赴天津。十一月，天津發生反對張學良的暴動，在日本租界與中國街境界附近的槍砲聲中，溥儀脫出天津，進入滿洲。而扮演這個事件之主角者，就是從一九三二年秋季就任首任駐日代表的鮑觀澄。

鮑觀澄與土肥原的關係，起始於土肥原上任奉天市長之日。當時，鮑以政治犯正被張學良監禁，由於土肥原釋放了政治犯，他纔獲得自由。從此以後，他倆形影不離，同其行動。土肥原一轉任哈爾濱特務機關長，鮑便被任命爲哈爾濱市長，繼而以首任代表赴日。

溥儀對日本的眞意如何，自遠東國際軍事法庭以來，引起許多討論。在做皇帝之前，執政時代的溥儀，不必顯示作爲皇帝的威容，所以也很輕鬆地跟我們促膝交談。綜合我私下跟他兩三次會談和他親信的內幕話，溥儀不但由衷高興回滿洲，而且以爲他將以大清帝國的帝王，安居北京的紫禁城。迨至就任執政後，面對因爲關東軍而完全失去自由冷酷事實，纔對日本的作法不平和不滿。

滿洲走向獨立過程

關於滿洲國走向獨立的過程，由滿洲新政權人事政策的變遷，自可窺悉其一端，而滿洲國人事，實可以大別爲以滿鐵、駒井（德三）和官僚爲中心的三個時代。

爆發柳條湖事件以後，張學良身邊的年輕官員都離開滿洲，舊要人們也多消聲匿跡，而爲塡補這個空白，滿鐵社員遂大量走上政壇和宦海。這以地方課長中西敏憲和衛生課長金井章次爲領導者的滿洲青年聯盟，與由滿鐵笠木良明所統率的雄峯會爲中心，而在正副總裁內田、江口前往東京時，由與板垣意氣相投的理事十河信二發號施令的。

大連的日文報紙「大連新聞」，爲鼓吹大陸政策，曾召開過青年模擬議會，而這個議會之長久化的，就是青年聯盟，它以大力推展日本滿蒙政策爲目的。反此，雄峯會是由滿鐵的年輕法學士和關東軍年輕軍官中所謂革新派所組織的思想團體，其目的在於革新內外庶政；但沒經過多久，這兩個團體便開始發生爭執，青年聯盟敗退，雄峯會壟斷了滿洲國獨立前自治指導部和獨立後的資政局，領導了建國思想的培養和普及。

青年聯盟和雄峯會會員，一般來講，多是滿鐵內不大認眞工作，大言壯語型的人，他們欠缺實務上知識和經驗。但關東軍却不管其知識和能力，而祇尋覓衷心共鳴軍部方針者，因而找不到眞正的人才。譬如派出去做副縣長的，竟有在四平街車站賣便當者和安東洗澡堂的老板，他們有生以來第一次穿上大禮服，得意洋洋進縣城，實在可笑。事實上，滿洲政權初期的人事，跟往昔鄉下戲的頭一天一樣，先來先占好位子。因此，滿鐵的衞生課長一躍而爲奉天省的總務司長（日本的總務主管人事和經費，總務司長是首席司長——譯者），毫無司法事務經驗的醫院事務長，一跳而當司法部總務司長的例子，說來並不算稀奇。

而在這個時期來到滿洲的就是駒井德三，他後來出掌首任總務長官，由於跟次官小磯（國昭）是老朋友，所以獲得陸軍的絕對支持，而在日人官員中，大有聲威無雙鶴立鷄羣之概。駒井畢業札幌農科大學，在滿鐵工作很久，具有滿洲現地的許多經驗，在這期間，與當時的大尉小磯參與宗社黨事件，自此以後跟小磯成爲好朋友。

九一八事變當時，外務省屬託駒井，曾經請求外務省將他派到滿洲，惟外務省把他當做危險人物，沒有同意，因此經由小磯推薦，以陸軍省委任身分前往滿洲。我因為與陸軍的折衝上，常常麻煩駒井，所以認為外務省如果能度量大一點，起用駒井，或許能善導陸軍也說不定。

原來是學者而又極其謹嚴的國務總理鄭孝胥，與粗魯奔放的駒井在性格上既不相容；與此同時，以王道樂土為理想之笠木等人的革新派，很不齒於駒井伸張日本權益之一邊倒，而與鄭孝胥勾結，以排除駒井。不久笠木派敗北，駒井又因為與鄭對立的關係，由總務長官而調到滿洲國參議的閒差。

此時出現了以日本官僚為中心的第三期時代。九一八事變的興奮一冷靜，軍部便自覺新政權欠缺人才，因而起用了臧式毅、于沖漢等舊要人，經由他們推薦優秀滿人官員也陸續復了職。至此，日本政府才認眞扶植滿洲國，而由各省派出現任的官吏。我曾期待這些人能牽制軍部的專斷作法，可是我的期待却成為泡影。他們不懂得滿洲的實際情況和滿人的風俗、習慣及心理，而徒行為意識形態所拘束的畫一行政和法規萬能的行政，把在日本國內受指責的僚屬政治搬到滿洲，由之產生了相對於「土匪」之「法匪」的新成語。

僅僅是日本衛星國

滿洲國是在「王道樂土，五族協和」的美名下宣言獨立的。但這是個名目，實際上是十足的日本衞星國，是顧維鈞所說的僞「國」。

國務總理、大臣和省長，雖然都任命滿人，但他們徒具虛名，實權完全操在總務長官和次長手裏。財政、金融、交通、產業等等，一切在滿日合作的形式之下，掌握在日本人手中。而且，總務長官以下所有日本官吏，都得甘於關東軍的頤使，負責指導滿洲國的關東軍第三課，才是事實上的滿洲國政府。

而其所以造成這種局面，乃是由於滿洲國獨立之際，在司令官本庄與溥儀執政所決定的「覺書」中，關東軍司令官對於滿洲國擁有裏面指導權和人事任命權的結果。日本承認滿洲國的時候，外務省曾想在滿日之間締結正式條約，將關東軍司令官與溥儀執政的內緣關係變成正式關係，亦即意圖把事實關係改爲外交關係，將關東軍的裏面指導權和人事任命權移到日本政府手裏，但爲關東軍所拒絕，而終於未能達到目的。

畢業於六高（第六高等學校的簡稱——譯者）和東大（東京大學的簡稱——譯者）的張操，曾批評日本的對華政策說：「日本的作法與日本人吃中國菜一樣。吃魚時，不但把兩邊的魚肉吃光，連魚珠，什麼也都要吃得一乾二淨，一點也不想留的話，日本的對華政策勢必日暮途窮。」

按照中國人的習慣，魚祇吃其上面，下面部分則留給廚房。傭人的家族及其朋友們，常常來大吃大喝主人留給廚房的酒菜。據說，孫中山先生旅行日本國內時，曾由火車車窗望外邊說：「耕種到山頂，可見日人之勤奮。」對這，他的隨員說：「耕種到山頂，可見日本國土之貧困。」他們把日本人的島國根性不折不扣地反映於對滿政策上，是即獨占慾是它最大的缺陷。

滿人怨恨用鎬殺賊

其次，我想說的是，日本之不能獲得滿人信賴的另外一個原因是，日人和朝鮮人偏狹的國家意識和優越感。九一八事變後，有如海濤往滿洲擁擠的日人、朝鮮人之中，有的夢想一攫千金，有的爲優越感所驅，假軍部和國家的勢力，胡爲亂作，在滿人之間引起很大的反感和憎恨。他們多認爲既然在日本勢力之下，自大可以像處身國內自由行動，因此穿上浴衣，光著脚穿拖鞋在街上晃來晃去。一個盛夏黃昏，在奉天大和飯店屋頂院子，洋人在那裏納涼時刻，竟有些捲上浴衣，穿著拖鞋插足此間的日本人，而受到洋人的冷眼相看。

跟滿人爭土地、房屋的事件也隨時發生，從而招來滿人的怨恨；而在北滿佳木斯設立「內地移民村」便是其極端的一例。拓務省以北滿可能有許多無主地，所以九一八事變爆發不久，便在治安還沒確立的佳木斯方面計畫建設移民村，並送來移民團。但就是北滿，那裏來得那麼多無主地？這就需要購買既墾地，但已經在大地上生根的農民，當然不肯隨便出賣其耕地。束手無策之餘，他們便利用軍部討伐土匪的機會，命令村民拿來地劵。不巧，軍醫爲了宣撫，強制農民種痘，而從沒見過醫藥的內地農民，有若新開墾土地，所種的痘非常有效。於是無知的農民，以爲日本要沒收他們的土地，下毒要殺他們，因此蜂擁而起的農民羣，遂於拂曉偷襲聯隊本部，用鎬頭、農具殺了聯隊長等人。這是於一九三四年春天，在北滿土龍山發生的事情。當時，軍方公布飯塚朝吉聯隊長是戰死，但實際上是被中國農民幹掉的。

撫順屠殺震驚世界

一九三二年十月，在撫順也曾經發生過慘不忍睹的大量虐殺滿人婦女兒童事件，惟因禁止報紙刊登，才不爲人們所悉。撫順警察署來報告說，煤礦工人擅自離開工作崗位，成羣沿著路軌徒步往華北走去；而經過調查結果是，撫順守備隊的一個大尉，以隱匿土匪爲藉口，而召集村莊的婦女兒童，用機槍予以掃滅。發生這個事件的稍前，日本國內一家報紙報導說：一個「出征」滿洲的大尉太太，要她先生無後顧之憂，留下遺書自殺，該報並譽它說這是戰時婦女的典型，而這個大尉就是她的丈夫。

當時，祇有國際新聞社的奉天特派員韓達就這個事件發出電報，而韓達這個人，平素與其他外國特派員幾乎不來往，因此被誣爲「哈斯特的流氓」，而沒人理他。但我猜想，這些工人抵達河北或山東時，一定會引起很大問題。果然，經過一個月左右，中國報紙便大登特登撫順的大虐殺事件。南京總領事館因爲我的電報，當然知道其眞相，可是它却反而以中國報紙報導大虐殺，而向外交部正式提出抗議。當我想及祇要不表面化，這種事最好能隱蔽過去，此種當時的心境，我眞是不勝慚愧，而這種想法，才是眞正害了日本。是即太平洋戰爭期間的許多屠殺事件，歸根結底，完全來自日本軍人的殘忍習性。（譯註一）

總之，從其誕生到她的結局，滿洲國不過是關東軍絕對支配下的僞國，而從頭到尾，她對日本既不信賴也沒有親切感。

譯　註

註一：關於日軍在大陸的種種暴行，拙譯《鐵蹄底下的亡魂》有很詳細的記載。此書將由近代中國出版社再版。

附錄　從日本外交官之記述論日本對華政策之失策

陳鵬仁

一

關於這個題目，我選擇了重光葵的《昭和之動亂》，及石射猪太郎的《外交官之一生》。因爲我覺得，他們兩個人很有代表性。

重光曾任上海總領事（一九二九年）、駐華公使（一九三一年）、駐華大使（汪精衛時代）、駐蘇、英大使、外務次官（一九三三年）和外務大臣（一九四三年），日本戰敗後，代表日本天皇和日本政府，在密蘇里軍艦上，向盟軍簽署降書。石射，九一八事變當時，是駐吉林總領事，爾後出任上海總領事，中日戰爭時，任外務省東亞局長。又這裏的所謂日本對華政策，是指九一八事變以後的對華政策而言。

二

重光的《昭和之動亂》，從遠東國際軍事法庭審判結束後的一九四八年年底，到一九五一致，其反日感情，遠甚於二十一條，且有日益嚴重之趨勢。因此在滿洲以外地區，隨時有發生不祥事件之可能。故請政府要日本海軍特別愼重。萬一日軍插足北滿，可能即時與蘇俄衝突，局勢勢將更加嚴重。

三、中華民國政府，正在加緊結束內爭，以統一之力量，及以夷制夷之傳統政策，根據國聯及非戰公約求助於美國，加上國內外之宣傳，強迫日軍撤退。無論如何，今後關於滿洲問題，中華民國不可能出現能與日本做適當決定，或者爲達到此目的而進行交涉之人物。因而此次事件，將使中日兩國長久立於事實上斷絕邦交之狀態。更因中華民國之策動，日本勢必受到世界輿論之譴責與制裁。（上册，五三—五四頁）

可是，日本政府却並沒有採納重光的意見，而被關東軍所造成的既成事實牽著鼻子走，由泡製僞滿洲國，全國侵略中國，以至於亡國而後已。（關於九一八事變的種種，見拙譯《日人筆下的九一八事變》一書，由水牛出版社出版）。

日本少壯軍官的無法無天，一九三二年五月十五日殺死了首相犬養毅，日本的政黨政治，由此消聲匿跡；而僞滿洲國的獨立，事實上是關東軍的獨立（上册，一二一頁）。關東軍爲確保滿洲國的安定與安全，遂進行其所謂政治工作。它包括內蒙工作和華北工作。其目的是要在這個地區消滅對滿洲國具有敵意的政權，並建立對她懷抱善意的政權。（上册，一一六頁）

關東軍的華北工作，無視日本政府的外交方針，由其秘密地進行，政府毫無從知悉其實況（上册，九三頁）。但日軍中央却不喜歡關東軍進入華北，希望由天津軍來主其事。基於此，天津軍遂向其中央提出所謂第一次〈北支處理要綱〉。所謂〈北支處理要綱〉（包括第一次、第二次），在實際上是意圖華北五省的滿洲化，是華北五省事實上由中央分離，是冀察政權及冀東自治政府的指導方針，即指示華北五省分治政治之完成及經濟之開發。（上册，一二一—一二二頁）因此重光認爲，華北工作和內蒙工作是中日兩國全面衝突的導火線，使九一八事變滿洲問題不可能解決。（上册，一二二—一二三頁）

對於中日戰爭，重光認爲，日本應該盡量隱忍自重，不能染指滿洲以外中國領土。可是，因爲日本政府的無能和軍部的不知愼重，進行所謂華北工作，九一八事變遂變成中日事變，更擴大爲中日兩國的全面戰爭。其原因在於日本政治機構之遭受破壞，亦即日本國民政治力量之不足。而盧溝橋之衝突，也就是第二個九一八事變的發生，導致了昭和日本的破產。（上册，一七一頁、一七三頁）

其次，我們來看看石射豬太郎對於九一八事變和中日戰爭的看法。石射的《外交官的一生》，副題「我對中國外交的回想」，於一九五〇年由讀賣新聞社發行；目前能買到的有「中公文庫」的袖珍本，於一九八六年由中央公論社出版。前者四五四頁，附有人名索引，後者五二〇頁，沒有索引。

如所周知，萬寶山事件和中村（震太郎）事件是九一八事變的前奏曲，而使其成爲前奏曲的便是關東軍。（《外交官的一生》，一六二頁）石射更認爲，萬寶山事件之非，乃在於僑居東北的朝鮮人。（前書，一六〇頁）石射說，吉林省之所以宣布「獨立」，完全是熙洽受到關東軍用手槍威脅他說「你要宣言獨立？還是要死？」所致，因此石射把它叫做「槍口的獨立宣言」。（前書，一六六－一六七頁）

對執行這項任務的第二師團多門（二郎）師團長，石射勸他說，這樣做是干涉中國內政，將造成嚴重後果，要他重新考慮，但他却說這是關東軍司令部的命令，有意見請向軍司令部去說。（前書，一六八頁）石射繼著說，關東軍虛構滿洲國的獨立，係基於「三千萬民衆的民意」；但除清朝的幾個遺臣外，東三省的中國老百姓，沒有一個人希望「獨立」，其所謂輿論，根本是揑造的。（前書，一七二頁）

石射澈底地不跟關東軍合作，不願意做日本軍閥的幫兇，他的信念是日本和中國應該一掃過去的怨懟，團結合作纔對。他以爲，九一八事變是關東軍的兵變，這跟他的信念，完全水火不相容。所以，關東軍的參謀會議，終於決議「我們認爲石射吉林總領事沒有與軍方合作的意思，故要求即時調回本國」，並電達外務省。（前書，一七二－一七三頁；《現代史資料，七，滿洲事變》，一九六四年，密斯滋書房，二九〇頁）

石射覺得與關東軍格格不入，幹下去沒意思，很想立刻離開，但後來又想，不要留下因爲軍的反對而下臺的壞例子，於是忍耐五個月左右以後，才向外務省請調，同時在電文明說：「職與關東軍不能兩立」。（前書，一七三頁）離開東北，在大連搭上輪船，回顧大陸時，石射這樣想著：「如果從太陽來看，地球的黑點將是滿洲國」。（前書，一八二頁）

盧溝橋事變爆發前三個多月，石射接任外務省東亞局長，主管中國外交事務。中日衝突大約半年後，日本首相近衛文麿發表「今後不以國民政府爲對手」的聲明，暗示將支持汪精衛組織傀儡政權。

對於近衛的這個聲明，石射寫了「對於今後事變對策的考察」一篇長文，表示他個人的意見。這是一份極機密的文件，當時祇分發十幾份，戰後纔公開，現在刊登於東京原書房所出版，《外務省的一百年》，下册（一九七二年）。

石射的意見是，恰恰與近衛相反，認爲唯有以國民政府和蔣介石爲對手才能收拾這個戰爭。石射以爲，「不以國民政府爲對手」，就是「不以蔣介石爲對手」的意思，因爲國民政府爲蔣氏所領導。（《外務省的一百年》，下册，三一五頁）

石射分析了發表「不以國民政府爲對手」之聲明前後的國內外情勢以後認爲，日本政府當局和國民，把中國的抗日意識和力量估計得太低了；而其所以致此，是因爲沒有深入研究這幾年來中國的國內情勢，中國人的民族自覺，國力的增進，以及詳細研究一九三五年秋天，蔣氏在中國國民黨五全大會的外交演說，和前一年七月十九日，蔣氏在廬山發表的聲明等

等。（前書，三二二頁）

石射引述蔣先生在五全大會和廬山談話會所說的話：「和平未到絕望時期，絕不放棄和平，犧牲未到最後關頭，亦絕不輕言犧牲」；「萬一到了無可避免的最後關頭，我們當然只有犧牲，只有抗戰，但我們的態度祇是應戰而不是求戰。應戰，是應付最後關頭不得已的辦法。我們全國國民必能信任政府已在整個的準備中」；「至於戰爭既開之後，則因爲是弱國，再沒有妥協的機會。如果放棄尺寸土地與主權，便是中華民國的千古罪人！那時便祇有拼民族的生命，求我們最後的勝利。」（前書，三二二—三二三頁）

石射猪太郎不折不扣地相信蔣先生這番話，因此，他認爲以這樣決心和覺悟而開始的中國的抗戰意識，不僅沒有因爲在華北戰敗，上海、南京、徐州的淪陷而氣餒，甚至於失去漢口，她仍將堅強地支持下去，就是敗退到貴陽或昆明，她仍然長期地抗戰到底。（前書，三二三頁）

石射肯定抗戰前中國在各方面的建設成就，因而認爲，國民政府的權威和實力，著實在中國的大地上生根，並掌握著民心。如果將國民政府比喻成一把扇子，領導國民政府的蔣氏實爲扇軸。對於擁有民族意識之中國多數知識份子來講，蔣氏是爲其意識形態的國家生存，民族復興的好漢，而爲他們所尊敬。在國民黨和國民政府裏，蔣氏的存在比任何人都光輝燦爛（國民黨臨全大會擁護蔣氏爲總裁，這是僅次於總理孫中山先生的地位），他更是中國民衆的民族英雄。要打倒這個吸引力增強的國民政府，和中國國民所尊敬的蔣氏，與對付張學良的滿洲和其他地方軍閥不同，不但是日本國力是否能夠負荷實有疑問的大事，而且從中日合作，安定東亞的理想來說，實在是無的放矢。（前書，三二八頁）

石射不贊成一些日本人把蔣先生當做無可救藥的排日化身，以爲蔣先生以排日爲手段來做統一中國之工具的見解，並引述蔣先生對日本大使館武官磯谷廉介所說的話，以證明蔣先生對改善中日的外交關係確具誠意。根據石射的記述，蔣先生對磯谷曾經這樣說過：「聽起來好像在講大話，我在位行政院長，對於改善中日關係，可以說是千載一遇的良好機會，如果錯失這個機會，再過五十年，一百年，也不會有這種機會。」（前書，三二九頁）

基於這種認識和觀點，石射猪太郎認爲，近衛政府應該拿出勇氣放棄「不以國民政府爲對手」的立場，進而以國民政府亦即以蔣先生爲對手，進行和談，以早日收拾這場莫須有的侵略戰爭。此時，日本政府必須留意以下幾點：（前書，三三三—三三四頁）㈠要以寬厚的度量，給中國以面子；㈡不要限制中國的主權；㈢絕不能要求蔣介石下野；㈣不要干涉中國內政；㈤不要要求解散國民黨；㈥著重經濟上的合作。

在這種前提之下石射提出和平的基本條件，大約如左：

㈠在政治方面：

⑴正式承認滿洲國（中國當然不會接受——作者註）；

(2)確立及實行防共政策；
(3)中國要嚴格取締全國的反滿抗日，貫徹與日本敦睦邦交；
(4)臨時、維新兩政府合併之後，在中央政府之下，繼續令它作爲地方的特殊政權存在，但若干年後，是否改組，由中央政府決定；
(5)在中國的主權之下，蒙古維持自治狀態。（前書，三三四—三三五頁）

(二)在軍事方面：
(1)以長城南方一帶，及上海四周一定地區爲非武裝地帶，但要附以期限，其範圍以絕對必要爲限度；
(2)承認日本在華北、內蒙古、華中一定地區駐軍，但這是爲着善後及保證，暫以一年爲期限，駐軍地點及兵力，亦以最低限度爲宜。（前書，三三五—三三六頁）

(三)在經濟方面：
(1)在華北、華中，從事開發資源的中日經濟合作；
(2)在中、日、滿三國間，簽訂有關交通、航空、貿易的適當協定。（前書，三三六頁）

(四)賠償：要求對於中方答應保障之日方財產與權益的直接損害，以及中方非法使用或處分日方財產或權益所產生的直接損害。鑒於「不以中國國民爲敵」的方針，不要要求

將成爲今後數十年中國國民之重大負擔的戰費賠償。（前書，三三六頁）

從以上所述，我覺得，當時身爲日本外務省東亞局長的石射猪太郎，能提出這種意見（其中有些意見我們雖然不能贊成），也還算是相當難得。

石射在其《外交官的一生》一書裏又說：「我於一九三八年一月六日的日記這樣寫著：『上海來信，它詳報日軍在南京的暴行，掠奪、強姦，慘不忍睹。嗚呼！這就是皇軍？這是日本國民民心的頹廢，是很大的社會問題。』」「而這就是『聖戰』和『皇軍』的眞面目！從那個時候起，我便把它叫做南京大屠殺。日本報紙對自己同胞的畜生行爲雖然保持了沉默，但壞事立時傳遍千里，轟動海外，日軍即刻受到應有盡有的指控，日本國民不但不知道這個民族史上千古的污點，而且還在歌頌赫赫的戰果呢！」（前書，二六八頁）

三

現在，除上述重光的《昭和之動亂》和石射的《外交官的一生》之外，我想再介紹幾本有關的日本外交官回憶錄。第一本是，九一八事變當時奉天總領事館首席領事，親自處理九一八事變之森島守人所寫的《陰謀・暗殺・軍刀》，是書於一九五〇年由岩波書店出版。作者曾譯此書連載於《中外雜誌》，並加上石射的一篇文章，於去年由黎明文化事業公司以《日本侵華內幕》之書名問世。此書專談九一八事變之內幕，及僞滿洲國之眞相。

第二本是，九一八事變當時奉天總領事林久治郎的遺稿，這些遺稿撰寫於他擔任駐巴西大使期間（一九三二年至一九三五年），後來由現任日本國學院大學教授的馬場明整理，加上馬場寫的「解說」，以《滿洲事變與奉天總領事》（副題林久治郎遺稿）的書名，於一九七八年，由原書房所出版。此書一共二〇四頁，自濟南事件談到僞滿洲國的降世。

第三本是，曾任天津代理總領事及駐華公使之田尻愛義的回憶錄，書名叫做《田尻愛義回想錄》，於一九七八年同樣由原書房印行，一共有二五六頁，它從北伐談到日本的戰敗。作者曾把林久治郎和田尻愛義所寫有關九一八事變的部分，譯成中文，加上前述石射、森島及其他人的文章，將由水牛出版社出版《日人筆下的九一八事變》一書。

又，石射猪太郎的《外交官的一生》，作者已經把其有關中國外交的部分譯成中文，近期內並將由水牛出版社出版《石射猪太郎回憶錄》的單行本。

總之，日本對華政策之所以失敗，完全源自日本之欠缺具有遠大眼光的政治家，以及日本軍閥之橫逆和霸道所導致，這絕不是偶然的。

（原載民國七十六年六月三十日《近代中國》）

論日本昭和初期的侵華政策——特別是對滿蒙政策

陳鵬仁

一

第一次世界大戰（一九一四——一九一八）結束後，參戰國簽訂凡爾賽條約，成立國際聯盟。由於此次大戰人命犧牲極其慘重，（註一）故人們希望它成為消滅戰爭的戰爭、人類最後的戰爭，而國際聯盟乃確保世界永久和平的國際機構。因此，國際聯盟意圖裁減作為戰爭之工具的各國軍備，俾滅絕國際紛爭的根源。這是大戰後國際聯盟的、也是人類的最大課題。

於是有規定美、英、日三大海軍國家的主力艦的比率為五・五・三的華盛頓會議（一九二一——一九二二）的召開，成立與中國有關的九國公約；而為消滅戰爭，於一九二八年八月，在巴黎更成立了禁止以戰爭作為實現國家政策之工具的非戰條約。所以，大戰後，和平的氣氛彌漫全世界，在日本社會遂產生輕視軍人的風氣，而不歡迎裁軍的軍人，便厭惡政黨。（註二）

日本在第一次大戰，因為英日同盟關係，日軍進攻德國在中國的租借地山東的膠州灣，派遣驅逐艦隊到地中海，維護印度洋的航海安全，並對聯合國在經濟上所有支助。但這個經濟支助意味著日本商權對海外的擴張，和日本貿易的擴大。日本商人在此次大戰中大發其財，尤其是三井、三菱、住友等財閥，以及東京、大阪、名古屋等大城市的商人。而這些暴發戶眼中無人的作風，使國民道德低落，拜金（物質）主義橫行，導致金權政治的問世。（註三）

第一次大戰歸於民主主義的勝利，因而舉世歌頌民主主義，但日本卻祇輸入民主主義的皮毛，而當時的政黨政治日漸走向不負責任的道路，政黨和政治家汲汲於爭權奪利，官商勾結，拜金風尙彌漫社會，貧富懸殊，農村尤其貧困。（註四）

軍人大多出身農村，但他們卻因爲時代趨勢，爲一般老百姓看不起，加以農村的貧困，使其對政黨和政治極端不滿。他們之中的少壯軍官認爲，時下的自由主義和資本主義是日本社會墮落的直接原因，這個責任應屬於領導階層。於是他們之間產生：必須根除這些腐敗分子以治癒國家的大病，誅戮國賊，何需躊躇的思想。這是「忠君愛國」的至誠，殺身救國的時機，因此他們紛紛組織「櫻會」、「一夕會」等秘密結社。（註五）

日本軍人下剋上的風氣於焉形成，日後幾次軍事政變由此而起，而爲其思想上的領導者就是北一輝和大川周明。（註六）日本陸軍的領導人，對於這些純眞的少壯軍官，時或予以操縱利用；對於他們的越規行動，認爲動機出於「愛國」，大多予以寬容甚至於放縱。而關

東軍高級參謀河本大作上校一夥人陰謀炸死張作霖，軍方沒有澈底追究其責任，是昭和動亂的動機（根源）。（註七）

二

曾任駐華公使和外相的重光葵認為，昭和初年的日本首相田中義一上將的對滿洲方針是，把它當做中國的特殊地區，意圖將它從中國本土分離，並與滿洲的實際掌權者解決問題。（註八）因此，田中很不希望張作霖前往關內，深怕其與中央發生關係或者糾紛，從而影響日本在滿洲的權益。當國民革命軍迫近京津時，田中義一一再要張作霖回到東北，就是由於這種原因。（註九）

日本的許多政治家、軍人和老百姓，都認為滿洲是「日本的生命線」，（註一〇）日本在第一次中日戰爭，尤其日俄戰爭中，「豁出國命與俄國前後作戰十八個月，犧牲十萬生靈和二十億國帑，始將俄國逐出南滿洲」，才得到其支配權，所以日本人尤其是其領導者對滿蒙便具有特別的和不尋常的「感情」。（註一一）

日本人特別是日本軍人為什麼那麼熱衷於要拿滿洲呢？陰謀策劃發動九一八事變的主角關東軍高級參謀板垣征四郎大佐，和作戰主任參謀石原莞爾中佐的見解將給我們圓滿的回答。

一九三一年六月，板垣曾經對步兵學校的教官作過一次題名〈從軍事上看滿蒙〉的演講。（註一二）

他從滿洲的農產品、畜產品、水產品、林產品、鑛產品等的豐富，認爲滿蒙是「帝國自給自足上絕對需要的地區」，由於它「擁有爲（日本）所需要的幾乎一切國防資源」，（註一三）「帝國因掌握滿蒙這個戰略上的樞機據點，形成帝國國防的第一線，消極可以保全朝鮮的防衛，積極能夠牽制俄國的東漸，同時對中國將具有強而有力的發言權。」（註一四）

板垣埋怨說：「現在日本人在滿洲能活動的區域，限於關東州二百二十四平方公里，以及有如帶子的滿鐵附屬地十六平方公里左右，共計大約二百四十平方公里的範圍，一般日本人都過著勉勉強強能夠維持其生計的日子。」（註一五）他又說：「中國人目前打著要收回旅順、大連和滿鐵的如意算盤。」（註一六）

板垣於是大膽這樣斷言：「我認爲滿蒙問題的解決，從目前中國方面的態度來觀察，我不得不出以外交的和平手段實無法貫徹（我國）目的的結論。如所周知，滿蒙是對俄作戰的主要戰場，對美作戰的補給源泉。故滿蒙與對美、俄、華三國作戰具有最重大的關係。」（註一七）板垣尤其認爲：「太平洋的波濤如果有洶湧的一天，必肇端於中國問題；如果有干涉帝國的滿蒙政策的國家，那必定是美國。」（註一八）日後的歷史發展，證明了板垣預言之正確。可惜，日本尚未完全控制滿蒙之前就爆發了太平洋戰爭，人算眞不如天算！

其次，我們來看看被日本人譽為日本「陸軍大學創立以來腦筋最好的石原」（註一九）對滿洲的看法。與石原在陸軍士官（軍官）學校和陸軍大學同學的橫山臣平稱石原為：「名副其實地眞正才幹超群，卓見奇偉，氣節豪邁，智謀縱橫，但沒有發跡的名將，是在日本民族史上永遠值得我驕傲的大偉人。」（註二〇）

石原的軍事思想最大的特色是所謂「世界最終戰論」，這個思想顯現於其著作《戰爭史大觀》（一九三一年七月），而九一八事變可以說是實行其軍事學的一個形態。（註二一）《戰爭史大觀》的基本理念如下：第一次世界大戰只是「歐洲諸民族」的最後決戰，故嚴格來說不能稱為「世界大戰」。下一次世界大戰才是「人類最後的戰爭」，這是研究文化史所得的結論。石原預言：下一次戰爭是「使用飛機的殲滅戰爭」。戰爭形態由線而面，由面而體（立體）地變化，將來的殲滅戰爭是立體的戰爭，是全體國民的總力戰。石原認定爆發戰爭的時機，以「㈠日本完全成為東方文明之中心；㈡美國眞正成為西方文明之中心；㈢飛機中途不降落能世界一周」的三個條件的前提。不過石原的這個預言，實滲雜著「日蓮聖人所開示為統一世界的戰爭」而不可避的這種終末論的戰爭之預言。（註二二）而石原軍事思想之所以「奇偉」，其理由可能在此。

基於此種立場，石原在其《關東軍滿蒙領有計畫》主張：「滿蒙問題的解決是日本生存的唯一道路」，「惟有日本占有該地方始能完全達到（其目的）」。他的主張係基於「從歷史關係等來觀察，滿蒙與其說屬於漢民族，毋寧說屬於日本民族」這種獨斷和偏見，認為「為消除國內的不安，需要對外進出」，「由於滿蒙合理的開發，日本的景氣自然會恢復，有識失業者將獲得救濟」。（註二三）石原的目的無非是「為準備總力戰，要把滿蒙作為日本軍事上和經濟上的基地」。（註二四）

由於這種立場，石原認為日本占有滿蒙以後，在統治形態上要實行軍政，日本人從事於「大規模企業及使用智能的事業」，朝鮮人從事「水田的開拓」，中國人從事「小商業勞動」，使「日、韓、中三民族自由競爭」，以「掌共存共榮之實」。（註二五）石原甚至於誇口大言「拯救中國民族是日本的天職」，（註二六）所以「要打破妨害我天職的白人壓迫↓美日戰爭」。（註二七）無他，石原等人以為中國人沒有治理中國的能力，因而要替我們中國人「代勞」。

以上是以田中義一大將為首的日本軍人對中國特別是滿蒙的態度和見解。現在我們來看看日本外交當局對中國的看法和政策。

三

昭和初年，除田中義一外，與日本對華政策關係最深的應該是幣原喜重郎。幣原於一九二四年（大正十三年）首次出任加藤高明內閣的外相，爾後留任第一次若槻禮次郎內閣的外相，一直到一九二七年（昭和二年）四月大約三年，負責處理北伐時的南京、漢口事件；以後田中義一組閣，自兼外相，因爲濟南事件（一九二八年五月）和炸死張作霖事件（一九二八年六月），田中政友會內閣遭到挫折，東三省易幟（一九二八年十二月）中國完全統一，中國上下對日感情江河日下。此時幣原擔任濱口雄幸內閣外相，以改善中日外交關係。

幣原在前述三年的外相任內對中國所採取的是，奉直戰爭、郭松齡事件時所表現的不干涉中國內政的政策，協助中國恢復中國關稅自主權和廢除治外法權的運動。（註二八）對中國問題，在基本上，幣原以遵守他以日本全權代表親自參加華盛頓會議所制訂「關於中國之九國公約」爲原則。華盛頓會議的九國公約，互相約定要尊重中國主權之獨立，領土及行政之完整，應給予中國以其自己力量確立和維持有能而安定的政府的充分機會，以及在中國工商業上的門戶開放和機會均等。（註二九）

而我認爲最能夠代表幣原對華政策的態度和見解的，實莫過於一九二八年（昭和三年）他任貴族院議員時，在慶應大學所作抨擊田中義一內閣的對滿蒙政策的演講。他說：

……在東三省我國擁有影響我國家生存的重大權益是不刊的事實，也是爲列國所十分理解的。但爲其權益之所在地的東三省無疑地是中國的領土。而尊重中國領土完整是我國自簽訂第一次英日同盟條約以還，一再地與列國共同立誓，始終一貫的既定方針。更是華盛頓條約所明定。這個方針一被打破，世界和平將受到威脅，從而必然發生一大禍根。世人往往稱滿蒙地方為「我特殊地域」，但這種稱呼是錯誤的。又政府聲明其方針是要使滿蒙地方成為「內外人安居之地」。所謂內外人，應該是指包括中國人和歐美各國人而言。但我國在中國領土上公開說也要使中國人和歐美各國人安居是我國的方針，將引起宛如我國是該地方的主人翁，即從法律上來說是以統治者自居的誤解，這是無謂的誇張。當然在該地方任何人都能夠安居，係為我們所希望，但無需說，我國實沒有負責使中國人和歐美各國人安居樂業的地位。（註三〇）

即幣原雖然對中國採取同情和國際協調的合理政策，但對於日本應該得到的利益，他是相當強硬主張，並努力於強化對滿洲的控制，不過他所採取的手段，遠比田中外交有彈性多了，這是必須附帶說明的一點。（註三一）

其次我們來檢討日本駐華公使重光葵的看法。

重光葵認為日本對中國政策最大的錯誤是：「在中國民族逐漸覺醒的第一次大戰中，日本應該洞察世界的大勢，結束以往短視的對華政策，並將國策決定於與中日親善和合作的方向。日本應把山東還給中國，俾換取中國在滿洲對日本要求的良好回應。而確立這種綜合性的對華政策，從當時的情勢來看，絕不是很困難的。惟依二十一條的交涉，雖然已經知道對中國以實力仍然很難得到其所能期待的效果，在日本寺內軍閥內閣之下，對中國繼續採取實力的政策。日本政治家對於世界大戰的意義及其以後國際上動向沒有洞察的明眼。」

「日本的大部分領導者，不諳世界情勢，對於中國民族（自求）解放運動具有何種意義不能有所認識。只以『中國是中國』，一直以十八史略的中國的腦筋，而汲汲於目前的利害。長州（今日的山口縣）閥即軍閥之中心人物的寺內（正毅）上將的內閣繼大隈（重信）內閣出現，重演不亞於二十一條交涉的錯誤，增加了中國對日本的不相信。即寺內內閣以數億西原借款的援段政策便是。援助當時的權力者安福派軍閥，俾獲得利權的策動，挑起中國革命勢力和一般民衆激烈的反感，排日運動由之繼續下去。」（註三二）

重光又以爲：「中國的排日政策實來自（中國）民族（自求）解放的思想，故不可能以人爲來阻止。爲因應此種情勢，日本應該把在蘇州和杭州的日本租界立刻還給中國，對中國恢復國權的要求，日本要表示善意的態度。」（註三三）

四

昭和初期日本政府政策之所以傾向於侵略中國，除上述田中軍閥內閣處心積慮一天到晚動中國的腦筋外，日本國內外情勢，這包括日本國內經濟蕭條，失業者激增，人口的壓力，滿鐵利潤之大降等等，石原莞爾之欲以滿蒙爲稱霸世界的資源根據地，石原這種思想之逐漸爲日本部分政界、學術界、大衆媒體、軍人，甚至於一般大衆所接受和歡迎，是其政策走向侵華的主要原因。尤其是關東軍的實際掌權者主張：如果中央不支持他們的行動，他們將暫時脫離日本國籍也在所不惜。

九一八事變的實際策劃者和發動者石原莞爾在其〈滿蒙問題私見〉（一九三一年五月）極其大胆而狂妄地說：「滿蒙問題的解決策，我們要牢牢地記住：捨占有滿蒙據為我領土之外，絕無其他路可走。」他並說：「日本要正確判斷滿蒙問題的眞價，相信其解決是正義的、是我國的義務，而且確定戰爭計畫時，不必管其動機如何。擇定日期以後，以日韓合併（併吞朝鮮）的方法，向中外宣布合併了滿蒙就行。如果政府不希望此種情況，祇要軍部能夠團結，樹立戰爭計畫的大綱，以謀略製造機會，由軍部主動以強拖政府，不一定很困難。」（註三四）如此這般，關東軍就一連串地搞謀略，製造既成事實，把日本政府一步一步地拖下水，從而走上日本國破家亡的道路。

最後，我想乘這個機會特別向各位報告幾件事，以供參考。

第一件事是「田中奏摺」的眞僞問題。「田中奏摺」是假的，沒有「田中奏摺」這個東西，但當時有所謂「田中奏摺」是事實，而且日後日本侵略中國的經過大致與「田中奏摺」符合也是事實，所以蔡智堪的愛國行爲値得我們肯定，在當時，「田中奏摺」有它的價値和貢獻。其詳情，請參閱今年七月份的《歷史月刊》。

第二件事是「柳條溝事件應該是柳條湖事件」。東北的確有柳條溝這個地方，但柳條溝位於柳條湖東北北大約二十五公里，距離南滿鐵路十五・六公里的地方，故不可能發生炸燬南滿鐵路的所謂柳條溝事件；而柳條湖則位於瀋陽北上的第一個滿鐵的車站，因此柳條溝事件是錯誤的。其詳細說明請看今年九月份《歷史月刊》拙稿，或者民國七十六年十一月號《傳記文學》。

第三件事是，關於九一八事變的眞相，我在今年九月份的《歷史月刊》開始連載爆發九一八事變當時的關東軍參謀片倉衷所撰寫《滿洲事變機密政略日誌》，這是關東軍的最高機密秘錄，是研究九一八事變的第一手資料，很値得一看，一共大約有二十萬字，將連載一年半到兩年。

又，從九月十八日起，《台灣日報》將連載我所介紹，日本NHK訪問張學良有關九一八事變和滿洲「建國」的部分，有機會，請能參閱。

註釋

註一：此次大戰，戰死者大約一千萬人，戰傷者大約一千萬至三千萬人，一般市民死傷者大約五百萬人，直接戰費達大約一千八百億美元。引自下中邦彥編集兼發行，《小百科事典》，增補改訂版，一九八二年十月二十日，東京平凡社，頁八二一。

註二：重光葵，《昭和の動亂》（上卷），昭和二十七年（一九五二）六月十日，六版，中央公論社，頁九—一〇。

註三：前書，頁一一。

註四：前書，頁一二。

註　五：前書，頁一五。關於「櫻會」、「一夕會」，亦請參考拙譯〈日本筆下的九一八事變〉一書中的〈九一八事變爆發前後〉一文，此書於一九九一年十月一日，由台北水牛出版社出版。

註　六：重光葵，前書，頁二〇。重光葵此書，對幾次軍事政變都有簡略的說明。

歷史學研究會編，《太平洋戰爭史》I〈滿洲事變〉（一九三一——一九三二），一九七二年十月二十日，第一版第六刷，頁二四三——二四四。

註　七：重光葵，前書，頁三七。拙譯，《昭和天皇回憶錄》，台灣新生報社，一九九一年九月初版，頁二五——二七。

註　八：重光葵，前書，頁三四。

註　九：請參閱拙譯《張作霖與日本》一書，此書於一九八七年，由水牛出版社出版。此書之前身《我殺死了張作霖》，於一九八六年，大陸吉林文史出版社，曾予以翻印。

註一〇：歷史學研究會編，前書，頁二四七；江口圭一，《十五年戰爭の開幕》，一九八二年八月十五日第一版第一刷，東京小學館，頁二〇——二一。

註一一：歷史學研究會編，〈滿洲事變〉，頁二三四。

註一二：板垣征四郎，〈軍事上より觀たる滿蒙に就て〉，收於：《現代史資料》，7，《滿洲事變》，一九七五年十月二十日，第四刷，みすず書房，頁一三九——一四四。

註一三：板垣在這個演講，評列了這些產品和資源的具體數字，譬如煤的埋藏量，說是達三十億公噸，而且還在陸續發現。

註一四：《現代史資料》，7，〈滿洲事變〉，頁一四〇。

註一五：前書，頁一四三。

註一六：前書，頁一四四。

註一七：同前。
註一八：前書，頁一四三。
註一九：日本國際政治學會太平洋戰爭原因研究部編，《太平洋戰爭への道》，第一卷〈滿洲事變前夜〉，昭和三十八年（一九六三）二月十五日發行，朝日新聞社，頁三六二；昭和天皇對石原莞爾有所批評，陳鵬仁譯，《昭和天皇回憶錄》，頁三三。
註二〇：橫山臣平，《秘錄石原莞爾》，昭和五十一年（一九七六）三月三十一日，第十二刷，芙蓉書房，《自序》。
註二一：前述，《太平洋戰爭への道》，頁三六六。
註二二：前書，頁三六七。
註二三：歷史學研究會編，前述〈滿洲事變〉，頁二四三。
註二四：前書，頁二四三—二四四。
註二五：前述，《太平洋戰爭への道》，頁三六九；山本勝之助，《日本を亡ぼしたもの》（軍部獨裁化とその崩壞過程），昭和四十四年（一九六九）三月二十日初版，評論社，頁一一一。
註二六：前述，《現代史資料》，頁一三三。
註二七：同前。
註二八：鹿島平和研究所編，守島伍郎、柳井恒夫監修，馬場明撰，《日本外交史》，第十八卷，〈滿洲事變〉，昭和四十八年（一九七三）六月三十日發行，鹿島研究所出版會，頁一一三。
註二九：同前，頁一一一。
註三〇：同前，頁一一四—一一五。

註三一：同前，頁一五；歷史學研究會編，前述〈滿洲事變〉，頁二四九。
註三二：重光葵，前述，《昭和の動亂》，頁二七。
註三三：同前，頁五一；歷史學研究會編，前書，頁二六五。
註三四：前述，《太平洋戰爭への道》，頁三八六；前述，歷史學研究會編，〈滿洲事變〉，頁二六五。

陳鵬仁先生著書及譯書

三民主義概說（日文）	東京中華民國駐日本大使館	一九六五年
富士山頭雜感集	臺北帕米爾書店	一九六六年
小泉信三評論集	臺北幼獅文化事業公司	一九六六年
決定日本的一百年	臺北學術出版社	一九七〇年
扶桑論集（日文）	東京日本教圖株式會社	一九七〇年
千金流浪記	香港旅行雜誌社	一九七二年
現代政治學	臺北鑽石出版社	一九七二年
紐約・東京・臺北	臺北鑽石出版社	一九七二年
亞當斯密與經濟學（二版）	臺灣商務印書館	一九七二年
孫中山先生與日本友人（二版）	臺北水牛出版社	一九七三年
戰後日本思想界的逆流	臺北正中書局	一九七四年
英國的國會（三版）	臺北幼獅文化事業公司	一九七四年
我對馬克斯主義的批評	臺北國防部總政戰部	一九七四年

中國の悲劇	東京世界情勢研究會	一九七六年
戰後日本的思想與政治	臺北幼獅文化事業公司	一九七六年
宮崎滔天論孫中山與黃興（三版）	臺北正中書局	一九七七年
紐約・東京・臺北（上、下）（二版）	臺北正中書局	一九七七年
美國總統選舉與政治（二版）	臺北水牛出版社	一九七七年
世界近代史（五版）	臺北水牛出版社	一九七七年
宮崎滔天與中國革命	高雄三信出版社	一九七七年
戰後日本的政治與政黨	高雄大臺書苑出版社	一九七八年
論中國革命與先烈（二版）	臺北黎明文化事業公司	一九七八年
日本華僑問題分析	臺北天馬出版社	一九七九年
千金流浪記（增訂版）	臺北大林出版社	一九七九年
三民主義とは何か（三版）	東京自由新聞社	一九八〇年
私のアメリカと日本	東京世界情勢研究會	一九八一年
鐵蹄底下的亡魂	臺北黎明文化事業公司	一九八一年
宮崎滔天書信與年譜	臺灣商務印書館	一九八二年
我殺死了張作霖	臺北聚珍書屋出版社	一九八二年

日本的作家與作品（上）　臺北黎明文化事業公司　一九八三年
我殺死了張作霖（翻印）　臺北吉林文史出版社　一九八六年
日本侵華內幕（二版）　臺北黎明文化事業公司　一九八六年
近代日本外交與中國（二版）　臺北水牛出版社　一九八六年
近百年來中日關係（中日文對照）（二版）　臺北水牛出版社　一九八七年
私のアメリカと日本（二版）　臺北水牛出版社　一九八七年
張作霖與日本（二版）　臺北水牛出版社　一九八七年
芥川獎與芥川龍之介　臺北水牛出版社　一九八七年
日本的作家與作品（下）　臺北黎明文化事業公司　一九八七年
石射猪太郎回憶錄　臺北水牛出版社　一九八七年
日本的作家與作品（中日文對照）　臺北水牛出版社　一九八七年
冷眼看中國大陸　臺北水牛出版社　一九八八年
三十三年之夢　臺北水牛出版社　一九八八年
國父在日本　臺灣商務印書館　一九八八年
中華民國的遠景　臺北中央日報社　一九八八年
中日外交史（北伐時代）　臺北水牛出版社　一九八八年

日本華僑概論	臺北水牛出版社	一九八八年
蔣經國先生傳（八版）	臺北中央日報社	一九九〇年
仍然應該說「NO」的日本（二版）	臺北水牛出版社	一九九〇年
日人筆下的九一八事變	臺北水牛出版社	一九九一年
中日關係史（一九二一—一九二六年）	臺北水牛出版社	一九九一年
經濟大國日本的優點與缺點	經濟部國貿局	一九九一年
日本之商社	經濟部國貿局	一九九一年
日本式經營	經濟部國貿局	一九九一年
世界經濟入門	經濟部國貿局	一九九一年
日本經濟之基本知識	經濟部國貿局	一九九一年
一九八九年度日本通商白皮書（合譯）	經濟部國貿局	一九九一年
市場開放與關聯產業之抉擇	經濟部國貿局	一九九一年
改進生產管理的一一九個事例	中國生產力中心	一九九一年
企業維新	中國生產力中心	一九九一年
昭和天皇回憶錄	臺灣新生報社	一九九一年
中國與日本	臺灣商務印書館	一九九一年

父親的道歉信（三版）	臺北水牛出版社	一九九二年
戰後日本的思想與政治（二版）	臺北水牛出版社	一九九三年
日本的國會	臺北幼獅文化事業公司	一九九三年
日本政軍外交人員職名錄	臺北國史館	一九九四年
張學良與日本	臺北聯經出版社	一九九四年
中國國民黨略史（日文）	臺北近代中國出版社	一九九四年
中國國民黨在日本	臺北近代中國出版社	一九九四年
世紀中日之戰——甲午戰爭	臺北開今出版社	一九九四年
現代政治學（增訂本）	臺北水牛出版社	一九九四年
日本當前政情（一九九二—一九九四）	臺北水牛出版社	一九九五年
檢察官與社會正義	臺北慶宜文教基金會	一九九五年
台灣がめざす未來（李總統日文書）	東京柏書房	一九九五年
汪精衛降日密檔	臺北聯經出版社	一九九六年
陰謀・暗殺・軍刀（增訂本）	臺北中華民國史料研究中心	一九九六年
十五年戰爭小史	臺北幼獅文化事業公司	一九九六年
解說中日全面戰爭	臺北水牛出版社	一九九六年

昭和天皇備忘錄	臺北水牛出版社	一九九六年
鐵蹄底下的亡魂（增訂本）	臺北近代中國出版社	一九九六年
中華民國政治全覽	廿一世紀出版社	一九九六年
從甲午戰爭到中日戰爭	國史館	一九九七年
日本的警察	廿一世紀出版社	一九九七年
法·理·情	水牛出版社	一九九七年
日本兵在大陸幹了甚麼	廿一世紀出版社	一九九七年

國家圖書館出版品預行編目資料

近代中日關係研究. 第一輯：鐵蹄底下的亡魂、陰謀、暗殺、軍刀合輯 / 東中志光、森島守人等編者 / 陳鵬仁譯著. -- 初版. -- 臺北市：蘭臺出版社, 2021.05
冊；　公分-- (近代中日關係研究第一輯；7)
ISBN 978-986-99507-3-2(全套：精裝)
1.中日關係 2.外交史
643.1　　　　109020145

近代中日關係研究 第一輯 7

鐵蹄底下的亡魂、陰謀、暗殺、軍刀合輯

編　　者：東中志光、森島守人等
譯　　者：陳鵬仁
主　　編：沈彥伶、張加君
編　　輯：盧瑞容
美　　編：陳勁宏
封面設計：陳勁宏
出 版 者：蘭臺出版社
地　　址：台北市中正區重慶南路1段121號8樓之14
電　　話：(02)2331-1675或(02)2331-1691
傳　　真：(02)2382-6225
E—MAIL：books5w@gmail.com或books5w@yahoo.com.tw
網路書店：http://5w.com.tw/
https://www.pcstore.com.tw/yesbooks/
https://shopee.tw/books5w
博客來網路書店、博客思網路書店
三民書局、金石堂書店
經　　銷：聯合發行股份有限公司
電　　話：(02) 2917-8022　　傳 真：(02) 2915-7212
劃撥戶名：蘭臺出版社　帳號：18995335
香港代理：香港聯合零售有限公司
電　　話：(852)2150-2100　　傳真：(852)2356-0735
出版日期：2021年5月 初版
定　　價：新臺幣12000元整（精裝，套書不零售）
ISBN：978-986-99507-3-2